Was ist wesentlich? – Orientierung in einer komplexen Welt

Jens Wimmers

Was ist wesentlich? – Orientierung in einer komplexen Welt

Jens Wimmers
Bamberg, Bayern, Deutschland

ISBN 978-3-662-60539-4   ISBN 978-3-662-60540-0 (eBook)
https://doi.org/10.1007/978-3-662-60540-0

Die Deutsche Nationalbibliothek verzeichnet diese Publikation in der Deutschen Nationalbibliografie; detaillierte bibliografische Daten sind im Internet über http://dnb.d-nb.de abrufbar.

© Springer-Verlag GmbH Deutschland, ein Teil von Springer Nature 2020
Das Werk einschließlich aller seiner Teile ist urheberrechtlich geschützt. Jede Verwertung, die nicht ausdrücklich vom Urheberrechtsgesetz zugelassen ist, bedarf der vorherigen Zustimmung des Verlags. Das gilt insbesondere für Vervielfältigungen, Bearbeitungen, Übersetzungen, Mikroverfilmungen und die Einspeicherung und Verarbeitung in elektronischen Systemen.
Die Wiedergabe von allgemein beschreibenden Bezeichnungen, Marken, Unternehmensnamen etc. in diesem Werk bedeutet nicht, dass diese frei durch jedermann benutzt werden dürfen. Die Berechtigung zur Benutzung unterliegt, auch ohne gesonderten Hinweis hierzu, den Regeln des Markenrechts. Die Rechte des jeweiligen Zeicheninhabers sind zu beachten.
Der Verlag, die Autoren und die Herausgeber gehen davon aus, dass die Angaben und Informationen in diesem Werk zum Zeitpunkt der Veröffentlichung vollständig und korrekt sind. Weder der Verlag, noch die Autoren oder die Herausgeber übernehmen, ausdrücklich oder implizit, Gewähr für den Inhalt des Werkes, etwaige Fehler oder Äußerungen. Der Verlag bleibt im Hinblick auf geografische Zuordnungen und Gebietsbezeichnungen in veröffentlichten Karten und Institutionsadressen neutral.

Planung/Lektorat: Stefanie Wolf
Springer ist ein Imprint der eingetragenen Gesellschaft Springer-Verlag GmbH, DE und ist ein Teil von Springer Nature.
Die Anschrift der Gesellschaft ist: Heidelberger Platz 3, 14197 Berlin, Germany

Für Wiebke

Vorbemerkungen

„Wenn Sie beim Schwimmen in einen Strudel geraten, sollten Sie eine Uferseite als Ziel wählen und an dieser Entscheidung festhalten. Denn wenn Sie die Richtung ändern, werden Sie das rettende Land nicht erreichen und ertrinken."

Diese Empfehlung geht auf den amerikanischen Soziologen Immanuel Wallerstein (1930–2019) zurück. Der Strudel steht für Momente und Phasen des Kontrollverlusts. Wenn wir keinen Überblick über das, was mit uns geschieht, haben, können wir nicht zielgerichtet handeln. Trotzdem sollten wir uns auf ein Ziel festlegen. Es ist wichtig, orientiert zu sein – selbst wenn die turbulenten Zeiten das eigentlich gar nicht zulassen. In der Krise muss man sich schnell entscheiden und trotz des Nebels ein Ziel vor Augen haben. Nach Wallerstein kommt es in unklaren Situationen also darauf an, einen klaren Kurs zu fahren. Korrektur, Zweifel und Diskussion sind fehl am Platz, weil sie zuviel Kraft kosten. Für Besinnung und Überlegung ist keine Zeit.

Doch ist es wirklich egal, welches Ziel man wählt?

Wie wir ohne Kraft- und Zeitaufwand Gewissheit in der Orientierung finden, obwohl wir den Überblick und die Kontrolle verloren haben, ist das Thema dieses Buches.

Ich glaube, dass es auch in unberechenbaren Situationen sinnvoll ist, den eingeschlagenen Kurs immer wieder zu korrigieren. Der Fehler des ertrinkenden Schwimmers liegt nicht in der Tatsache, dass er neu entschieden hat, sondern darin, dass er sich dabei falsch oder gar nicht eingeschätzt hat. Der Erfolg einer Handlung hängt nicht nur vom Überblick über die Außenwelt ab. Genauso wichtig ist die realistische Selbsteinschätzung. Welt- und Selbstkenntnis müssen zusammenspielen.

Wenn wir in Situationen geraten, in denen aufgrund fehlender Daten keine zuverlässigen Prognosen möglich sind, können wir immer noch auf unsere Urteilskraft vertrauen. Dass der Blick in uns selbst immer auch verlässliches Wissen über die Situation enthält, wird dieses Buch zeigen. Wallerstein übersieht, dass wir über intuitive Intelligenz verfügen, mit der wir ohne Zeitverlust und ohne Energieaufwand richtige Entscheidungen und vernünftige Urteile treffen können, insbesondere wenn die Außenwelt einem unüberschaubaren Strudel gleicht.

Die besondere Herausforderung besteht darin, sich selbst und die Situation ohne Bezug auf gesicherte Fakten vernünftig einzuschätzen. Die Lösung liegt im agilen Denken, das uns dazu auffordert, unsere Urteile und Entscheidungen immer wieder den veränderten Gegebenheiten anzupassen und auf Authentizität mit uns selbst zu überprüfen. Dazu müssen wir bereit sein, uns auf unser Gespür für das Wesentliche zu verlassen. Wenn wir diese Denkhaltung einüben, werden wir auch in Krisen einen klaren Kopf bewahren.

Kontrollverlust

Die Corona-Krise hat uns gezeigt, wie fragil die gewohnte Sicherheit ist. Der Umgang mit dem Unbekannten wirft uns aus der Bahn, denn für Erfahrungen und Datenanalyse bleibt in der rasanten Entwicklung keine Zeit. Folglich müssen wir damit leben, dass wir die Kontrolle verloren haben, bis die Forschung verlässliche Ergebnisse liefert. Hoffnung oder Vorsicht – wer ist der bessere Ratgeber? Woran orientieren wir uns in der Ungewissheit?

Auf den zweiten Blick relativiert sich die Problematik: Verunsicherung ist eigentlich der Normalfall, denn wir entscheiden immer unter den Bedingungen der Ungewissheit und des Nichtwissens. Wer lebt, muss Entscheidungen treffen. Die Folgen unserer Entscheidungen zeigen sich aber erst im Nachhinein. Also entscheiden wir immer auf Verdacht und unter Risiko.

Ein Wissensdefizit ist zwar der Normalfall, aber die Präsenz der Medien in unserem Leben hat dieses Problem verstärkt: Mehr Information bedeutet weniger Orientierung. Mit der Informationsflut, die uns jeden Tag aufs Neue überwältigt, verstärkt sich die Orientierungslosigkeit. Wir können nicht alles überprüfen und überblicken. Daraus entsteht die gefährliche Denkhaltung der generellen Skepsis gegen jede Information. Auch der Expertise von Fachleuten und den Argumenten der Erfahrenen wird dann nicht mehr vertraut.

Zweifel und Irritationen nehmen aber auch bei rationalen Menschen zu, die auf ihren analytischen Verstand setzen und mit klarem Kopf entscheiden. Wer mit offenen Augen durch die Welt geht, weiß angesichts der vielen neuen Fragen von der Zerbrechlichkeit fester Wahrheiten. Durch den permanenten Wissenszuwachs werden wir uns auch unseres Nichtwissens bewusst. Neue Studien, aktuellere Daten und alternative Ergebnisse stellen immer wieder vermeintliche Tatsachen in Frage. Mit dem abnehmenden Vertrauen in etabliertes Wissen steigt die Bereitschaft, Überzeugungen aufzugeben und die eigene Meinung zu ändern. In dieser Ausgangslage wächst auch die Gefahr von Nudging durch Sender manipulierender Nachrichten. Aus Informationszuwachs kann (absichtliche) Desinformation werden.

Wer orientiert bleiben will, muss Informationen prüfen und selektieren. Dazu brauchen wir aber einen Maßstab und Kriterien. Auf welche Gewissheiten können wir uns bei der Auswahl und Festlegung noch beziehen?

Wenn die rationale Kontrolle versagt, weil die Daten keine eindeutigen Schlussfolgerungen zulassen, und die Informationsflut den Überblick unmöglich macht, bleibt uns immer noch ein Gespür für das, worauf es in der jeweiligen Situation eigentlich ankommt.

Dieses Buch möchte zeigen, dass es vernünftig ist, sich in einer unübersichtlichen Welt an diesem „Sinn fürs Wesentliche" zu orientieren.

Zeit für Besinnung?

Über lange Zeit haben wir uns in der Vorstellung eingerichtet, dass es in der gesellschaftlichen und persönlichen Lebensgestaltung auf Wachstum, Optimierung, Effizienz und Nutzenmaximierung ankommt. Doch in

Ausnahmesituationen wie der Corona-Krise, in denen wir die Kontrolle verloren haben, werden wir aus unseren Gewohnheiten gerissen. Wir stellen dann vormals selbstverständliche Lebens- und Denkweisen infrage, weil wir spüren, dass anderes wichtiger ist.

Dieser Moment des Innehaltens ist viel mehr als nur ein Anlass zur Neuausrichtung. Besinnung ist das, was unser Leben bereichert – ohne es vergrößern zu müssen. Mit dem Perspektivwechsel von außen nach innen bemerken wir, dass es nicht auf Tempo, Expansion und Vielfalt, sondern auf unseren Bezug zu den Dingen ankommt. Tiefe in der Sache und Authentizität mit uns selbst helfen uns, die Welt und uns selbst zu verstehen.

Besonders deutlich zeigt sich die Notwendigkeit des Perspektivwechsels in unserem Umgang mit Medien. Früher war wertvoller Sendeplatz für Experten reserviert. Heute kostet Information fast nichts mehr und wir sind alle zu Sendern geworden, die im Liveticker-Modus reflexartig Privates, Abstruses, Banales und Irrwitziges verbreiten und kommentieren können. Natürlich findet man auch noch reflektierte, fachkundige und überprüfte Informationen, an denen man sich orientieren sollte. Doch nun ist es der Empfänger, der die Auswahl treffen muss: Mit welchen Informationen wollen Sie Ihre Lebenszeit verbringen? Wie finden Sie in der Informationsflut das Wesentliche?

Ich glaube nicht, dass wir die technologische Entwicklung zurückdrehen oder die Suche nach Sinn an die künstliche Intelligenz delegieren können. Aber wir können eine Intelligenzform nutzen, die inhaltlich den Grad an Gewissheit garantiert, den wir normalerweise nur durch gründliche Überprüfung erreichen: Wer sein Gespür für das Wesentliche entwickelt, kann sich auf vernünftige Art und Weise in einer Welt orientieren, die uns dafür eigentlich keine Zeit mehr lässt.

Agilität statt Kontrolle

Auf die zunehmende Orientierungslosigkeit könnte man mit der Forderung nach einer Ethik der Kommunikation antworten. Dem Ideal der „Informiertheit" würde nämlich dann entsprochen, wenn der Sender von Nachrichten sich seiner Verantwortung für die öffentliche Meinungsbildung bewusst ist und der Empfänger sich nicht verunsichern lässt oder in Gleichgültigkeit versinkt. Vom Sender würden wir dann sachliche Richtigkeit und Relevanz seiner Meldungen verlangen, während der Empfänger zur kritischen Überprüfung der Inhalte und Quellen verpflichtet ist.

Doch mit dem Verkünden dieser Normen wäre nichts gewonnen. Vielmehr zeigt man damit, dass man die Problematik noch nicht verstanden hat. Die Komplexität unserer Welt fordert uns dazu auf, in Situationen, auf die keine eindeutige Regelbeschreibung zutrifft, richtig zu urteilen. Allgemeines Wissen um ethische Prinzipien nutzt da wenig. Die Problematik liegt in der konkreten Anwendung. Wir benötigen eine vernünftige Strategie, mit der wir situativ richtige Entscheidungen treffen können. Die Herausforderung besteht nicht im Erinnern an grundsätzliche Werte, die ohnehin jeder akzeptiert. Viel wichtiger ist die Fähigkeit, diese in einer noch nie dagewesenen Situation anzuwenden.

Wir benötigen keine Vernunfttheorie, sondern eine vernünftig begründete Anwendungsstrategie, die sich einer Praxis zuwendet, in der wir uns Unklarheiten, Überraschungen und Widersprüchen stellen müssen, von denen die Theorie schweigt.

Aufbau, Methode und Inhalt

In diesem Buch wird agiles Denken als eine Strategie vorgestellt, mit der wir erkennen, worauf wir uns in Situation, in denen nichts mehr sicher ist, verlassen können.

Zunächst beziehe ich mich auf Beispiele, um die Problematik zu umreißen und die Antworten auf die gestellten Fragen anzudeuten. Was mit dem Konzept des agilen Denkens gemeint ist, inwiefern dabei Kontrolle durch Intuition ersetzt wird und wie der Sinn für Angemessenheit zur Orientierung in komplexen Situationen beiträgt, wird dann in den folgenden Kapiteln schrittweise entwickelt. Die Vernünftigkeit (*meaningfulness*) des „Sinn fürs Wesentliche", seine Anwendbarkeit (*manageability*) und sein Beitrag zum Verstehen komplexer Situation (*comprehensibility*) werden als die drei Säulen der agilen Denkhaltung vorgestellt. Das Buch endet mit Vorschlägen zur praktischen Umsetzung und Hinweisen auf die Grenzen des Konzepts.

Methodisch gehe ich so vor, dass der erklärende und argumentierende Text immer wieder durch illustrierende Beispiele, Gedankenexperimente oder szenische Anekdoten unterbrochen wird. Diese Textteile sind als Veranschaulichung zu verstehen. Deshalb werden sie jeweils durch eine Box vom Fließtext abgegrenzt. Wenn es inhaltlich möglich und didaktisch sinnvoll ist, werden die Kerngedanken eines Kapitels am Ende zusammengefasst. Auf diese Zwischenergebnisse kann man nach der Lektüre des Buches zurückgreifen, um sich nochmals über den Gesamtzusammenhang zu vergewissern. Außerdem empfehle ich, das Register am Ende des Buches zu nutzen, mit dem Sie unabhängig vom Aufbau des Buches verschiedene Anwendungsmöglichkeiten des vorgestellten Konzepts nachschlagen können.

Im zweiten Kapitel werden Leitfragen formuliert. Nach der Entfaltung und Veranschaulichung des Gedankengangs sowie der immer wieder eingeschobenen Ergebnissicherung werden diese am Ende des zwölften Kapitels beantwortet. Sie stellen also den roten Faden unserer Beobachtungen, Überlegungen und Lösungsvorschläge dar. Als besonderen Service gibt es für alle Leser auf www.philopost.de aktuelles Zusatzmaterial und die Möglichkeit zum Dialog mit mir.

Inhaltsverzeichnis

1	Aufbruch	1
2	Unter der Oberfläche	19
3	Die wichtigsten Ziele	43
4	Menschliche und künstliche Intelligenz	57
5	Antworten auf die Komplexität der Welt	71
6	Agilität und Resilienz als Doppelstrategie	95
7	Auf dem Weg zur Intuition: Die Debatte der Psychologen	109
8	Perspektivwechsel: Loslassen und Schweben	119

9	Vom Weg abkommen: Filterblasen und Big Data	159
10	Im Zwischenraum von Selbst und Welt	169
11	Intuitive Orientierung als agiles Denken	205
12	Fazit: Orientierung am Wesentlichen	249
13	Praxis: Strategien für den Umgang mit Komplexität	265
Literatur		295
Stichwortverzeichnis		297

1

Aufbruch

Der Start

In der Corona-Krise ist uns bewusst geworden, auf welche Dinge es wirklich ankommt. Wachstum und Beschleunigung sind nicht die Leitsterne eines gelingenden Lebens. Gesundheit, Vertrauen, Rücksichtnahme, Dankbarkeit sind einige der Werte und Tugenden, deren Bedeutung uns erst in der Bedrohung wieder vor Augen geführt wird.

Allerdings kommt es gar nicht darauf an, zu wissen, was im Allgemeinen wesentlich ist. In der Theorie sehen wir klarer als in der Praxis und sind uns auch schnell über die höchsten Werte einig. Viel wichtiger ist die Fähigkeit, in einer konkreten Situation, in der man den Überblick verloren hat, zu wissen, wie man Orientierung findet. Es geht also weniger um Wissen als um praktisches Können. Dafür ist eine besondere Denkhaltung („Mindset") nötig, die sich von unseren Gewohnheiten unterscheidet. Ich nenne sie „agiles Denken" und grenze sie vom gewohnten Kontrolldenken ab.

Die Besonderheit des agilen Denkens besteht darin, dass es ohne verlässliche Informationen auskommen kann. Wir erleben immer wieder die Verunsicherung über das, was geschehen wird und das, was man vernünftiger Weise tun sollte. Oftmals wissen wir nicht mehr, auf was und wen wir uns verlassen können. Um in dieser Situation ohne Rückgriff auf vertrauenswürdige Informationen die Orientierung wiederzugewinnen, müssen wir agil denken.

In vielen Bereichen profitieren wir von der Verfügbarkeit des Wissens, doch wir lassen uns auch von den einander widersprechenden Aussagen der (selbsternannten) Experten verunsichern. Gegenüber Entwicklungen, die sich (noch) nicht kontrollieren lassen, sind wir ohnmächtig. Es gibt viele Situationen, in denen wir zu wenig wissen, um qualifizierte Entscheidungen treffen zu können. Die Corona-Krise hat uns das drastisch gezeigt.

Was jetzt als Wahrheit gilt, könnte sich morgen schon als Irrtum oder Täuschung erweisen. Eine Antwort eröffnet viele neue Fragen. Der mittlerweile 90jährige Jürgen Habermas (geb.1929) stellte jüngst fest: „So viel Wissen über unser Nichtwissen und den Zwang unter Unsicherheit handeln und leben zu müssen, gab es noch nie."[1]

In der komplexen Welt müssen wir mit dem Unvorhersehbaren („schwarzer Schwan") rechnen und akzeptieren, dass wir turbulente Prozesse wie den Klimawandel oder die Ausbreitung einer Pandemie (Coronavirus) mit den heute zur Verfügung stehenden Möglichkeiten (Wissen und Technik) nicht aufhalten können. Auch wenn es

---

[1] Frankfurter Rundschau vom 10.4.2020.

1 Aufbruch

uns schwerfällt, müssen wir Phasen der Unsicherheit, Unwissenheit und Machtlosigkeit als unsere Lebenswirklichkeit annehmen.

Die Corona-Krise hat uns ausgebremst. Wir mussten feststellen, dass wir zunächst nur situativ reagieren können, statt mit unserem Wissensvorsprung die Entwicklung zu lenken. Aber selbst wenn wir eine Problemlage bewältigt haben, sollten wir uns darauf einstellen, dass ein neuer „schwarzer Schwan" auftaucht.

Noch deutlicher wird der Kontrollverlust im Umgang mit Medien spürbar: Das Informationsangebot ist für den Einzelnen längst zur Informationsflut geworden. Unser Gehirn kann mit Anzahl und Geschwindigkeit der Informationskanäle nicht mithalten. Was steht auf dem Spiel, wenn wir die Übersicht verlieren? Wenn wir nicht mehr überblicken können, welche Informationen aus welchem Grund uns von wem erreichen und welche uns vorenthalten werden, dann ist auch die Freiheit unserer Entscheidungen und die Würde der Selbstbestimmung in Gefahr.

Unser Leben gestalten wir, indem wir Entscheidungen treffen. Wir wägen ab, was wichtig ist, und wählen dann die Option, die zu unseren Zielen zu führen verspricht. Um abzuwägen, benötigen wir aber belastbare Informationen über die zu vergleichenden Güter, und um zu wählen, ist ein Überblick über alle Möglichkeiten notwendig. Auf belastbare Informationen und einen verlässlichen Gesamtüberblick können wir heute nicht mehr zählen. Trotzdem sollten wir uns weiterhin um Orientierung bemühen.

Vermutlich waren wir früher noch dazu in der Lage, das Wesentliche vom Unwesentlichen zu unterscheiden, wie folgendes Beispiel zeigt:

Kennen Sie noch die gelben Kabinen am Straßenrand? Nur eine, maximal zwei schlanke Personen hatten darin Platz. Denn man wollte die gläserne Türe ja noch schließen, damit nicht jeder hören konnte, was man zu besprechen hatte. Man brauchte noch das nötige Kleingeld und etwas Glück, denn im schmuddeligen Telefonbuch, in dem Namen, Adressen und Telefonnummern landesweit verzeichnet waren, fehlten immer einige Seiten. Nun also konnte man den speckigen Hörer abnehmen, die Münzen einwerfen und die Nummer wählen. Das war mobile Kommunikation vor der Digitalisierung. Manchmal bildete sich eine Schlange von Ungeduldigen, während man sprach. Das war unangenehm, denn in ihren Gesichtern und Gesten konnte man lesen, dass sie noch wichtigere Telefonate zu führen hatten als man selbst. Abgesehen vom Drängen der Wartenden beeilte man sich ohnehin, um schnell wieder an die frische Luft zu kommen. In den nicht belüfteten kleinen Kabinen roch es immer muffig bis streng. Niemand wollte sich darin lange aufhalten. Auch die Deutsche Bundespost bemühte sich als Eigentümer der Münzfernsprecher, die Wartezeit kurz zu halten: Wer den Hörer in die Hand nahm, blickte sogleich auf ein gut sichtbares Schild mit der Aufschrift: „Fasse dich kurz!" Mit diesem Appell sollte verhindert werde, dass der Fernsprechapparat zu lange blockiert wurde. Nur Wichtiges sollte ausgetauscht werden. Zwar änderte sich dies später, als auch die Deutsche Bundespost lernte, marktwirtschaftlich zu denken, und die Ermahnung zur Kürze durch die Werbung „Ruf doch mal an!" ersetzte, doch die damals geführten Gespräche waren im Vergleich zum heutigen Kommunikationsverhalten, das über weite Strecken auf Anlass und Inhalt verzichten kann, viel stärker auf das Wesentliche reduziert. Es war eine Zeit, in der man seltener zum Hörer griff. Wahrscheinlich nur wenn man wirklich etwas zu sagen oder zu erfahren hatte. Kein langes Vorgeplänkel, lieber gleich zur Sache kommen. Keine blumigen Ausschweifungen, immer beim Thema bleiben. Kein belangloses Plaudern, stattdessen genaue Fragen und kurze Antworten. Schnell noch das Wichtigste in Kurzform, denn das Guthaben ist gleich aufgebraucht…

1 Aufbruch

Wenn diese Beschreibung auch nur annähernd zutrifft, darf man davon ausgehen, dass der Inhalt von Telefongesprächen vor dem Handyzeitalter informativer war als heute. Man hat sich damals am Wesentlichen orientiert. Warum gelingt das heute kaum noch?

Mittlerweile spielt es keine Rolle mehr, wie lange wir telefonieren. Die Datenmenge ist nicht limitiert. Das führt natürlich dazu, dass wir uns auch nicht darauf besinnen müssen, was wesentlich ist. Dank des unbegrenzten Datenflusses müssen wir uns nicht beschränken. Vielleicht verlernen wir dadurch auch die Fähigkeit, uns auf das Wesentliche zu konzentrieren.

Das zeigt auch das nächste Beispiel:

> Früher gab es Fotoapparate. Man musste einen Film einlegen und dann konnte man knipsen. Nach 24 oder maximal 36 Aufnahmen war erst einmal Schluss. Die volle Filmrolle wurde nun zum Entwickeln gebracht. Auch für die misslungenen Aufnahmen musste man bezahlen. Einfach-Drauflos-Knipsen wäre ein teurer und aufwändiger Spaß geworden. Heute spielt das keine Rolle mehr. Die Schnappschüsse kann man später immer noch heraussuchen und die misslungenen Aufnahmen löschen. Auf Ihrem Handy sind sicherlich unzählige Fotos gespeichert. Wie viele davon könnten sie entfernen, ohne etwas zu vermissen?

Wer nur auf begrenzte Ressourcen zugreifen kann, muss seine Wahl gut überlegen. Ausschließlich wertvolle Informationen sollten übermittelt und gespeichert werden. Wer situativ erkennt, was wesentlich ist, kann sich und anderen das ersparen, was man ohnehin nicht braucht. Die positive Folge wäre die Beschäftigung mit interessanten und relevanten Inhalten. Wer über den Sinn fürs Wesentliche verfügt, belohnt sich und die Mitmenschen mit erfüllter Zeit.

Jeder, der einen gewissen Anspruch an sich und sein Leben stellt, leidet unter der Flut belangloser Nachrichten. Wir müssen wieder lernen, Daten zu reduzieren und auf Nachrichten zu verzichten, so dass uns der Wert der wesentlichen Informationen bewusst wird. Andernfalls werden wir von der Flut der Belanglosigkeiten betäubt und in die flachen Gewässer der „Uneigentlichkeit" abgetrieben. Erfüllte Zeit verbringen wir dagegen, wenn wir uns mit dem beschäftigen, *worauf es „eigentlich" ankommt* und *was etwas oder jemanden „eigentlich" ausmacht*. Das Wesen einer Sache ist das „Eigentliche", das Wesen einer Person ihre „Persönlichkeit". Ein wacher Geist fordert Gehalt, Content, Relevanz, Bedeutung… Wer sich am Wesentlichen orientiert, will „das Eigentliche" und „die Persönlichkeit" erfassen. Wesen ist das, was jemanden bzw. etwas zu dem macht, was er bzw. es „eigentlich" ist.

Aber wie ist es heute möglich, wesentliche von unwesentlichen Nachrichten zu unterscheiden? Wie kann man wertvolle von belangloser Information trennen, wenn man doch gar keinen Gesamtüberblick mehr haben kann?

Der Weg

Die Lösung liegt in der „Agilität". Die Reflexion über die Bedeutung dieses Schlagwortes beginnt gerade erst und auch dieses Buch ist dazu ein Beitrag – aus philosophischer Perspektive. Es geht um die Bedeutung des „agilen Denkens" für die Orientierung in einer komplexen Lebenswelt.

Moderne Unternehmen bemühen sich, agile Strukturen aufzubauen, um Prozesse zu beschleunigen und effizienter zu gestalten. Dabei soll in hierarchiefreien Teams die Intelligenz aller Beteiligten genutzt werden. Agilität kann

1 Aufbruch

initiatives Gestalten (Agieren), aber auch antizipierendes Anpassen an die Umgebung (Reagieren) bedeuten. Es geht darum, in einer sich ständig verändernden Umgebung erfolgreich zu sein. Inwiefern Agilität auch zum Modell für Orientierung im eigenen Leben werden kann, wollen wir untersuchen.

Mit der Schilderung zweier Szenarien möchte ich zwei Strategien gegenüberstellen. Man kann Agilität nämlich als erhöhte Betriebsamkeit oder als Beweglichkeit verstehen:

Steigungen bewältigen

Ein im Flachland beheimateter Autofahrer bricht zum ersten Mal zu einer Tour in die Berge auf. Über die Jahre hat er seinen Fahrstil den heimischen Straßenverhältnissen angepasst. Meist fährt er in hohen Gängen, so kommt er zügig voran und verbraucht weniger Kraftstoff. Doch nun steht der Ausflug in die ihm unbekannte Bergwelt an. Das Flachland hat er bereits hinter sich gelassen, sanfte Hügel prägen nun die Landschaft. Bei den ersten Steigungen beginnen schon die Schwierigkeiten. Das Auto quält sich die Anhöhen hinauf. Zwar bemerkt der Autofahrer, dass etwas nicht stimmt, doch ihm fällt zunächst keine bessere Reaktion ein, als vor jedem Anstieg möglichst stark zu beschleunigen, um mit diesem Schwung den Hügel zu bewältigen. Seiner Gewohnheit, in den hohen Gängen zu fahren, bleibt er also treu. Lange geht das nicht gut. Im Tal läuft der Motor bei Vollgas heiß und an der Steigung wird er abgewürgt. Nur ein außerordentlich PS-starker Motor könnte die Strecke in diesem Stil bewältigen. Will der Flachlandbewohner seinen Ausflug fortsetzen, muss er seine Fahrweise den veränderten Gegebenheiten anpassen. Nachdem er zur Besinnung gekommen ist, wird er seine Gewohnheiten ändern und in die kleinen Gänge zurückschalten. Andernfalls wird er die Gipfel nicht erreichen.

Diese Szenerie ist ein Bild für den Wandel, den wir gerade erleben. Wir lebten bislang im Flachland und haben uns der gewohnten Umgebung angepasst. Unsere Strategien waren zielführend und effizient. Im gewohnten Terrain einer übersichtlichen Welt gab es kaum Probleme. Wir erreichten unsere Ziele, weil wir orientiert waren und mit unserer Denkweise alles unter Kontrolle hatten. Überraschungen und außerordentliche Anstrengungen waren in einer Umgebung, die heute und morgen wie gestern war, nicht zu erwarten. Weil wir die Rahmenbedingungen kannten, trafen unsere Prognosen meist zu. Es war möglich, den Überblick zu behalten. Wir waren orientiert und konnten deshalb maximale Leistungen abrufen. Beschleunigung durch das Fahren in hohen Gängen bedeutete Erfolg.

Die Landschaft hat sich aber verändert, wir befinden uns nun im Gebirge und wollen auch in dieser Umwelt bestehen. Globalisierung und Digitalisierung schaffen ein neues Umfeld, in dem wir erst noch lernen müssen, wie man sich zurechtfindet. Aus einer einfachen und gelegentlich komplizierten wurde eine komplexe Welt. Die Anstiege sind nun ungewohnt steil, die kurvige Strecke ist unübersichtlich. Man sieht nicht, wie es nach der nächsten Kehre weitergeht und wer uns entgegenkommt. Der Horizont reicht gerade noch bis zur nächsten Felswand. Ob der Weg gleich endet und ob die Serpentinen überhaupt zu einem lohnenden Ziel führen, wissen wir auch nicht. Anstrengende Aufstiege wechseln mit rasanten Abfahrten, bei denen man leicht die Kontrolle verliert. In dieser Umgebung müssen wir unsere Unkenntnis akzeptieren und mit Schwierigkeiten und Überraschungen rechnen.

Wie können wir diese neue Situation bewältigen? Was müssen wir tun, damit wir uns wieder sicher, sinnvoll und zielorientiert fortbewegen können?

1 Aufbruch

Vielleicht muss man sich als moderner Mensch einfach mehr anstrengen, um die Orientierung zu behalten. Wer „Agilität" in diesem Sinn versteht, der fordert zu erhöhter Betriebsamkeit auf: Alle neu und zusätzlich auftretenden Informationen müssen berücksichtigt und alle bisherigen Entscheidungen überprüft und gegebenenfalls korrigiert werden. In diesem Sinne fordert Agilität, immer auf dem neuesten Stand eines Gesamtüberblicks zu sein. Diese Variante entspricht im bildlichen Vergleich der Vollgas-Beschleunigung des Autofahrers, um Schwierigkeiten mit Anlauf zu bewältigen.

Tatsächlich sind viele Menschen bereit, außerordentliche Anstrengungen und Mehrarbeit auf sich zu nehmen. Sie versuchen das Neue mit der Intensivierung alter Denkgewohnheiten zu beherrschen. Hektik, Stress, Burn-Out und Depression sind die zeittypischen Symptome, die uns aber anzeigen, dass wir die Mehrbelastung nicht unbeschadet überstehen und pausenlose Aufmerksamkeit zu Krankheiten führt.

Wer entgegen der üblichen Fahrpraxis aber einen Gang runterschaltet, spart Treibstoff und schont den Motor. Es zeugt von Intelligenz, wenn man sich in seinem Verhalten den veränderten Bedingungen anpasst, statt in der gewohnten Weise mit gewaltigem Krafteinsatz gegen sie anzukämpfen. Die Neujustierung unserer Denkweise erfordert zwar den Mut, Denkgewohnheiten hinter sich zu lassen, minimiert aber den Aufwand und maximiert die Wahrscheinlichkeit, den Gipfel schon beim ersten Anlauf zu erreichen. Auf diesen Unterschied kommt es an: Statt auf Leistungssteigerung sollten wir auf Anpassung setzen.

So wie die Fahrtechnik in den Bergen sich von der im Flachland unterscheiden sollte, so müssen wir auch zwischen der Denkweise in der einfachen und in der komplexen Welt differenzieren. In der übersichtlichen und linearen Welt können wir auf Überblick, Zielfixierung und Detailkenntnisse setzen. Im Flachland kann man erst planen und dann handeln. Im Gebirge müssen wir aber die sich verändernden Situationen lesen und uns situativ auf unser Gespür verlassen, welche Entscheidungen jeweils angemessen sind. Planen und Handeln fallen zusammen und beziehen sich nur noch auf die jeweilige Situation. Agilität meint in diesem Zusammenhang nicht Betriebsamkeit, sondern Beweglichkeit. Wir können die unerwarteten Veränderungen begleiten, wenn wir beweglich sind und uns flexibel anpassen.

Was ist mit der Forderung, sich in seinem Denken den veränderten Bedingungen anzupassen, gemeint?

Balance halten

Stellen Sie sich vor, Sie befinden sich im Theater:

> Die Szene beginnt mit dem Auftritt eines Schauspielers. Dieser Darsteller muss sich mit Rücksicht auf die Gesamthandlung des Stücks in die entstandene Situation auf der Bühne einbringen. Wenn ihm das gelingt, dann sprechen wir davon, dass er gekonnt mitspielt. Die Begabung, sich in das Bühnengeschehen einzufühlen, zeigt sich besonders deutlich im Improvisationstheater. Die Schauspieler müssen dann bereit sein, sich auf die Situation einzulassen. Es gibt keinen abgesprochenen Plan, keine vorgefertigten Texte und auch kein vorgegebenes Ende. Die Handlung ergibt sich in und aus dem aktuellen Geschehen auf der Bühne. Die Kunst besteht nun darin, das rechte Maß zwischen Aktion und Reaktion zu finden. Das Stück würde langweilig werden, wenn jeder Schauspieler nur abwartet, um zu reagieren. Vielmehr müssen auch kreative Einfälle eingebracht werden, die den Konflikt vorantreiben. Aber diese Impulse müssen wohldosiert sein, damit sie auch Wirksamkeit entfalten. Die Anregungen von einzelnen Figuren dürfen weder verpuffen, noch sollten sie dominieren oder sich einander überlagern. Sie müssen

> mit Taktgefühl ausgespielt werden. Nur so entsteht ein stimmiges Ganzes mit klaren Konturen und einem gehaltvollen Zentrum. Das entsprechende Talent besteht also darin, Anregungen der anderen aufzunehmen und eigene Impulse einzubringen. Es geht um die Kunst, die Balance zwischen Ergriffenheit und Ergreifen zu finden, die dem Ganzen zuträglich ist.

Das Improvisationstheater ist wie die Gebirgslandschaft eine Metapher für die komplexe Wirklichkeit. Zustände und Verhältnisse ergeben sich so spontan und interaktiv, dass keine vorausschauende Berechnung möglich ist. Es gibt keinen Plan, keine Regieanweisung, keine vorab festgelegte Aussage, auf die das Geschehen auf der Bühne hinauslaufen soll. Die Schauspieler müssen also ohne Informationen auskommen. Insofern ergeht es ihnen wie dem Autofahrer in den Bergen: Alle spielen mit, aber niemand hat den Überblick über das, was insgesamt geschieht.

Ob das Spiel gelingt, hängt nicht vom Befolgen einer eingeübten Methode oder dem Einhalten von Regeln, sondern von der Begabung der Akteure ab. Als einzelner Schauspieler hat man das Gelingen nicht alleine in der Hand. Man muss interagieren, kann aber nicht kontrollieren.

Woran kann sich der Schauspieler beim Improvisieren orientieren?

An dieser Stelle deutet sich schon an, dass der „Sinn fürs Wesentliche" in komplexen Situationen helfen kann. Damit meine ich das situative Erspüren des Angemessenen vor dem Hintergrund des impliziten Wissens um das Ganze. Es geht um einen intuitiven Zugang, der sich von datenbasierter Berechnung grundsätzlich unterscheidet.

Der Sinn fürs Wesentliche ist ein Talent, das es (wieder) zu entdecken gilt. Wir finden es nicht in einer allgemeingültigen Anleitung für derartige Fälle, sondern in einem „Gespür für Stimmigkeit". Nicht die Analyse der Situation, sondern die Bereitschaft, die eigene Persönlichkeit ins Spiel zu bringen, ermöglicht Orientierung, wo kein Überblick mehr möglich ist. Ohne Selbstkenntnis ist keine Welterkenntnis möglich.

Was es mit diesem Sinn für „Stimmigkeit" auf sich hat, inwiefern er das Ergebnis von Persönlichkeitsentwicklung ist, und warum er sich von der Kontrolle durch Informiertheit unterscheidet, möchte ich in den folgenden Kapiteln schrittweise erläutern.

Doch zunächst sollten wir festhalten, was sich nach dieser ersten Annäherung über Beispiele schon angedeutet hat. Auf was steuern wir zu?

Das Ziel

Es geht in diesem Buch um situativ angemessenes und authentisches Denken. Die beiden Beispiele sollten zeigen, dass dafür zwei Strategien nötig sind. Einerseits müssen wir uns der Situation anpassen (vgl. Autofahrer in den Bergen) und andererseits uns selbst in die Situation einbringen (vgl. Improvisationstheater). Wir sind aufgefordert, agiles Denken zu entwickeln, das die Balance zwischen dem Eindruck der äußeren Welt (Ergriffenheit) und dem Ausdruck der eigenen Persönlichkeit (Ergreifen) herstellt:

> Wer sich am Wesentlichen orientiert, der sucht die Stimmigkeit zwischen dem, was die jeweilige Situation fordert, und dem, was seiner Persönlichkeit entspricht. Der Sinn fürs Wesentliche zeigt uns als „Gespür für Stimmigkeit", wo diese Mitte jeweils zu finden ist.

1 Aufbruch

Dieses Buch will dazu ermutigen, sich in komplexen Situationen auf den eigenen Sinn fürs Wesentliche zu verlassen. Immer dann, wenn es nicht mehr möglich ist, alle relevanten Informationen zu berücksichtigen, können wir auf dieses besondere Gespür zurückgreifen.

Damit ist aber keine Absage an die Vernunft und den Verstand ausgesprochen. Ganz im Gegenteil! In diesem Buch möchte ich aufzeigen, dass die Orientierung am Wesentlichen eine rationale Antwort auf den diagnostizierten Kontrollverlust unserer Zeit ist. Die Denkgewohnheiten sollen *innerhalb* der Vernunft den veränderten Gegebenheiten angepasst werden. Ich plädiere nicht für eine Alternative außerhalb der Vernunft. Es geht mir darum, zu zeigen, dass es vernünftig ist, dort auf eine andere Denkweise zu setzen, wo unsere bislang erfolgreichen Denkgewohnheiten scheitern.

Damit ist auch keine grundsätzliche Absage an unser bislang erfolgreiches Kontrolldenken verbunden. In überschaubaren Situationen, in denen uns alle relevanten Faktoren und Zusammenhänge bekannt sind, macht es Sinn, am bewährten Denken festzuhalten: Wir blicken auf die Zustände und Ereignisse in der Welt, verschaffen uns anhand dieser Beobachtungen einen Überblick, welcher die sichere Basis für unsere Urteile und Entscheidungen bildet. Mit diesem Denken, das ich als „Kontrolldenken" bezeichne, waren wir bislang erfolgreich. Das Kontrolldenken basiert auf Informationen, die wiederum aus Daten gewonnen werden. Wo dies noch möglich ist, sollten wir daran festhalten. Wenn wir aber an der Verlässlichkeit und Vollständigkeit der Informationen zweifeln, weil belastbare Daten fehlen, brauchen wir eine vernünftige Alternative. Diese finden wir im „Sinn fürs Wesentliche".

Das in diesem Buch vorgestellte „agile Denken" greift auf die Vernünftigkeit von „Intuitionen" zurück. Auch die Forschung zur Intuition steckt noch in den Kinderschuhen. Bis jetzt handelt es sich lediglich um einen schillernden Begriff. Deshalb sollte jeder Forscher am Anfang seiner Untersuchungen klar definieren, was er mit „Intuition" meint. Auch ich möchte dazu noch einige Bemerkungen voranschicken, bevor wir den angedeuteten Gedankengang entwickeln.

Der Begriff „Intuition" kommt aus dem Lateinischen und lässt sich mit „Anschauen, Beobachten" übersetzen. Der Unterschied zum Kontrolldenken liegt nun darin, dass intuitives Denken nicht die äußeren Gegebenheiten einer Situation fokussiert, sondern den Blick ins Innere des Beobachters richtet. Kontrolldenken orientiert sich an der (äußeren) Welt, das intuitive Denken am (inneren) Selbst. Entsprechend unterscheide ich auch die Intelligenzformen *Kontrolldenken* und *intuitives Denken*: Im Kontrolldenken **beobachten** wir das Weltgeschehen (Außensicht), in der Intuition **empfinden** wir die eigene Befindlichkeit (Innensicht).

Spielen die Tatsachen der Außenwelt im intuitiven Denken dann keine Rolle mehr?

Es wäre ein grundlegendes Missverständnis anzunehmen, dass man den Weltbezug verloren hat, wenn man sich (unter anderem) auf seine Intuition verlässt. Intuition ist zwar empfindende Selbstwahrnehmung, aber ohne den Kontakt mit der Außenwelt kann sich gar keine Intuition einstellen. Wichtig ist zu beachten, dass sich Intuition nicht alleine aus dem Selbst eines Subjekts ergibt, sondern dass die Begegnung mit den Objekten der Außenwelt bzw. die Positionierung in einer konkreten Situation der Wirklichkeit immer eine notwendige Voraussetzung für Intuition ist. Wir verlieren nicht den Weltbezug, wenn wir uns intuitiv orientieren. Der Kontakt mit den realen

1 Aufbruch

Gegebenheiten ist sogar eine Bedingung für Intuition. Das liegt daran, dass es im intuitiven Empfinden darum geht, wie die Außenwelt auf den Erkennenden wirkt. Primär nimmt er zwar seine eigene Befindlichkeit wahr, versteht diese sekundär aber als Wirkung der Welt. Intuition ist Empfinden in einer gegebenen Situation. Ohne Außenwelt ist Intuition nicht möglich, intuitives Denken ist immer vom Objekt abhängig. Deshalb ist Intuition auch nicht rein subjektiv.

Dass Empfindungen durchaus vernünftig sind und sogar als notwendiger Bestandteil rationalen Denkens angesehen werden können, ist keine neue Entdeckung. Unter anderem Platon, Aristoteles, Immanuel Kant und Hans Georg Gadamer haben in unterschiedlichen Konzeptionen auf die empfindende Vernunft hingewiesen – auch wenn sie diese Intelligenzform noch nicht als Intuition bezeichnet haben. Bei Platon ist die maßvolle Besonnenheit (*sophrosyne*) eine Voraussetzung für Selbsterkenntnis, während Aristoteles das Gespür für Sachen und Situationen innerhalb der Tugend der Klugheit (*phronesis*) ansiedelt. Für Kant ist die Kompetenz der Urteilskraft eine subjektiv empfindende Form der angewandten Vernunft, die man einüben kann *(ästhetische Urteilskraft)*. Und Gadamers Theorie des Verstehens enthält die aufschlussreiche Annahme, dass sich immer ein Gefühl einstellt, dass wir etwas verstanden haben, wenn wir etwas verstehen (*Horizontverschmelzung*). In allen drei Beispielen ist dem „empfundenen Gefühl" eine tragende Rolle zugewiesen.

Ich habe nicht die Absicht, die entsprechenden Stellen in den Werken der Philosophen wissenschaftlich genau auszulegen. Vielmehr geht es mir darum, die Anregungen dieser Philosophen aufzunehmen, um ein Phänomen zu erklären, das jeder intelligente Mensch in und an sich entdecken kann: Wenn wir den Kern einer Sache, Person oder Situation erfasst haben, empfinden wir das Gefühl der „Stimmigkeit", das uns mit dem Wert der Erkenntnis zufrieden sein lässt. Wenn Urteile und Entscheidungen „stimmig" sind, dann werden sie dadurch, dass sie mit uns selbst zusammenstimmen, Teil unserer Überzeugungen.

Die Erkenntnis des Wesentlichen hat eine dreifache Funktion: Wir erkennen die Wirklichkeit (epistemische Funktion), empfinden die Stimmigkeit mit der Welt (emotive Funktion) und folgen diesem Bauchgefühl (konative Funktion). Das Wesentliche ist nicht nur Gegenstand des Wissens, sondern stellt eine besondere Form der Weltbeziehung dar, die unser Erkennen, Empfinden und Wollen umfasst. Wenn wir mit dem Sinn fürs Wesentliche in diesen Bereichen eine stimmige Beziehung zur Welt aufbauen, dann ist dies gelingende Lebensführung – und darum geht es uns eigentlich.

Mit diesem Sinn für „Stimmigkeit" können wir auch in einer Welt, die sich uns scheinbar entzieht, weil sie keinen Überblick mehr zulässt, Orientierung finden – ohne den Kontakt zur Welt und uns selbst zu verlieren.

Wenn sich die äußeren Verhältnisse unvorhergesehen und dynamisch verändern, so dass wir unsere Lebensgewohnheiten nicht mehr beibehalten können, sind wir zunächst tief verunsichert. Doch auch in solchen Situationen wie z. B. der Einschränkung des öffentlichen Lebens in der Corona-Krise gilt es, einen kühlen Kopf zu bewahren und die Übereinstimmung in dem, was die Situation von uns verlangt, und dem, worauf wir unser Selbstverständnis als Gemeinschaft gründen, zu finden. Auch hier geht es nicht um prinzipielle Lösungen in Hinblick auf das allgemein Richtige, sondern um die situative Angemessenheit der politischen Maßnahmen.

Sich in der Unsicherheit zu orientieren, bedeutet nicht, darum zu kämpfen, sie zu beherrschen, sondern in dem Sinn mit ihr zu „kooperieren", dass man in ihr die eigene Gestimmtheit entdeckt, die richtungsweisend ist. Wenn man sich in unsicheren Situationen am Wesentlichen orientiert, trifft man Entscheidungen, indem man den Maßstab wählt, zu dem man sich insofern bekennt, als er das trifft, was man selbst ist.

Was damit gemeint ist und wie es sich begründen lässt, wird im Folgenden aufgezeigt. Insgesamt geht es mir darum, angesichts der Verunsicherung durch das unkontrollierbare Weltgeschehen sich selbst bzw. dem, was wir als Selbst in uns finden, zu vertrauen.

Als Fazit dieser Vorbemerkungen lässt sich nun festhalten,…

… dass der Sinn fürs Wesentliche eine Form des agilen Denkens ist, die auf intuitive Intelligenz setzt und Vernunft zur Anwendung bringt.

Was es damit auf sich hat und wie wir dieses Gespür entwickeln können, wird dieses Buch schrittweise zeigen.

2

Unter der Oberfläche

In diesem Kapitel wird an einigen Beispielen erläutert, welche Leitfragen dieses Buch beantworten muss und an welchem Ort die Suche nach dem Wesentlichen erfolgversprechend ist. Beginnen wir mit einfachen Orientierungsfragen, die zur Selbstreflexion auffordern:

> Im Moment beschäftigen Sie sich mit diesem Buch. Bitte beantworten Sie folgende Fragen:
>
> a) Was sehen Sie gerade?
>   ...
> b) Was ist das Wesen dessen, was Sie gerade sehen?
>   ...

Die beiden Fragen sind völlig unterschiedlich. Frage a kann man direkt beantworten, Frage b stellt eine Aufgabe, deren Lösung man sich erschließen muss. Natürlich haben Sie gerade dieses Buch bzw. die Zeilen vor Augen, in denen von zwei Fragen die Rede ist. Die erste Frage ist einfach, weil sie auf das gerichtet ist, was offensichtlich und eindeutig in Ihrem Gesichtsfeld liegt. Sie brauchen es nur wahrnehmen. Auf die zweite Frage kann man dagegen erst antworten, wenn man das Buch bzw. die Zeilen gelesen, den Zusammenhang inhaltlich erfasst und den thematischen Gehalt bewertet hat. Eine ernstzunehmende Antwort auf Frage b setzt das Verstehen des Gegebenen voraus. Dabei kann es durchaus zu unterschiedlichen Lösungen kommen. Insofern liegt bezüglich Frage a objektive Erkenntnis vor, während das, was wesentlich ist (Frage b), auch im subjektiven Auge des Betrachters zu liegen scheint.

Was etwas ist, zeigt sich direkt an der Oberfläche. Damit wird das bezeichnet, was sich uns offenbart, ohne dass wir uns um Erkenntnis bemühen müssen. Insofern kann man es als das *„An-sich-Sein"* der Sache auffassen. Was etwas eigentlich bzw. wirklich ist, stellt aber eine tiefere Einsicht dar. Das Wesen ist als Kern der Sache nicht an der Oberfläche zu finden, es muss im Gegenstand erst noch entdeckt werden.

Das Wesen einer Sache zu erkennen, erfordert eine bestimmte Einstellung des Erkennenden zur Sache. Es kommt also auch auf das erkennende Subjekt an, wenn das Wesentliche verstanden werden soll. Insofern handelt es sich beim Wesentlichen darum, was etwas *„für jemanden"* ist. Der Beobachter muss sich als Erkennenden ins Spiel bringen.

Es geht in diesem Buch also um eine Form der Intelligenz, die über die Wahrnehmung des Gegebenen hinausreicht. An dem, was wir mit Bezug auf uns selbst als Wesentliches auffassen, möchten wir uns orientieren.

Was ist Orientierung?

Man kann sich geographisch, räumlich oder geistig orientieren. Der begriffsgeschichtliche Ursprung von „Orientierung" liegt in einer Mischung aus geographischer und geistiger Bedeutung. An mittelalterlichen Weltkarten lässt sich die Begriffsgeschichte nachvollziehen. Auf Karten des Mittelalters findet man die Himmelsrichtung Osten oben und Jerusalem in der Mitte. Das erklärt sich dadurch, dass diese Karten primär nicht für geographische Zwecke gedacht waren, sondern der geistigen Orientierung dienten. Sie stellen die mittelalterliche Weltordnung dar.

Die im 13.Jahrhundert entstandene Ebstorfer Weltkarte (Abb. 2.1) verdeutlicht die Verbindung von geografischer und geistiger Orientierung. Die Heilige Stadt Jerusalem galt als Nabel des Weltgeschehens und musste deshalb in der Mitte der Karte eingezeichnet sein. „Ebbekestorp" befindet sich unten links am Rand der Karte. Von hier muss man sich zunächst in Richtung des Heiligen Landes als Zentrum des Weltgeschehens ausrichten. Der eigentliche Zielort ist aber das Paradies am oberen Rand. Dort befindet sich auch das Morgenland, in dem die Sonne aufgeht. Die Bezeichnung Orient (lat. *sol oriens* = Sonnenaufgang/ lat. *orior* = sich erheben) wurde so zum Bezugswort für den Begriff „Orientierung". Orientieren meint ursprünglich, sich nach dem Orient/ Osten bzw. auf die Auferstehung nach dem Tode ausrichten. Für den gläubigen Menschen des Mittelalters bedeutet dies die Orientierung am Reich Gottes im Jenseits. Das Diesseits war nur die Bewährungsprobe für das Jenseits, das das eigentliche Ziel des Lebens darstellte.

Bereits im 2.Jahrhundert n. Chr. wählte der Astronom, Mathematiker und Geograph Claudius Ptolemäus hin-

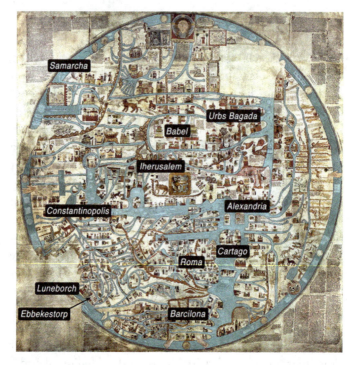

Abb. 2.1 Ebstorfer Weltkarte

gegen den nördlichen Polarstern als Orientierungspunkt. Seine Karten waren nach Norden ausgerichtet, was die geographische Orientierung erleichterte. In der Renaissance wurden diese Weltkarten, auf der die Himmelsrichtung Norden oben abgebildet ist, wiederentdeckt und verbreitet. Seitdem richtet man sich nach Norden aus, wenn man sich (geographisch) orientiert. Wir sprechen auch vom „Einnorden" mit Karte und Kompass.

Ob man sich nun dem Norden oder dem Osten zuwendet – Orientieren bedeutet immer „sich auf etwas ausrichten".

2 Unter der Oberfläche

Wenn man sich geographisch orientieren will, muss man zwei Fragen beantworten:

a) Wo befinde ich mich?
b) Wohin will ich mich bewegen?

Orientierung stellt den Bezug zwischen Standort a und Ziel b her. Der Weg führt im obigen Beispiel vom Standort Ebstorf über Jesus Christus bzw. Jerusalem als Zentrum des diesseitigen Lebens zum Paradies als Ziel des ewigen Lebens.

Nun geht es in diesem Buch aber nicht um geographische oder spirituelle, sondern um geistige Orientierung in philosophischer Hinsicht. Dementsprechend lassen sich die beiden Fragen nach Standort und Ziel umformulieren:

a) Wer bin ich?
b) Was will ich?

Im Ausdruck „sich auf etwas ausrichten" sind zwei Bezugspunkte enthalten: Ein Subjekt (a) richtet sich auf ein Objekt bzw. ein Ziel (b) aus. Wir erkennen, wer wir sind (Standort), und verfolgen mit unseren Handlungen Zwecke (Ziele). So wie Standort und Ziel verbunden sind, bilden auch Selbstkenntnis und Streben nach etwas in der Welt eine Einheit. Im Orientieren werden uns Erkenntnis (Standort) und Begehren (Ziel) bewusst. Alle drei Funktionen des Wesentlichen als intuitiver Weltbeziehung begegnen uns im Phänomen des Orientierens wieder: Das Erkennen betrifft die epistemische, das Begehren die konative und das Bewusstwerden als Empfindung die emotive Funktion.

Kant spricht bezüglich der Erkenntnis vom Verstand und bezüglich des Begehrens von der Ziele setzenden bzw. Zwecke verfolgenden Vernunft. Wir werden sehen, dass Verstand und Vernunft im Sinn fürs Wesentliche durch die epistemische und die konative Funktion eng miteinander verbunden sind. Wenn jemand das Wesentliche erkannt hat, will er es sich auch aneignen. Die Erkenntnis des Wesentlichen durch den Verstand hat immer auch Folgen für das Handeln des vernünftigen Menschen. Für Kant ist die Urteilskraft das vermittelnde Bindeglied zwischen erkennendem Verstandes- und begehrendem Vernunftdenken. Urteilskraft verbindet theoretische Erkenntnis mit praktischer Entscheidung und zeigt uns in dieser Verbindung erst, was wesentlich ist.

Für die geistige Orientierung gibt es gemäß der doppelten Fragestellung zwei Perspektiven: Wir erkennen unser eigenes Wesen (a) und das für uns Wesentliche in der Welt (b).

Die Urteilskraft, mit der wir uns am Wesentlichen orientieren, ermöglicht das Zusammenspiel von Selbst- und Welterkenntnis:

> Wir erkennen uns an/in der Welt und wir erkennen die Welt an uns. In der Art und Weise, wie wir die Welt ergreifen, zeigt sich, wer wir sind. Was die Welt wirklich ist, zeigt sie uns in der Art und Weise, wie sie uns ergreift. Das Zusammenspiel ist also ein wechselseitiges Ergreifen und Ergriffen-Werden.

Erkenne dich selbst!

Der bekannte Wahlspruch des Delphischen Orakels „*Gnothi seauton!*" ("Erkenne dich selbst!") gibt vor, woran man sich orientieren muss, wenn man ein gelingendes Leben führen möchte.

2 Unter der Oberfläche

Wer sich selbst nicht kennt, läuft Gefahr, sich um Dinge zu kümmern, die nicht wesentlich sind.[1] Wenn man aber weiß, was einen selbst ausmacht bzw. was für einen selbst wichtig ist, wird man richtige Entscheidungen treffen. Die Aufforderung, sich selbst zu erkennen, war im antiken Kultbereich des Orakels als Aufruf zur Mäßigung gemeint. Angesichts der Begegnung mit dem Göttlichen, sollte der Eintretende sich dessen bewusst sein, dass er nur ein Mensch ist, was ihn zur Bescheidenheit verpflichtet. Den tiefen Zusammenhang zwischen Selbsterkenntnis und der Tugend der Mäßigung werden wir in Kap. 11 betrachten.

Man benötigt einen Spiegel, um sich selbst zu erblicken. Und dieser Spiegel ist die Außenwelt, also der Bereich der Wirklichkeit, der man gerade nicht selbst ist. Hier zeigt sich, dass Selbsterkenntnis nicht von der Welt zu trennen ist. Wir erkennen uns selbst an dem, was wir in der Welt bewirken, und an der Art und Weise, wie die Welt auf uns und wir auf die Welt reagieren. Für Selbsterkenntnis sind Momente sowohl gelingender als auch misslingender Weltbeziehung besonders aufschlussreich. Je nachdem, ob wir das Glück einer harmonischen Beziehung zur Welt (Resonanz) oder aber den dissonanten Widerstand gegen die Außenwelt (Entfremdung) erfahren, zeigt sich, wo wir authentisch sein können und wo dies ausgeschlossen ist.

Alleine sich selbst zu kennen, reicht aber nicht aus. Orientierung setzt auch Weltkenntnis voraus.

---

[1] Alkibiades fragt Sokrates: „(…)Versuche nun auch mir zu erklären, auf welche Weise wir denn nun für uns selbst sollen Sorge tragen?" Sokrates antwortet: „Soviel ist uns doch schon im Voraus bestimmt, was wir nämlich sind (…). Wir fürchten aber, dass wenn wir dies verfehlten, wir ohne es zu wissen für etwas anderes sorgen könnten als für uns." Platon, Alk., 132b, c.

Die Welt erkennen: Analyse oder Intuition?

> Wenn Sie einen Staubsauger-Roboter dabei beobachten, wie er das erste Mal in einem Raum eingesetzt wird, wirkt er vor allem tollpatschig und ungelenk. Zentimeter für Zentimeter arbeitet er sich voran, indem er immer wieder gegen die Wand fährt, bis er deren Koordinaten vollständig erfasst hat. Das wirkt nicht elegant und schon gar nicht intelligent. Er verfährt nach dem aufwändigen Trial-and-Error-Prinzip, um Informationen über den Raum zu sammeln. Am Ende hat er schließlich die Maße der Fläche, die er reinigen soll, gespeichert und kann mit der Arbeit beginnen.

Der Roboter erkennt die Welt bzw. den Ausschnitt der Welt, um sich darin zu orientieren. Dabei wendet er die Strategie des Kontrolldenkens an: Zunächst sammelt er Daten über die Umgebung, die für seine Aufgabe relevant zu sein scheinen. Dann orientiert er sich, indem er eine situativ angemessene Handlungsstrategie festlegt. Wenn er die Begrenzung der Bodenfläche kennt, berechnet er die zu fahrenden Bahnen. Er orientiert sich zugleich an Daten der jeweiligen Umgebung und an der ihm einprogrammierten Aufgabe, die Raumfläche vollständig zu säubern. Informationen über die Welt (Umgebung) und über sich selbst (programmierte Funktion als Staubsauger) ermöglichen zusammen Orientierung, indem Standort (Selbst) und Ziel (Welt) miteinander verbunden werden.

Entspricht dieses Vorgehen auch unserer Rationalität? Orientieren wir uns wie der Roboter, indem wir Daten und Informationen über die Welt und uns selbst auswerten und verbinden?

2 Unter der Oberfläche

Wir sind heute mit einem Überangebot an Daten konfrontiert. Für uns ist es gar nicht möglich, alle Daten aufzunehmen und alle Informationen zu berücksichtigen. Wir beschäftigen uns auch kaum damit, im Trial-and-Error-Verfahren Informationen über unsere Umgebung zu gewinnen. Auf das langwierige Ausprobieren, Aufnehmen und Auswerten, mit dem der Roboter die jeweiligen Gegebenheiten vollständig erfasst, verzichten wir. Unser Vorgehen soll effizient und zielgerichtet sein – zumal sich die Situationen so schnell verändern, dass ein Gesamtüberblick nicht lange gültig sein wird. Für den Überblick fehlen uns Zeit, Hirnkapazität und verlässliche Daten; deswegen folgen wir lieber einer anderen Strategie: Wir nutzen ein intuitives Gespür für Angemessenheit.

Vollständige Kenntnis der Situation, wie sie das Kontrolldenken verlangt, ist dabei nicht nötig. Wir müssen uns nur so lange um Welterkenntnis bemühen, bis das, worauf es uns eigentlich ankommt, verwirklicht werden kann.

Zudem profitieren wir von unserer Flexibilität: Während der Roboter Informationen sammelt, um die im Programm fixierten Ziele (Selbst) verwirklichen zu können, passen wir unsere Ziele auch unserem Kenntnisstand über die Welt an. Auf unveränderliche, vollständige und deshalb verlässliche Weltkenntnis sind wir gar nicht angewiesen, weil wir unser „Programm" der Situation anpassen können, ohne mit uns selbst in Konflikt zu geraten: Wenn es aufgrund der uns bekannten Gegebenheiten sinnvoll erscheint, können wir uns eben auch anders beschäftigen. Je nach Situation lassen wir das Staubsaugen eventuell sein und putzen lieber die Fenster oder wählen eine andere situativ sinnvollere Tätigkeit...

Jede Sekunde strömt bis zu 1 Milliarde Bits Datenmenge auf uns ein. Das menschliche Gehirn kann aber nur 100 Bits pro Sekunde verarbeiten. Daraus ergibt sich die Notwendigkeit, schon vor der Auswertung der Daten zu selektieren. Wir können nicht alle Daten und Informationen berücksichtigen, deshalb müssen wir schon bei der Aufnahme auswählen. Nur wertvolle Daten und bedeutsame Informationen sollten unsere begrenzten kognitiven Kapazitäten beanspruchen. Wir selektieren also schon, bevor ein Gesamtüberblick überhaupt möglich ist. Ohne die Kontrolle über die Gesamtsituation zu haben, wird schon entschieden, welche Informationen von Bedeutung sind und welche nicht.

Etwas zu bewerten, bevor man es kennt, ist aber problematisch. Wenn es dieses Verfahren tatsächlich gibt, ist es nicht rational und keineswegs objektiv.

Sollten wir angesichts des Eingeständnisses unserer Überforderung die Suche nach dem Wesentlichen nicht besser ganz der künstlichen Intelligenz (KI) überlassen? Wer realistisch ist, muss zugeben, dass die Aufnahme- und Rechenkapazität der Computer unserer Leistung immer weit überlegen sein wird. Im menschlichen Gehirn befinden sich ca. 90 Mrd. Neuronen. IBM experimentiert in einem Deep-Learning-Projekt aktuell mit einem simulierten Gehirn, das 530 Mrd. Neuronen entspricht und 100 Billionen Synapsen (Verbindungen) ausbildet. Diese kognitive Kapazität, mit dem weltweiten Datennetz verbunden, macht maximale Intelligenz möglich. Mit dem Zugriff auf vernetzte Datendokumente in unbegrenzter Menge und der Anwendung entsprechender Algorithmen und Verfahren zur Mustererkennung spürt der Computer alle Daten auf, aus denen man in einer bestimmten Situation relevante Informationen gewinnen kann. Die Ergebnisse der künstlichen Intelligenz sind auf alle Fälle schneller, genauer, aktueller und umfassender als unsere

2 Unter der Oberfläche

Bemühungen um Vollständigkeit, Geschwindigkeit und Präzision im Welterkennen.

Auch das Paradox der Selektion wesentlicher Informationen vor ihrer Kenntnisnahme ließe sich leicht lösen: Wesentlich sind die maximal relevanten Informationen. Informationen, die sich in ähnlichen Konstellationen statistisch als nützlich erwiesen haben, wären demnach auszuwählen. Vielleicht führt ein einfacher Musterabgleich zum Wesentlichen, der uns nur deshalb problematisch erscheint, weil wir – im Gegensatz zur KI – die erforderliche Datenmenge nicht bewältigen können?

Um das zu überprüfen, stellen wir zunächst eine kritische Rückfrage: Was ist das Wesentliche im Beispiel des Staubsauger-Roboters?

Dem Roboter stellt sich diese Frage gar nicht, denn er „weiß" immer schon, was wesentlich ist: Seine Aufgabe ist es, den Boden vollständig zu säubern. Dazu muss er nur wissen, wo er seine Bahnen ziehen muss. Die programmierte Aufgabe ist das Wesentliche für den Roboter. Anders als im menschlichen Leben ist der KI die Selbstkenntnis als Programm unveränderlich und deshalb unproblematisch vorgegeben.

Dieses Beispiel lässt vermuten, dass sich die Frage nach dem Wesentlichen innerhalb der künstlichen Intelligenz gar nicht stellt. Datensuche und Informationsverarbeitung setzen immer schon eine in Algorithmen und Aufforderungen zum Mustervergleich formulierte Aufgabe voraus.

Auch selbstlernende Systeme folgen einem Programm. Ihnen ist mit der jeweiligen Definition von Lernerfolg eine Aufgabe gegeben. Um zu lernen, muss die KI schon „wissen", in welche Richtung die Entwicklung laufen soll und wann ein Lernprozess erfolgreich abgeschlossen ist. Dieses einprogrammierte Wissen kann auch nicht durch autonome Lernprozesse von der Maschine verändert werden, denn eine Veränderung wird von ihr ja nur durchgeführt und angenommen, wenn sie einen Lernfortschritt darstellt, also der im Programm vorgegebenen Definition entspricht. Insofern kann die Maschine ihr Programm nicht umschreiben. Die Lern-Aufgabe ist der KI vorgegeben. Das System kennt also immer schon das Wesentliche in Bezug auf sein Selbst, bevor es beginnt zu arbeiten, es muss also nicht danach suchen und ist immer schon orientiert.

Unsere Arbeit besteht aber gerade darin, das Wesentliche zu erkennen, um Orientierung zu gewinnen.

„Was ist wesentlich?" ist also eine Frage von Menschen an Menschen. Wir sind die Autoren und die Adressaten, nicht die KI. Das Lesen neuer Lebenssituationen ist eine exklusive Aufgabe für die weitgehend unprogrammierte menschliche Intelligenz.

Doch so schnell, sollten wir nicht aufgeben. Big Data enthält ja nicht nur Produkte der KI, sondern auch die gesammelten Erfahrungen menschlicher Intelligenz. Wir könnten Big Data also auch dazu einsetzen, menschliche Intelligenzleistungen verfügbar zu machen, sie zu kombinieren und dadurch einer Art kollektive menschliche Intelligenz herstellen. Es geht dann primär darum, Erfolge menschlicher Intelligenz zu finden, um sie in ähnlichen Kontexten zu wiederholen.

Diesbezüglich müssen wir die Strategie des Suchverfahrens (Information Retrieval) betrachten, mit dem die KI hilfreiche Informationen aus den Erfahrungen der gesamten Menschheit finden könnte (vgl. dazu Kap. 4):

Aus den im Datenspeicher festgehaltenen Erlebnissen möglichst vieler Menschen soll ermittelt werden, was jetzt und an dieser Stelle für jemanden wesentlich ist. Dazu müssen lediglich Situationen und Erfolg von

2 Unter der Oberfläche

Handlungsalternativen verglichen werden. Wenn ich in eine bestimmte Situation gerate, sollte ich so handeln, wie es viele vor mir getan haben, die in einer ähnlichen Lage mit dem Ergebnis ihres Tuns zufrieden waren. Mit den Vergleichsparametern „Merkmale einer Situation" und „Nutzen des Verhaltens" ließe sich dann die Lösung aus der Datensammlung ableiten: Das Verhalten mit dem höchsten Nutzenwert ist in einer ähnlichen Situation das Wesentliche, an dem man sich orientieren sollte.

Würden Sie einem solchen Verfahren trauen?

Um darauf zu antworten, müssen Sie zu folgenden Fragen Position beziehen:

- Lassen sich persönliche Sinn- und Glückserfahrungen aus Statistiken prognostizieren?
- Kann das, was das menschliche Leben ausmacht, in miteinander vergleichbaren Daten adäquat eingefangen werden?
- Kann man überhaupt eine Situation mit einer anderen vergleichen?
- Erkenne ich das in diesem Moment Wesentliche aus dem Vergleich mit der Vergangenheit möglichst vieler anderer Menschen?

Wir wollen nicht voreilig urteilen. Zunächst sollten wir uns darüber im Klaren sein, welche Alternativen übrig bleiben, wenn wir die oben genannten Fragen verneinen und demzufolge das auf Vergleichswerten basierende Verfahren ablehnen.

Im Gegensatz zur künstlichen Intelligenz, die alle Daten berücksichtigt, sind wir nicht in der Lage, auf der Basis eines Gesamtüberblicks zu entscheiden, weil unsere kognitiven Kapazitäten begrenzt sind. Wenn wir darüber grübeln, was zu tun, richtig wäre, dann beziehen wir uns in dieser Reflexion nicht auf aussagekräftige Statistiken und zahlreiche Vergleichsdaten, sondern auf wenige

Fakten, von denen wir glauben, sie seien so bedeutend, dass wir sie berücksichtigen müssen. Ein einziger Aspekt kann den Ausschlag geben.

Was ist mit den Informationen, die nicht ins Bewusstsein vordringen und deshalb nicht berücksichtigt werden können, obwohl sie vielleicht relevant sind? Nur die Informationen, die ein interner Türsteher passieren lässt, werden Teil der Datenmenge, auf deren Basis wir uns einen Überblick über die Situation verschaffen. Wir berücksichtigen nur das, was wir zuvor schon aus irgendwelchen Gründen als relevante Information ausgezeichnet haben. Hier stoßen wir wieder auf das „Paradox unbekannter Information": Wir wählen Informationen als Grundlage für unser Urteil/unsere Entscheidung, bevor wir ihre Bedeutung für unser Urteil/unsere Entscheidung kennen. Das ist nicht rational, sondern intuitiv. Wenn wir Statistiken und Vergleichsdaten nicht zutrauen, dass sie uns das Wesentliche zeigen, dann müssen wir unserer Intuition vertrauen. Das ist die verbleibende Alternative, wenn wir die oben aufgeführten Fragen verneinen.

Man könnte in diesem scheinbaren Rationalitätsdefizit auch eine Stärke sehen: Die Fähigkeit, uninformiert richtig zu entscheiden, könnte ein Hinweis auf ein Spezifikum menschlicher Intelligenz sein. Hinter dieser Kompetenz könnte sich menschliche Urteilskraft verbergen, über die KI (noch) nicht verfügt. Ob die Lösung der Paradoxie, dass wir Informationen wählen, ohne ihre Relevanz zu kennen, mit „Intuition" bzw. Urteilskraft gelingt, hängt von der Antwort auf die erste Leitfrage ab:

Ist es möglich, sich ohne Überblick richtig zu entscheiden?

Bevor wir dem nachgehen und dabei weitere Leitfragen formulieren, wollen wir uns dem Beispiel einer Person

2 Unter der Oberfläche

zuwenden, die die oben genannten Fragen alle mit „nein" beantwortet hat. Damit möchte ich illustrieren, wie intuitive Orientierung ohne Rückgriff auf Daten funktionieren könnte:

> Eine junge Dame ist traurig, weil ihr Smartphone defekt ist. Von einem Fachmann, der das Gerät begutachtet hat, erfährt sie, dass eine Reparatur nicht mehr lohnt. Nun informiert sie sich über die aktuellen Angebote. Sie will natürlich das beste Produkt aussuchen und bezieht sich dabei auf die Kategorien technische Ausstattung, Design, Preis und Kundenbewertungen. Nachdem sie einige Modelle verschiedener Anbieter verglichen hat, sind mehrere Stunden vergangen. Sie ist bereits erschöpft, hat aber erst einen Bruchteil der Angebote gesichtet und weiß immer noch nicht, welches Smartphone im Vergleich am besten abschneidet. Nun braucht sie erst einmal eine Pause.
> Als sie sich entspannt, kommt ihr plötzlich ein Einfall. Jetzt weiß sie, was zu tun ist. Sie kontaktiert den nächsten Händler und bestellt aus dem Lagerbestand genau das alte Modell, mit dem sie seit drei Jahren zufrieden war.

War dies eine kluge Entscheidung? Der Händler hat sich bestimmt gewundert, dass die Kundin ein altes Handy gekauft hat. Für den gleichen Preis hätte sie ein viel moderneres Produkt erwerben können. Als ihr aber klar wurde, dass ein aussagekräftiger Gesamtüberblick nicht möglich ist – jedenfalls nicht in halbwegs angemessener Zeit – hat sie sich vom Kontrolldenken abgewandt und sich auf ihren Sinn fürs Wesentliche verlassen: Wesentlich ist das, worauf es ihr eigentlich ankommt.

Aber ist es wirklich klüger, sich gar nicht mehr an den Gegebenheiten der Welt – in diesem Fall also den technischen Eigenschaften der Smartphones – zu orientieren? Kann man auf der Suche nach dem Wesentlichen die Wirklichkeit ignorieren? Wie sollte diese weltfremde Strategie gerechtfertigt werden?

Dies können wir erst klären, wenn die nächste Leitfrage beantwortet wird:

Welche Kriterien sind entscheidend, wenn Informationen keine Rolle spielen?

Die junge Dame hat ihre eigene Zufriedenheit zum Kriterium gemacht. Entscheidend waren also nicht die Produktdaten, sondern ihr Gefühl. Sie hat in den Angeboten das Wesentliche erkannt, indem sie sich selbst ins Spiel gebracht hat. Wenn man diese Strategie empfehlen möchte, muss man nicht nur die eigene Zufriedenheit als höchstes Ziel ausweisen, sondern auch rechtfertigen können, dass ein subjektives, auf Empfindung beruhendes Verfahren (objektiv) richtig ist.

An dieser Stelle lassen wir lieber jemanden antworten, der über jeden Vorwurf der Irrationalität und Schwärmerei erhaben ist: Immanuel Kant (1724–1804). Immerhin der berühmteste deutsche Aufklärer, der romantischen Träumereien und haltlosen Spekulationen in der Philosophie den Kampf angesagt hat. Seinem Zeitgenossen Moses Mendelssohn (1729–1786) galt der strenge Vernunftdenker gar als derjenige, der auf dem Felde der Metaphysik (also des Übersinnlichen) „alles zermalmt" [1]. Trotz aller Kritik am Irrationalismus gesteht Kant ein, dass eine bestimmte Art der Intuition einen bedeutenden Beitrag zur Welterkenntnis leistet. In seiner Schrift „Was heißt sich im Denken orientieren?" (1786) äußert er sich dazu:

„Sich im Denken überhaupt orientieren heißt also: sich, bei der Unzulänglichkeit der objektiven Prinzipien der Vernunft, im Fürwahrhalten nach einem subjektiven Prinzip derselben bestimmen." [2]

2 Unter der Oberfläche

Kant unterscheidet die Wahrheit vom „Fürwahrhalten". Wahrheit stützt sich gewöhnlich auf faktenbasiertes Wissen. Das „Fürwahrhalten" entspringt dagegen einer subjektiven Einschätzung des Wahrnehmenden. Wenn die Welt für objektive Kriterien zu komplex ist, ermöglicht intuitives Denken noch Orientierung. Deshalb ist es zulässig. Nur dann, wenn das Wissen über die Welt nicht ausreicht, ist es nach Kant vernünftig, sich an seinem Gefühl zu orientieren:

„Dies subjektive Mittel, das alsdann noch übrig bleibt, ist kein anderes, als das Gefühl des der Vernunft eigenen Bedürfnisses." [3]

Für den Gedankengang dieses Buches stellt diese Äußerung einen wichtigen Anfangspunkt dar. Wir wollen herausfinden, wie sich dieses „vernünftige Gefühl" als Sinn fürs Wesentliche darstellen lässt und was man tun muss, um sich in diesem „Fühlen" zu verbessern.

Angesichts der zunehmenden Komplexität der Welt, werden wir immer öfter in Situationen geraten, in denen das datenbasierte Wissen nicht ausreicht, um zu erkennen, worauf es ankommt und was etwas wirklich ist. Die objektiven Prinzipien des Verstandes werden dann um die subjektive Urteilskraft erweitert. Der Sinn fürs Wesentliche ist eine Form der empfindenden Intelligenz, die über das analytische Kontrolldenken hinausreicht und unter die Oberfläche blickend bis zum Kern des Zu-Verstehenden dringt.

Aus dieser Überlegung ergibt sich eine dritte Leitfrage:

Unter welchen Bedingungen kann das subjektive „Fürwahrhalten" objektive Wahrheit ersetzen?

Gibt es heute noch feste Orientierungspunkte?

„Der Mensch ist nichts als ein Schilfrohr, das schwächste der Natur, aber ein denkendes Rohr. (…) Also alle unsre Würde besteht im Denken. Dessen müssen wir uns rühmen, nicht des Raums und der Dauer. Wir müssen uns also bemühen gut zu denken, das ist die Grundlage unserer Würde."
(Blaise Pascal, Pensées, Fragment Nr.200).

Um uns herum tobt der Sturm grundlegender Veränderungen. Man kann in der Auflösung traditioneller Verbindlichkeiten Chancen und Freiheiten für eine moderne Lebensgestaltung sehen, aber insgesamt stellen wir fest, dass die Wirklichkeit komplexer, dynamischer und damit unüberschaubar wird. Dieser Trend wird sich fortsetzen und wir müssen darauf eine Antwort finden.

Viele Menschen fühlen sich angesichts der vielen offenen Fragen, die der gesellschaftliche Wandel und unerwartete Entwicklungen mit sich bringen, wie ein Schilfrohr, das von Wind und Sturm hin und her gebogen wird: Wie weit dürfen wir unsere Freiheiten einschränken, um Risiken zu verringern? Welche Umgangsformen werden unser Miteinander prägen? Welche Werte können noch den gesellschaftlichen Zusammenhalt garantierten? Welchen Informationen ist zu trauen? Wie wird sich die politische Umstrukturierung ehemals verlässlicher Staatengebilde auswirken? Mit dem Klima wandelt sich die Umwelt – können wir weiterhin gesund und sicher leben? Wie wirken sich beschleunigende Medien auf unser Gehirn aus? Wofür benötigen wir unsere Denkfähigkeit, wenn die leistungsstarke künstliche Intelligenz immer mehr Aufgaben übernimmt?

Was uns bisher zusammengehalten hat und worauf wir uns verlassen konnten, wird in der Zeit des disruptiven

2 Unter der Oberfläche

Wandels in Frage gestellt. Wirtschaftliche, geographische, politische, medizinische, kulturelle und moralische Grenzen sind nicht mehr selbstverständlich, ehemals stabile Werte nicht mehr verbindlich.

Pascal empfiehlt, der allgemeinen Verunsicherung unsere Denkfähigkeit entgegenzuhalten. Unsere Intelligenz sollte der stabilisierende Anker sein. Es geht darum, die Wirklichkeit zu verstehen, um dann die richtigen Schlüsse für die eigene Lebensgestaltung zu ziehen. Dafür ist aber ein Perspektivwechsel innerhalb des Denkens notwendig. Es reicht nicht mehr aus, nur die Oberfläche des Geschehens zu betrachten. Wir müssen tiefer blicken und mit unserer Vernunft das Wesentliche unter der Oberfläche entdecken. Gute Gründe sind und bleiben der Prüfstein für alle Überzeugungen und Entscheidungen eines Menschen. Kant stimmt mit Pascal darin überein, dass in der Vernunft Freiheit und Würde des Menschen liegen [4]. Heute sind wir aber aufgefordert, nach neuen Wegen zu suchen, um den Probierstein der Vernunft weiterhin anwenden zu können: Intuition, agiles Denken, Urteilskraft, Sinn fürs Wesentliche sind Denkmöglichkeiten.

Die Illusion, angesichts des Wandels noch an alten Denkgewohnheiten festhalten zu können, macht uns für Manipulation anfällig. Im Flachland einer überschaubaren Welt war es möglich, sich einen Überblick über alle Informationen zu verschaffen und sich auf langfristig gewählte Zielpunkte festzulegen. Man konnte Entwicklungen voraussagen und Informationen anhand anderen Kontrollinformationen überprüfen. Doch Entwicklungen und Informationen treten nun in Geschwindigkeiten und Mengen auf, die wir nicht mehr bewältigen. Wer sich nach wie vor nach festen

Orientierungspunkten an der Oberfläche ausrichtet, liefert sich den unberechenbaren Kräften der Disruption aus. Wer versucht, an der Oberfläche der Daten- bzw. Informationsflut die Kontrolle zu behalten, wird von ihr erfasst und fortgetrieben.

Wo finden wir noch feste Orientierungspunkte?

> Die Mütter und Väter des Grundgesetzes der BRD waren mutig. Als Parlamentarischer Rat haben sie für die Bundesrepublik Deutschland staatliche Prinzipien benannt, die zu allen Zeiten, egal wie sich Menschen und Umfeld verändern, unangefochten gelten, und weisen unserem politischen Handeln auch heute und in Zukunft damit die Richtung. Die Leitlinien sind im Verfassungskern (Artikel 79/3) als feste Orientierungspunkte – auch und gerade in stürmischen Zeiten – zusammengefasst: Menschenwürde, Republik, Föderalismus, Rechtsstaatlichkeit, Sozialstaat und Demokratie (Artikel 1 und 20). Egal was passiert, nach diesen Prinzipien muss sich unsere Gemeinschaft ausrichten.

Angesichts der heutigen Situation fragt man sich, ob diese Festlegung aus dem Jahre 1949 nicht einem heute veralteten Denken entsprungen ist, das Pluralismus, Relativität, Fragilität und Dynamik der modernen Welt noch nicht kannte.

Kann man allen Ernstes noch Verbindlichkeiten für zukünftige Zeiten vorgeben?

Doch, das geht. Und die Begründung ist bestechend einfach: Der Verfassungskern benennt mit den sechs Prinzipien etwas Wesentliches, dem sich niemand entziehen kann, sofern er in einer Gesellschaft leben möchte. Die Prinzipien sind nichts anderes als die Ausformulierung des Wesenskerns staatlicher Gemeinschaft: gegenseitige Anerkennung. Ohne dass wir einander akzeptieren und

2 Unter der Oberfläche

respektieren, gibt es kein dauerhaftes Miteinander. In Menschenwürde, Republik, Föderalismus, Rechtsstaatlichkeit, Sozialstaat und Demokratie drückt sich die gegenseitige Anerkennung aus, die Gemeinschaft erst möglich macht.
Der Verfassungskern ist tatsächlich ein fester Orientierungspunkt, weil er das Wesen der betreffenden Sache erkannt hat. Ohne dieses Wesensmerkmal gibt es keine Gemeinschaft.

Zu diesem Ergebnis führt ein einfaches Vernunftgebot: Ein Mittel, das einem Zweck dient, darf diesen Zweck nicht aufheben. Gesetze dienen der Gemeinschaft, also dürfen sie diese nicht auflösen. Als Kriterium für Orientierung kann dieses Argument auch auf die Lebensführung einer einzelnen Person übertragen werden: So wie im Staatlichen ein Gemeinwesen vernünftiger Weise nur solche Gesetze zulassen darf, die der Integrität des Staates als Gemeinschaft nicht zuwiderlaufen, so ist es auch für eine Einzelperson notwendig, ihr Leben so zu führen, dass es mit der eigenen Persönlichkeit nicht dauerhaft in Widerspruch gerät.

Damit ist die Aufforderung zur Authentizität ausgesprochen (vgl. Kap. 11). Sich an dem zu orientieren, worauf es einem selbst ankommt bzw. was dem eigenen Wesen entspricht, bedeutet, sein Denken und Handeln an der eigenen Persönlichkeit auszurichten. Dieser Aufforderung kann man nur entsprechen, wenn man weiß, wer man ist. An diesem Punkt sind wir also wieder auf Selbsterkenntnis angewiesen, wie sie in Kap. 10 vorgestellt wird. *Gnothi seauton!* („Erkenne dich selbst!") wird zu einer Voraussetzung gelingender Lebensführung.

Allerdings haben wir schon festgestellt, dass Welt- und Selbstbezug nicht voneinander zu trennen sind. Was in einer gegebenen Situation wesentlich ist, gibt immer auch einen Hinweis auf das Wesen desjenigen, der sich in dieser Situation befindet. In den Kapiteln 10 und 11 wird dieser Zusammenhang erläutert.

Die Betrachtung der festen Orientierungspunkte im Verfassungskern hat gezeigt, dass wir uns primär nicht an Gesetzen, sondern an der Art und Weise wie Gesetze aufgestellt werden, orientieren sollten. Menschenwürde, Republik, Föderalismus, Rechtsstaatlichkeit, Sozialstaat und Demokratie sind keine Ziele, die es zu verwirklichen gilt. Vielmehr verhält es sich so, dass uns diese Prinzipien leiten sollen, wenn wir Gesetze aufstellen, um konkrete Probleme zu lösen. Mit der Antwort auf die Frage b: „Was will ich?" benennen wir gewöhnlich Zielpunkte, die wir erreichen bzw. an denen wir uns aufhalten wollen. Weil sich diese Ziele im persönlichen Lebenslauf und in der beweglichen Welt ändern, sollten wir sie nicht als feste Punkte verstehen. Das Beispiel des Verfassungskerns hat gezeigt, dass Orientierung keine Zielpunkte, sondern Leitlinien vorgibt. Orientierungspunkte sind zu unbeweglich für die Veränderungen unserer Zeit. Der Dynamik werden wir nur mit agilem Denken gerecht, das sich um situative Angemessenheit bemüht. Der orientierende Verfassungskern ist dafür ein Beispiel.

Aber auch diese Behauptung ist zunächst nur eine Vermutung, die mit einer vierten Leitfrage zu überprüfen ist:

Können Orientierungspunkte in Leitlinien des Denkens übersetzt werden?

Zusammenfassung: Die Leitfragen

Dieses Buch möchte am Konzept des „agilen Denkens" zeigen, wie wir uns in einer komplexen Welt zurechtfinden können. Mit der Beantwortung der aufgeworfenen Leitfragen soll sich klären, wie Orientierung am Wesentlichen in der Komplexität gelingen kann.

1. Ist es möglich, sich ohne Überblick richtig zu entscheiden?
2. Welche Kriterien sind entscheidend, wenn Informationen keine Rolle spielen?
3. Unter welchen Bedingungen kann das subjektive „Fürwahrhalten" Wahrheit ersetzen?
4. Können Orientierungspunkte in Leitlinien des Denkens übersetzt werden?

Nun möchte ich noch skizzieren, wie wir zu den Antworten gelangen werden:

Der Weg beginnt mit Grundsatzüberlegungen zum Begriff des Wesentlichen. Danach können wir verstehen, warum Verhaltensökonomie, Antifragilität, agiles Kontrolldenken und Resilienz als Antworten auf den Orientierungsverlust noch nicht ausreichen (Kap. 6 und 7). Dass ein Perspektivwechsel im Denken notwendig ist, zeigt auch Kap. 8. Denn hier kann festgestellt werden, dass die Suche nach dem Wesentlichen nicht an die künstliche Intelligenz delegiert werden kann. Wir sind also aufgefordert, uns selbst ins Spiel zu bringen, wenn wir erkennen wollen, was wesentlich ist.

Nach der Kritik der oben genannten Strategien können die Anforderungen für gelingende Orientierung präziser formuliert werden. In Kap. 7 grenze ich den Sinn fürs Wesentliche vom herkömmlichen Kontrolldenken und rein psychologisch verstandener Intuition ab. Kap. 9 zeigt, dass der Ansatz der künstlichen Intelligenz scheitern muss, weil er in Extremen endet, die eine Vermittlung von Welt und Selbst unmöglich machen. Indem ich in Kap. 11 vielversprechende Ansätze zur Lösung der diagnostizierten Teilprobleme zusammentrage, ergibt sich ein Gesamtkonzept, das die Antworten auf die oben genannten Leitfragen liefert. Das Konzept kann je nach Blickwinkel als Tugend, Authentizität oder Kunst des Verstehens beschrieben werden.

Im Anwendungsteil (Kap. 13) werde ich auf unsere durch die Corona-Krise veränderte Lebenswirklichkeit eingehen und einige Vorschläge formulieren, wie der durch dieses Buch aufgedeckte „Sinn fürs Wesentliche" unter den gegenwärtigen Bedingungen in der Praxis etabliert und verbessert werden kann. Dabei werde ich abschließend auch auf einzelne kritische Einwände eingehen.

3

Die wichtigsten Ziele

Wenn man weiß, was man sucht, es aber nicht findet, dann sucht man wahrscheinlich am falschen Ort. Dann sollte man abbrechen und seinen Standpunkt prüfen, um die Suche gegebenenfalls an anderer Stelle fortzusetzen. Wer bei der Suche nach dem Wesentlichen in der Welt nicht fündig wird, sollte in sich gehen und sich darauf befragen, ob er an der richtigen Stelle sucht.

Vielleicht ist es gar nicht klug, angesichts der Informationsflut in Informationen nach dem Wesentlichen zu suchen. Noch schlimmer wird es, wenn man weitere Informationen benötigt, um die Relevanz bekannter Informationen einschätzen zu können. Dadurch verstärkt man die Problematik und gerät in einen Teufelskreis: Jede Information benötigt andere, um sich zu legitimieren. Die Informationsflut wächst und findet kein Ende.

Hier hilft nur der Abbruch des Verfahrens und der Neubeginn an einem anderen Standort aus einem neuen Blickwinkel: Die wichtigsten Ziele finden wir nicht in dem, was alles gegeben und möglich, sondern in dem, was uns wirklich wichtig ist. Statt nach dem Wesentlichen als Merkmal der Dinge in der Welt, sollten wir lieber nach dem Wesentlichen als unsere „Bindung an etwas" suchen. Nicht durch den Überblick über das vorhandene Angebot, sondern in der Besinnung auf das, was wir nachfragen, um uns selbst treu zu bleiben, finden wir die wichtigsten Ziele. Der neue Anfangspunkt für die Suche ist also die Besinnung auf sich selbst. Die neue Perspektive schließt uns selbst mit ein. Wir müssen uns zunächst selbst befragen, bevor wir in der Welt das Wesentliche suchen. Dazu gehört die Reflexion auf unsere grundsätzliche Ausrichtung auf Ziele.

Ziele finden wir in uns selbst. Wir erkennen sie daran, dass sie uns wichtig sind. Dadurch, dass es uns auf etwas ankommt, wird etwas überhaupt erst zum Ziel. Seinsgrund *(ratio essendi)*, Entstehungsgrund *(ratio fiendi)* und Erkenntnisgrund *(ratio cognoscendi)* der Ziele liegen in uns selbst.

Was veranlasst uns aber, etwas als erstrebenswert zu bewerten?

Die Antwort liegt auf der Hand:

> Erstrebenswert ist das, was unser Leben gelingen lässt.

Aristoteles verknüpft die Frage nach dem gelingenden Leben *(eudaimonia)* mit dem Wesen des Menschen. Wer sich am Wesentlichen orientiert, führt das richtige Leben. Die wichtigsten Ziele einer gelingenden Lebensführung müssten sich demnach im Wesen des Menschen finden lassen.

Der Menschen ist nach der Anthropologie des Aristoteles ein zur Vernunft fähiges, Gemeinschaft bildendes Lebewesen: *zoon logon politikon*[1]. Demnach

---

[1]Vgl. *zoon logon:* Aristoteles, Nikomachische Ethik 1098a3; vgl. *zoon politikon:* Aristoteles, Politik 1253a7 ff.,

besteht das Wesen des Menschen aus drei Teilen, deren miteinander harmonierende Entfaltung ein gelingendes Leben ausmacht. Erst wenn es jemandem gelingt, triebhafte Naturanlagen *(„zoon")*, Vernunftbegabung *(„logon")* und Gemeinsinn *(„politikon")* in seiner Lebensführung zu vereinen, kann man von einem wesensgemäßen Leben sprechen. Sein Leben nach dieser Maßgabe auszurichten, bedeutet aber, primär der Vernunft *(logos)* zu folgen. Sie allein vermag, eine gerechte und harmonische Einheit aller Wesenskräfte anzuleiten, weil nur die Vernunft verstehen kann, was Gerechtigkeit und Stimmigkeit überhaupt bedeuten. Dazu braucht es die vernünftige Urteilskraft. Orientierung ist also immer eine Leistung der Vernunft.

Wir werden uns in den weiteren Kapiteln mit der Vernunft des Menschen beschäftigen und den Schwerpunkt der Betrachtung auf die persönliche Lebensgestaltung legen. Die Wesensbestimmung des Menschen nach Aristoteles schließt aber das Gemeinschaftsleben ein. Deshalb sollten wir die politische Dimension der Orientierungssuche nicht vergessen.

Gerade in Krisenzeiten (z. B. Corona) zeigt sich, was es heißt, dem Gemeinsinn zu entsprechen. Die politischen Maßnahmen gegen weitere Ansteckungen mit dem Corona-Virus sollten im März 2020 der (logistischen) Sicherung der medizinischen Versorgung und der Gesundheit der alten und vorerkrankten Menschen in der Bundesrepublik Deutschland zugutekommen. Eine unkontrollierte Verbreitung des Coronavirus hätte zu einem Massenansturm auf die mit Beatmungsgeräten ausgestatteten Intensivstationen der Krankenhäuser geführt. Mit den mehrere Wochen andauernden Ausgangsbeschränkungen, Kontaktverboten, Schul- und Geschäftsschließungen wurden Massenansteckung und die zu erwartende Überlastung der intensivmedizinischen Versorgung erfolgreich verhindert. Der weniger gefährdeten Gesamtbevölkerung wurde aber viel zugemutet. Soziale Kontakte und wirtschaftliche Existenzen wurden zugunsten der Gesundheit der Risikogruppe zurückgestellt bzw. gefährdet und auch vernichtet. Wenn Mitbürger, die von einer Gefahr nicht oder nur schwächer betroffen sind, auf öffentliches Leben verzichten und sich sogar unter Eigengefährdung für die Risikogruppe einsetzen, beweisen sie Gemeinsinn. Überall dort, wo nicht gefährdete Menschen für die anfangs unbestimmte Dauer das „Shutdown" keine Rücksicht nehmen, orientieren sie sich am Egoismus und verletzen damit womöglich den Gemeinsinn. Es könnte sein, dass sie mit ihrer Einstellung das Wesen des Menschen als gemeinschaftsbildendes Lebewesen *(zoon politikon)* verfehlen, also gegen das handeln, was sie (neben ihrer Natur- und Vernunftbegabung) eigentlich ausmacht. Gegen das eigene Wesen zu handeln, bedeutet desorientiert zu sein. Doch so einfach ist das gesellschaftliche Leben nicht.

Der legitime Widerstand gegen die Beschränkungen beruft sich auf bürgerliche Rechte und auf ökonomische Notwendigkeiten. Er wird also dadurch gerechtfertigt, dass die Maßnahmen im vorliegenden Katastrophenfall, die wesensgemäße Entfaltung des wirtschaftlichen und sozialen Zusammenlebens verhindern. Der wesensgemäße Gemeinsinn *(sensus communis)* des Menschen ist im öffentlichen Leben verkörpert, das in der Corona-Krise durch das Distanzierungsgebot stark eingeschränkt wird.

Die Komplexität der Situation zeigt sich hier darin, dass sich Gegner und Befürworter des „Shutdown" auf den gleichen Wert beziehen: den Gemeinsinn.

Ein Abwägen ist notwendig. Dabei orientieren wir uns nicht an der Allgemeingültigkeit des Gemeinsinns als anerkanntem Wert, sondern an einem vernünftigen Gespür für die Angemessenheit des Prinzips in der konkreten Situation. Im politischen Leben ist das

Wissen um die leitenden Prinzipien notwendig. Politik ist aber die Kunst des Möglichen: Ideale sollen in der Wirklichkeit realisiert werden. Tatsächlich orientieren wir uns am Gespür für Angemessenheit, wenn wir politische Entscheidungen treffen. Wir passen das allgemeingültige Ideale dem situativ Möglichen an. Wenn wir Gemeinschaft gestalten, nutzen wir den Sinn fürs Wesentliche als ein Vermögen der Urteilskraft – nicht des Prinzipienwissens.

Während es in der griechischen Antike üblich war, von einer wesensmäßigen Verpflichtung des Menschen zum Gemeinsinn *(koiné aisthesis/sensus communis)* auszugehen, ist dies heute nicht mehr üblich und auch nicht erforderlich. Denn die in der Neuzeit zunehmend individualisierte Moral der Würde jedes einzelnen Menschen ist zur Praxis des Rechtsstaates geworden und überschneidet sich weitgehend mit dem, was den Menschen als Gemeinschaftswesen verpflichtet. Was die Gemeinschaft zusammenhält, wird nun als sittliche Pflicht der Vernunft verstanden. Insofern betrachten wir die gelingende Lebensführung im Folgenden vorwiegend in Bezug auf Naturanlage *("zoon")* und Vernunftbegabung *("logon")* des Menschen *(zoon logon)*. Diesen beiden Aspekten soll nun die Aufmerksamkeit gelten.

Eigentlich ist alles ganz einfach

Eigentlich ist es ganz einfach, das Verhalten eines Menschen zu verstehen, denn er folgt lediglich zwei natürlichen Impulsen: Freude und Schmerz. So würde das der Psychologe Burrhus Frederic Skinner (1904–1990, Begründer des Behaviorismus) sehen. Jedenfalls verhielten sich alle Laborratten, die er in der nach ihm benannten „Skinnerbox" beobachtete, nach diesen beiden Prinzipien.

> In der einen Ecke des Käfigs gibt es Futter, wenn das Tier zu bestimmten Zeiten einen Hebel betätigt. Ein in den Boden eingelassenes Gitter überträgt elektrische Stromstöße, wenn der Hebel nicht in einer bestimmten Zeitspanne gedrückt wird. Sehr schnell wird das Tier gelernt haben, sich „richtig" zu verhalten.

In dieser überschaubaren Umgebung wird sich das Versuchstier nach kurzer Zeit an der Regel „Maximiere die Freude und minimiere den Schmerz" orientieren. Das ist also ganz einfach und warum sollte diese natürliche und plausible Lebensregel nicht auch für uns Menschen gelten?

Dass wir im übertragenen Sinn selbst in solch einer Skinnerbox leben und uns genauso wie die Versuchstiere verhalten, hat der antike Philosoph Epikur (341–74 v. Chr., Vertreter eines gemäßigten Hedonismus) schon um 300 v. Chr. sinngemäß vorweggenommen:

> *„All unser Tun zielt ja doch darauf ab, weder Schmerz des Leibes zu erleiden noch Störung des Seelenfriedens zu erfahren. (...) Und aus diesem Grunde behaupte ich, dass die Freude der Anfang und das Ziel des glücklichen Lebens ist. Denn sie habe ich als das erste und uns angeborene Gut erkannt; von ihr gehen wir aus, wenn wir etwas wählen oder meiden..."* (Epikur, Brief an Menoikeus).

Glücklich lebt nach Epikur derjenige, der viele, lange und intensive Phasen der Freude erlebt und wenn überhaupt, dann nur selten und vorübergehend geringes Leid erfährt.

Genauso hat es übrigens auch der Mitbegründer der moderneren angelsächsischen Philosophie, Jeremy Bentham (1748–1832, Vater des klassischen Utilitarismus), gesehen:

„Die Natur hat die Menschheit unter die Herrschaft zweier souveräner Gebieter – Leid und Freude – gestellt. Es ist an ihnen, aufzuzeigen, was wir tun sollen, wie auch zu bestimmen, was wir tun werden. Sowohl der Maßstab für Richtig und Falsch als auch die Kette der Ursachen und Wirkungen sind an ihrem Thron festgemacht." (Bentham: Eine Einführung in die Prinzipien der Moral und der Gesetzgebung (1789), Kapitel 1: Über das Prinzip der Nützlichkeit)

Damit ist eine einfache Grundregel gefunden, die uns, egal in welchem Bereich und in welchem Zusammenhang immer anzeigt, was zu tun ist. Jedenfalls sollte mit diesem inneren Kompass Orientierung kein Problem mehr sein. Er weist uns den Weg hin zur Freude und weg vom Schmerz. Lust oder Leid, Glück oder Unglück, Nutzen oder Kosten sind die Pole der Landkarte, auf der wir unseren Aufenthalts- bzw. Zielort finden.

Freude zu erfahren und Schmerz zu meiden, sind aber nicht die einzigen Ziele eines gelingenden Lebens.

Worauf es ankommt

Wir wollen nicht nur glücklich, sondern auch sinnvoll leben. Die Frage nach dem Sinn ist für viele Menschen der Anlass, mit dem Philosophieren zu beginnen.

Philosophen sind wie neugierige Kinder. Sie hinterfragen unermüdlich die kleinste Selbstverständlichkeit und können damit ziemlich nerven. Ein aufgewecktes Kind beobachtet und fragt direkt und unverstellt: „Warum tust du das?" Mit der Antwort wird es sich nicht zufriedengeben und die Warum-Frage nochmals stellen. Und dies wird sich wiederholen, bis der Erwachsene in Erklärungsnot kommt, weil er den letzten und obersten Grund nicht benennen kann.

Ist das kindliche Fragen sinnvoll?

Sinn finden wir, wenn wir nach ihm fragen. Fragen fordern Gründe. Was begründet ist, ist rational.

In der Warum-Fragetechnik ähneln sich Kind und Sokrates. Sokrates (469–399 v. Chr.) führte seine Gesprächspartner durch Fragen in die *Aporie*. Damit ist der Punkt gemeint, an dem man einsieht, dass man ein gedankliches Problem mit dem gewohnten Denken nicht lösen kann. Wenn der Befragte in diese ausweglose Lage hineinmanövriert wurde, kann das Philosophieren beginnen. Denn nun ist er bereit, einen Perspektivwechsel zu wagen, um dann neu beginnend im Denken voranzuschreiten. Das immer tiefer dringende Nachfragen führt uns vom „Alltagsverstand" zum Philosophieren:

> Ein Kind beobachtet, wie ein Erwachsener etwas googelt.
>
> KIND: *Warum stellst du Fragen ans Internet?*
> ERWACHSENER: *Ich möchte etwas wissen und im Internet werde ich die Information finden, die mir fehlt.*
> KIND: *Warum möchtest du etwas wissen?*
> ERWACHSENER: *Weil ich eine Frage habe und die Antwort nicht kenne.*
> KIND: *Warum möchtest du die Antwort kennen?*
> ERWACHSENER: *Weil mich die Antwort interessiert.*
> KIND: *Warum interessiert dich die Antwort?*
> ERWACHSENER: *Weil ich dann ein Problem lösen kann, das mich jetzt noch beschäftigt.*
> KIND: *Warum möchtest du das Problem lösen?*
> ERWACHSENER: *Weil es schön ist, die Antwort zu wissen.*
> KIND: *Warum ist es für dich schön, die Antwort zu wissen?*
> ERWACHSENER: *Weil ich dann keine Fragen mehr habe, die ich lösen muss.*
> KIND: *Warum willst du keine Fragen haben?*
> (…)

Wir können die Beobachtung der Szene hier abbrechen, obwohl sich der Dialog noch fortsetzen ließe. Sicherlich haben Sie bemerkt, dass sich beide am Schluss im Kreis drehen. Doch wir haben bereits die philosophische Stufe des Gesprächs erreicht. Jetzt wird die Perspektive vom Alltagsverstand zum Vernunftdenken gewechselt: Der Erwachsene ist gezwungen, über im Alltag Selbstverständliches in grundlegender Weise nachzudenken.

Wie würden Sie die letzte Frage beantworten?

Sie haben wahrscheinlich gleich gemerkt, dass der Erwachsene sich unlogisch verhält. Er gibt in die Suchmaschine Fragen ein, um – wie das fragende Kind aufdeckt – keine Fragen mehr stellen zu müssen. Wenn der Grund für eine Frage in dem Ziel besteht, keine Frage mehr zu stellen, ist dies zumindest einmal merkwürdig.

Philosophischen Antworten sind deshalb letzte Antworten, weil sie selbsterklärend sind. Im Anschluss an eine selbsterklärende Antwort können keine sinnvollen Warum-Fragen mehr gestellt werden. Wenn man die letzte Antwort befragt, kann man nicht anders, als mit ihr selbst zu antworten. Und so ist es logisch notwendig, dass man sich am Ende der Warum-Kette im Kreis dreht.

Betrachten wir diesen Schlusspunkt etwas genauer: Der Erwachsene bezieht sich darauf, dass es für ihn „schön ist", die Antwort zu erfahren. Was ist damit gemeint? Mit dem Wissen um die richtige Antwort befindet sich der Erwachsene in einem Zustand, den er als angenehm empfindet. Wir alle sind auf angenehme Zustände orientiert, das haben wir anhand des Vergleichs mit der Laborratte schon festgestellt. Im Maximieren von Freude und Minimieren von Leid zeigt sich unsere natürliche Anlage, nach Glück zu streben. Die Frage, warum man glücklich sein will, ist nur deshalb zirkulär, weil das Glück keines weiteren Motivs bedarf: Man strebt nach Glück, weil man glücklich sein will, und man will glücklich sein, weil man nach Glück strebt.

In Anlehnung an Aristoteles spricht man in diesem Zusammenhang auch von Selbstzweckhandlungen. Das Streben nach Glück ist ein Handeln, das seinen Zweck in sich trägt. Es verfolgt keinen höheren Zweck außerhalb dieses Handelns.

Glück ist Grund und Ziel unseres Strebens. Ein bestimmtes Ziel ist die Folge, aber nicht die Voraussetzung der Suche nach Glück. Als selbstmotiviertes Streben ist Glück eines der beiden höchsten Ziele des Menschen.

Das zweite Ziel, nach dem wir unser Leben ausrichten, könnte in diesem Dialog auch aufgedeckt werden, wenn der Erwachsene eine etwas andere Gesprächsstrategie gewählt hätte:

> ...
>
> KIND: *Warum ist es für dich schön, die Antwort zu wissen?*
> ERWACHSENER: *Weil wir alle daran interessiert sind, die Dinge zu verstehen.*
> KIND: *Warum wollen wir die Dinge verstehen?*
> ERWACHSENER: *Weil wir darauf aus sind, den Sinn zu erfassen, indem wir Warum-Fragen stellen.*
> KIND: *Warum stellen wir Warum-Fragen?*
> ERWACHSENER: *Du bist im Wir miteingeschlossen. Deine Frage lautet also....*
> KIND: *...warum stelle ich Warum-Fragen?*

In dieser Variante bezieht der Erwachsene das Kind mit ein. Wenn er darauf antwortet, was der Sinn von Fragestellungen ist, kann er darauf verweisen, dass das Kind sich ja mit nichts anderem beschäftigt. Wenn das Kind das, was es tut (nämlich Fragen zu stellen) selbst nicht für sinnvoll hält, dann müsste der Erwachsene dem Kind gar nicht antworten. Es würde die Antwort in diesem Spiel ja gar nicht ernst nehmen. Wenn das Kind das, was es tut (nämlich Fragen zu stellen) ehrlich und ernsthaft meint, dann muss der Erwachsene ebenfalls nicht antworten. Denn in diesem Fall ist das Kind von der Sinnhaftigkeit seines eigenen Tuns bereits überzeugt, sonst würde es seine Fragen nicht ehrlich und ernst meinen. Wenn das Kind wirklich an der Antwort auf die Warum-Frage interessiert ist, dann hält es die Frage nach dem Sinn (also die Warum-Frage) für sinnvoll. Aber genau danach fragt es ja. Wir können also feststellen, dass das Kind sich bereits zu der Praxis bekennt, deren Legitimation es noch einfordert. Die Warum-Frage nach dem Sinn ist in pragmatischer Hinsicht also ein Selbstwiderspruch.

Unsere Überlegung führte zu dem Ergebnis, dass der Erwachsene auf die Frage nach dem Sinn von Warum-Fragen in beiden Fällen nicht antworten muss: In der selbstbezüglichen Frage hält der Fragende das, nach dessen Begründung er fragt, ja bereits für begründet, sonst würde er nicht ehrlich und ernsthaft fragen. Sinn kann nur in einem ehrlichen Gespräch aufgedeckt werden, in dem die Sprecher meinen, was sie sagen. Auf eine Frage, die keine ist, weil sie gar nicht ernsthaft gestellt wurde, muss man nicht antworten. Eine Frage, die nach dem fragt, wovon der Fragende bereits überzeugt ist, muss man nicht beantworten.

Wer nach dem Warum fragt, ist bereits davon überzeugt, dass Begründungen bedeutsam und Warum-Fragen sinnvoll sind: Wir können und müssen davon ausgehen, dass Sinnfragen immer sinnvoll sind.

Nun können wir also festhalten, dass das Streben nach Sinn das zweite höchste Ziel in unserem Leben ist. Die

Suche nach Sinn ergänzt das Streben nach Glück: Wer sinnvoll und glücklich lebt, führt ein gelingendes Leben.

Ob etwas richtig und ein Leben glücklich ist, kann man nur beurteilen, wenn man sich bereits an Sinn und Glück orientiert. Die wichtigsten Ziele geben den Maßstab vor, der selbst nicht bemessen wird, sondern aus sich heraus gilt. Sinn und Glück sind der Maßstab, mit dem wir das Gelingen eines Lebens bemessen. Mit diesen beiden obersten Zielen beginnt das Streben des Menschen nach einem erfüllten Leben. Damit beginnt überhaupt erst die Orientierung. Deshalb kann und muss niemand darauf antworten, auf welches Ziel Sinn und Glück orientiert sind.[2]

Zusammenfassung: Sinn und Glück

Da sich der von Aristoteles identifizierte Gemeinsinn des Menschen als natürliches Bedürfnis oder als „gesunder Menschenverstand" verstehen lässt, können wir von zwei unterschiedlichen Motiven eines wesensgemäßen Lebens ausgehen. Zum einen ist es der Wille, Sinn in der Welt zu erkennen, und zum anderen das Streben nach etwas, das uns in irgendeiner Hinsicht glücklich(er) macht.

Alles, was wir tun, richtet sich auf eines oder beide Ziele. Wir wollen Sinn verstehen, um zu verstehen, und wir wollen glücklich sein, um glücklich zu sein.

Sinn und Glück sind also die wichtigsten Ziele. Sie können deshalb nicht das Ergebnis von Orientierung an einem höheren Ziel sein – folglich sind sie Anfangspunkte

---

[2]Wie diese beiden Motive in einer Form der Lebenskunst zur Einheit gebracht werden, kann hier nicht ausgeführt werden. Siehe dazu: J. Wimmers, „Linjis Weg zum Glück. Wie sich Achtsamkeit und Rationalität zur Lebenskunst verbinden", Heidelberg 2018.

3 Die wichtigsten Ziele

der Orientierung. Weil Glück und Sinn Richtungen vorgeben, ermöglichen sie überhaupt erst Orientierung.

Was bringt uns die Erkenntnis, dass jeder Mensch darauf aus ist, ein sinnvolles und ein glückliches Leben zu führen? Ist damit das Orientierungsproblem in der komplexen Welt schon gelöst?

Keineswegs. Die Schwierigkeiten ergeben sich erst im Übergang von der Theorie in die Praxis.

Dabei soll uns das Phänomen des „Wesentlichen" helfen, denn in ihm sind Glück und Sinn als Erfahrungen enthalten: Den Sinn aufzudecken, bedeutet, die Welt zu verstehen; glücklich zu sein, bedeutet, sein Selbst zu entfalten. Wir haben bereits festgestellt, dass Selbst- und Welterkenntnis im Sinn fürs Wesentliche zusammenfallen. Das Wesentliche liegt in einer stimmigen Beziehung zwischen Selbst und Welt, deshalb beteht die Hoffnung, dass Sinn und Glück im Erleben des Wesentlichen zusammenfallen.

Uns geht es also darum, den Sinn fürs Wesentliche als einen Kompass einzusetzen, der uns in jeder Situation anzeigt, worauf es ankommt und was etwas wirklich ist. So soll die Lebenskunst gelingen, Glück und Sinn in konkrete Ziele einer Lebenssituation zu übersetzen.

4
Menschliche und künstliche Intelligenz

In diesem Kapitel vergleichen wir menschliche und künstliche Intelligenz hinsichtlich ihres Beitrags zur Orientierung in einer komplexen Welt. Zunächst wird die Leistung der KI betrachtet. Darauf wird mit Einwänden aus der Sicht der menschlichen Intelligenz reagiert, was wiederum zu einer rechtfertigenden Antwort aus der Perspektive der KI führt. Am Ende dieses kritischen Dialogs wird eine vergleichende Einschätzung möglich sein, inwieweit menschliche Intelligenz von der KI Orientierungshilfe erwarten kann.

Worin besteht die Problemlage?

> Stellen Sie sich vor, Skinners Laborrate gelingt der Ausbruch aus dem Versuchskasten. Was wird geschehen? Zunächst erkundet sie aufgeregt die Räumlichkeit. Sie läuft schnuppernd über den Boden und sammelt so neue Eindrücke. Dann verlässt sie das Labor durch die geöffnete

> Türe und dringt auch in andere Teile des Gebäudes vor, vielleicht erkundet sie sogar das ganze Grundstück. Doch dann passiert das Unerwartete: Freiwillig klettert sie wieder in den Käfig.

Lebewesen sind dann bereit, etwas zu wagen, wenn die Neugierde stärker ist als das Sicherheitsbedürfnis. Manch einer zieht die Sicherheit des Käfigs vor. Hier weiß man, was einen erwartet. Hier hat man den Überblick und ist orientiert. Problematisch wird es, wenn das natürliche Bedürfnis nach Sicherheit (Naturanlage des Menschen) die Erkenntnis der Wahrheit (Vernunftanlage des Menschen) einschränkt, denn dann besteht die Gefahr, dass wir die Wirklichkeit trivialisieren, reduzieren oder verzerren.

Wie lässt es sich verhindern, dass Menschen ihrem Sicherheitsgefühl folgend die Augen vor der Realität verschließen und sich in ihre klein-konstruierte Welt zurückziehen?

Ich sehe zwei Möglichkeiten: Entweder man gibt ihnen von außen verlässliche Hilfe an die Hand oder man stärkt ihr Vertrauen in die eigene Orientierungsfähigkeit.

Betrachten wir zunächst die erste Alternative:

Leistungssteigerung durch Big Data?

Wenn die eigenen Kapazitäten für einen Überblick über das Geschehen nicht ausreichen, dann sollte dies doch mit der leistungsstärkeren KI möglich sein. Mit Big Data können wir die gesammelten Erfahrungen aller Menschen nutzen, um selbst kluge Urteile und Entscheidungen zu fällen. Wenn die Lebenserfahrungen möglichst vieler Menschen dokumentiert wurden und nun abrufbar sind, dann kann jeder von diesem Datenschatz

4 Menschliche und künstliche Intelligenz

profitieren. Die unterschiedlichsten Perspektiven aller Nutzer, das umfassende Wissen um die konkrete Realität und das theoretische Wissen über die Sache, mit der wir es jeweils zu tun haben, kann die Qualität unserer Urteile und Entscheidungen nur verbessern. Aus dem statistisch abgesicherten Rückblick auf die in ähnlichen Situationen angewandten erfolgreichsten Bewertungsmuster und Handlungsalternativen gewinnen wir wertvolle Ratschläge, was jetzt und in Zukunft zu tun ist. Außerdem kann über Modellierung von Strukturen und Verhalten durchgespielt werden, was in der zukünftigen Realität alles passieren kann. Kausalitäten müssen dafür nicht erkannt werden, denn mit dem Mustervergleich der KI können wir koinzident und korrelativ auftretende Phänomene identifizieren.

Mit Big Data wären wir auch in einer Umgebung orientiert, die wir nicht verstehen und auch selbst noch nicht erlebt haben. Was für uns neu ist, können andere wenigstens in Teilaspekten schon erfahren und verstanden haben oder es kann im Modell schon einmal auf das Ergebnis hin erprobt werden. Indem wir Wissen und Erfahrungen speichern und Realität simulieren, werden wir von eigenem Wissen und Erfahrungen unabhängig.

Es besteht also Hoffnung, dass wir im Vertrauen auf intelligenten Umgang mit umfangreichen Datenmengen den Mut aufbringen, den Käfig der künstlich vereinfachten Welt zu verlassen. Wir benötigen diese Hilfe, weil wir selbst nicht in der Lage sind, mit Risiko und Unwissenheit rational umzugehen. Mit Big Data können wir aber Erfahrung und Wissen in übermenschlichem Umfang nutzen.

Mit der Unterstützung durch KI könnte die Unübersichtlichkeit der Komplexität aufgehoben werden. So blickt jedenfalls der optimistische Kontrolldenker auf die Thematik.

Es gibt allerdings auch Gründe, dem Verfahren der KI zu misstrauen. Sie beziehen sich nicht auf die Quantität, sondern die Qualität des gespeicherten Erfahrungswissens:

Die Doppeldeutigkeit des Wesentlichen

Es ist verlockend, die Hilfe der KI in Anspruch zu nehmen, wenn man sich in einer komplexen Situation zurechtfinden möchte. Der Vergleich mit der menschlichen Intelligenz zeigt aber, dass wir uns in der Lebenswirklichkeit nicht nur von den Gegebenheiten, mit denen wir konfrontiert sind, leiten lassen. Orientierung ist immer auch von einem starken Bezug auf uns selbst geprägt.

Dies zeigt sich an den folgenden Fragen, die wir uns typischerweise stellen, wenn es in schwierigen Situationen ums Wesentliche geht:

- Habe ich mit meinen Entscheidungen gewählt, was mir entspricht?
- Habe überhaupt ich gewählt oder wurde mir etwas aufgedrängt?
- Werde ich von Zufall und Gewohnheit getrieben oder mitgerissen?
- Ist die Zeit dadurch, dass ich sie an diesem Ort mit diesen Personen verbringe, für mich erfüllend?
- Ist es mir gelungen, Dinge, Personen und Situationen, die mich umgeben, zu durchdringen?
- Worauf könnte ich in meiner jetzigen Lebenssituation nicht verzichten?

Das Wesentliche ist die persönlich und situativ unterschiedliche Art und Weise, Glück und Sinn in der Beziehung zur Welt zu erfahren.

4 Menschliche und künstliche Intelligenz

An uns selbst, nicht am Gegenstand, mit dem wir es zu tun haben, bemerken wir, ob etwas wesentlich ist. Das Kriterium ist dabei die Stimmigkeit der zu wählenden Möglichkeiten mit unserer eigenen Persönlichkeit. Stimmigkeit empfinden wir, wenn wir den Blick ins Innere richten. Wir befragen uns selbst, nicht die Statistik oder die äußeren Gegebenheiten, wenn wir das Wesentliche als charakteristische Empfindungsqualität (Stimmigkeit) suchen.

Damit ist keineswegs die Aufforderung verbunden, bekannte und neue Informationen zu ignorieren. Ohne den Bezug auf einen realen Gegenstand, mit dem wir es zu tun haben, ist keine Empfindung möglich. Das Wesentliche entdecken wir zwar in der introspektiven Empfindung unserer Stimmung, dazu müssen wir dem jeweiligen Gegenstand aber begegnen bzw. uns in einer realen Situation befinden. Nicht wir selbst, sondern der Gegenstand ist der Anlass für die jeweilige Empfindung. Wir erkennen an der Empfindung, wie der Gegenstand auf uns wirkt. Diese Wirkung wird aber vom Gegenstand angestoßen, nicht von uns selbst. Insofern ist die Wirkung eine objektive Erkenntnis darüber, was den Gegenstand für uns ausmacht. Der Sinn fürs Wesentliche liefert gegenstandsbezogene Erkenntnis.

Objektive Erkenntnis geht vom Objekt aus, Wirklichkeit erfahren wir durch die Wirkung von etwas auf uns. Insofern erfüllt die Intuition des Wesentlichen eine epistemische (erkennende) Funktion, obwohl sie als Empfinden primär durch ihre emotive (fühlende) Funktion charakterisiert ist.

Das Wesentliche ist deshalb doppeldeutig, weil es zwei korrelierende Perspektiven eröffnet: Aus subjektiver

Perspektive empfinden wir die Stimmigkeit der Welt mit unserem eigenen Wesen (emotive Funktion), aus objektiver Perspektive erkennen wir dadurch das Wesen des Gegenstandes (epistemische Funktion):

> Wir empfinden, *worauf es uns eigentlich ankommt*, und erkennen zugleich, *was etwas wirklich ist*.

Das Wesentliche eröffnet uns die Wirklichkeit in doppelter Bedeutung. Es zeigt sie uns einerseits in Hinsicht auf den Gegenstand, mit dem wir es zu tun haben (Objektivität als vom Objekt ausgehende Wirkung), andererseits aber auch in Bezug auf uns selbst (Wirklichkeit als Wirkung auf das Subjekt).

Kann die KI beiden Aspekten gerecht werden? Bleibt es ein Spezifikum menschlicher Intelligenz, sich selbst ins Spiel zu bringen, oder ist die künstliche Intelligenz dazu auch in der Lage?

Information Retrieval

Moderne Suchmaschinen berücksichtigen die Doppeldeutigkeit des Wesentlichen. Im Information Retrieval gelten die Leitprinzipien der *Relevanz* und der *Pertinenz*. Relevant ist ein Ergebnis, wenn es zur Sache passende Informationen liefert. Pertinenz liegt vor, wenn die jeweilige Information auch das persönliche Interesse des Nutzers trifft und nicht etwa nur ihm Bekanntes wiederholt. Information Retrieval ist dann erfolgreich, wenn dem Nutzer **objektiv sachgerechte** (relevante) und **subjektiv nützliche** (pertinente) Information angeboten werden kann.

4 Menschliche und künstliche Intelligenz

Relevanz wird im Prozess der Suchanfrage dadurch abgesichert, dass die gespeicherten Dokumente, auf die die Suchmaschine zugreift, mit inhaltlich passenden und aussagekräftigen Suchbegriffen gekennzeichnet wurden. Diese Suchbegriffe repräsentieren den Inhalt des Dokuments und sind der Schlüssel zum Wesentlichen in objektiver Hinsicht.

Schon bei der Speicherung gleicht ein Algorithmus das betreffende Dokument mit einer Liste oftmals nachgefragter Begriffe ab. Wenn diese Begriffe an zentralen Stellen, verteilt über das ganze Dokument oder in besonders hoher Anzahl, vorkommen, werden sie als Kennzeichnung genutzt. So entsteht ein Schlagwortregister, mit dem jedes gespeicherte Dokument unter der Verwendung unterschiedlicher Suchbegriffe identifiziert und aufgerufen werden kann. Aus dem rein quantitativen Musterabgleich von häufig nachgefragten und im Dokument enthaltenen Schlagworten ergeben sich so die Referenzbegriffe, mit denen das Dokument im Netz als sachgerechte Information gefunden werden kann.

Pertinenz wird dadurch sichergestellt, dass die relevanten Dokumente zusätzlich noch mit dem Profil des Nutzers abgeglichen werden. Wenn die Suchmaschine auf die Dokumentierung des Nutzerverhaltens zugreifen kann, ist sie in der Lage, auf die Person bezogen passgenaue Informationen zu liefern. Aus den bisherigen Anfragen des Nutzers sowie der Dauer und Intensität der Beschäftigung auf bestimmten Webseiten lassen sich seine Interessen und Präferenzen erkennen. Das aus der personalisierten Datenspeicherung gewonnene Profil kann dann noch mit dem Verhalten und den Vorlieben anderer Nutzer mit ähnlichem Profil verglichen werden, so dass die

Prognosen über die subjektive Nützlichkeit der gelieferten Dokumente für den Nutzer immer besser werden.

Je mehr Daten Sie über sich preisgeben, desto wesentlicher werden die Informationen, die die künstliche Intelligenz für Sie aussucht. Auch wenn dies aus Datenschutzgründen bedenklich ist, müssen wir doch eingestehen, dass dadurch die Leistung der Suchmaschinen optimiert wird. Wenn man als Nutzer personenbezogene Daten freigibt, dann kann die künstliche Intelligenz die eigene Persönlichkeit des Nutzers bei der Suche nach dem Wesentlichen ins Spiel bringen. Das Subjekt wird dann in die Orientierung einbezogen.

Fraglich bleibt aber, ob es ausreicht, die Persönlichkeit auf der Grundlage von gesammelten Daten zu bestimmen…

Perspektivwechsel: Sich selbst ins Spiel bringen

Bei der Suche nach dem Wesentlichen müssen Objekt und Subjekt einbezogen werden. KI kann den Objektbezug über Suchbegriffe zum jeweiligen Gegenstand bzw. Thema gewährleisten. Wie wir gesehen haben, ist zudem mit den Pertinenz-Mitteln des Information Retrieval auch der Subjektbezug möglich.

Doch wenn man die beiden Strategien der KI vergleicht, stellt man fest, dass die Persönlichkeit des Nutzers wie ein Objekt behandelt wird. Eine eigenständige Perspektive für die Person des Nutzers ist streng genommen nicht vorhanden. Dabei ist der spezifische Weltzugang des Subjekts das intuitive Empfinden (emotive Funktion) aus der 1. Person-Perspektive. Die Objekt-Perspektive der 3.Person beschränkt sich auf das Erkennen der Welt (epistemische Funktion).

4 Menschliche und künstliche Intelligenz

Die Begegnung mit einem Objekt kann Erkenntnis und Empfindung hervorrufen. Das Verfahren der KI entspricht aber nur dem Objekt-Zugang des Erkennens: Aufgenommene Daten werden zu Bedeutung tragenden Informationen verarbeitet. Geprüfte Information kann anschließend als Wissen festgehalten werden.

Der Zugang des Empfindens ist davon zu unterscheiden. Für das empfindende Subjekt geht es in dieser Perspektive nicht um objektiven Erkenntnisinhalt (epistemische Quantität), sondern um subjektive Erlebnisqualität (emotive Qualität). Diese zeigt sich darin, wie der Gegenstand auf den Betrachter wirkt.

Man kann die Unterscheidung der beiden Perspektiven auch an der Gegenüberstellung von Quantität und Qualität bzw. der Pronomen „man" (3.Person) und „ich" (1.Person) festmachen:

Nur im direkten Kontakt mit dem jeweiligen Gegenstand bzw. in einer konkreten Situation kann sich die emotive Qualität der Weltbeziehung als Empfindung einstellen. Wenn menschliche oder künstliche Intelligenz Daten verrechnet, besteht ein quantitativer Weltzugang: verschiedene Größen werden miteinander verbunden. Wenn menschliche Intelligenz eine Stimmung empfindet, wird ihr eine bestimmte Qualität bewusst. Diese Besonderheit bezeichnet man in der Bewusstseinsforschung mit dem Begriff "Qualia", der vermutlich menschlicher Intelligenz vorbehalten ist.

Die Verrechnung von Daten ist für jeden Menschen nachvollziehbar. Jemand anderes sollte an gleicher Stelle angesichts der gleichen Daten zur gleichen Erkenntnis kommen. Dies entspricht der verallgemeinernden Man-Perspektive der 3.Person. Zwischen Subjekt und Objekt besteht dabei keine lebendig-produktive Beziehung, der Beobachter betrachtet den Gegenstand aus der Distanz.

Das ist in der qualitativen Ich-Perspektive der 1.Person nicht der Fall: Eine Empfindung entsteht aus dem direkten Kontakt mit dem Gegenstand. Ob ein anderer Beobachter zur selben Empfindung fähig ist, werden wir nicht erfahren, weil Empfindungen nur aus der 1. Person-Perspektive möglich sind.

Das folgende Beispiel soll zeigen, dass für den Subjektbezug ein Perspektivwechsel nötig ist:

> Angenommen Sie treffen spätabends zufällig einen Bekannten, der gerade ein Konzert besucht hat. Das letzte Musikstück hat ihn so bewegt, dass er es mit schwärmerischen Ausdrücken zu umschreiben versucht. Sie wollen seine Begeisterung verstehen und seine Empfindungen nachvollziehen, doch dazu reichen die emphatischen Beschreibungen nicht aus. Am nächsten Tag schickt er Ihnen die Partitur des Stücks, so dass Sie sich selbst ein Bild machen können. Damit Sie gleich das Wesentliche des Werkes erfassen, hat er aber nur die Noten herausgeschrieben, die am häufigsten, über das ganze Stück verteilt und an den Stellen vorkommen, an denen (europäische) Komponisten in der Regel bzw. im statistischen Mittel die Höhepunkte setzen.

Werden Sie anhand dieser Noten das Wesen des Stücks erfassen und die Begeisterung teilen können?

Ihr Bekannter hat sich auf die Relevanz-Methode des Information Retrieval verlassen. Er war der Meinung, dass die Erkenntnis des Wesentlichen von der intelligenten Daten-Auswahl abhängt. Man muss nicht das ganze Stück in Noten abbilden, es reicht, die wesentlichen Informationen herauszufiltern.

An diesem Beispiel zeigt sich, dass das Wesentliche gar nicht aus Informationen abgeleitet werden kann. Menschliche Intelligenz stützt sich auf die Fähigkeit, etwas zu verstehen. Diese Kompetenz unterscheidet sich grundsätzlich von quantitativer Datenauswertung.

Verstehen berührt die tiefere Dimension des Sinns, die sich von formalen Merkmalen an der Oberfläche unterscheidet. Wenn wir etwas verstehen, bringen wir uns immer selbst ins Spiel. Verstehen heißt, sich etwas „zu eigen" zu machen. Deswegen kann niemand für jemanden anderen etwas verstehen. Verstehen ist nicht delegierbar – auch nicht an eine Maschine. Man muss dem, was man verstehen will, begegnen, um es auf sich selbst zu beziehen bzw. es sich anzueignen. Die Situation der Begegnung entscheidet darüber, in welcher Art und Weise wir als Verstehende angesprochen werden. Sie liefert den Kontext, ohne den Verstehen nicht möglich ist.

Wer etwas versteht, interpretiert das Gegebene (lat. *datum*). Es geht nicht um das Gegebene „an sich", sondern um das am Gegebenen, mit dem wir „etwas anfangen können", indem wir es auf uns selbst beziehen. Der Subjekt-Bezug ist für das Verstehen konstitutiv.

Je tiefer uns das Erkannte selbst betrifft, desto näher kommen wir auch seinem Wesen. Die Erkenntnis des Wesentlichen vollzieht sich also zugleich an der Sache und in uns selbst. Selbst- und Welterkenntnis sind korrelative Ereignisse. Das Wesentliche der Sache verstehen wir, wenn es auch in uns zu einer tiefen Einsicht führt. Wen beispielsweise ein Musikstück nicht bewegt, der hat das Stück in seinem Wesen nicht verstanden, weil er keinen Zugang zum Gegenstand findet. Wer aber im Innersten getroffen wird, wenn er die Musik hört, der wird auch behaupten, dass er verstanden hat, was diese Musik wesentlich ausmacht. Das Wesen der Sache und des Selbst decken sich dann gegenseitig auf.

1864 schrieb Victor Hugo in seinem Essay „William Shakespeare":

„Musik drückt aus, was nicht gesagt werden kann und worüber zu schweigen unmöglich ist." [5]

Musik eröffnet uns eine besondere Art der Weltbeziehung. Als Beispiel für Weltverstehen verdeutlicht sie, was die Erfahrung des Wesentlichen ausmacht: Der einzige Weg, das Wesen des Musikstücks zu erfahren, ist, es selbst als das, was es ist, zu hören. Man versteht das Wesen der Sache erst, wenn man sich davon selbst bewegt empfindet. Der direkte Kontakt **mit der Sache** kann deswegen nicht durch Informationen **über die Sache** ersetzt werden.

Informationen drücken etwas aus. Im indirekten Zugang zu einer Sache, erfährt man, was über die Sache ausgedrückt wird. Statt eines informierenden Ausdrucks sind wir auf einen empfundenen Eindruck angewiesen, wenn wir das Wesentliche suchen. Den Eindruck gewinnen wir aber immer an uns selbst. Insofern müssen wir uns ins Spiel bringen, wenn wir das Wesentliche erkennen wollen. Wir können festhalten, dass Ort und Art der Erkenntnis des Wesentlichen in der eigenen Betroffenheit liegen. Also in einer Empfindung aus der 1. Person-Perspektive.

An dieser Stelle zeigt sich die Grenze der künstlichen Intelligenz. KI gewinnt Erkenntnisse aus Informationen. Empfindungen sind aber nicht als Information darstellebar. Informationen sind der **Ausdruck** von dem, was man über etwas wissen kann. Empfindungen sind dagegen der **Eindruck** von dem, was etwas wirklich ist. Man kann das, was man empfindet, als Erkenntnis in Daten festhalten. Diese Daten stellen dann aber Information über ein Empfinden dar. Sie sind kein Empfinden. Dazu fehlt die 1. Person-Perspektive des empfindenden Bewusstseins.

Die Subjekt-Perspektive geht verloren, wenn qualitatives Empfinden in quantitatives Erkennen übersetzt wird.

An dieser Stelle muss ich einen relativierenden Hinweis anbringen, um einem Missverständnis vorzubeugen: Die Empfindung des Wesentlichen kann und soll die Erkenntnis der Wahrheit nicht ersetzen!
Wir sollten nicht übersehen, dass Empfindungen uns zwar den Zugang zum Wesentlichen eröffnen, damit aber keineswegs der Anspruch erhoben wird, objektive Wahrheit über die Sache „an sich" auszudrücken. Eindrücke sind keine Ausdrücke.
Das Erleben eines Musikstücks ist das „Fürwahrhalten" (vgl. Kant) des Zuhörers, aber nicht die wahre Aussage über das Musikstück „an sich" und auch nicht die Wahrheit über eine Empfindung „für jeden" Menschen.
Insofern enthält die Vermutung, dass das Wesen einer Sache im Erleben liegt, schon einen Hinweis auf die Antwort der dritten Leitfrage (Unter welchen Bedingungen kann das subjektive „Fürwahrhalten" Wahrheit ersetzen?):

> Unter der Bedingung, dass man das Wesentliche sucht, ersetzt das subjektive „Fürwahrhalten" die Wahrheit.

Zusammenfassung: Vom Ausdruck zum Eindruck

Der Dialog zwischen künstlicher und menschlicher Intelligenz hat gezeigt, dass KI der Doppeldeutigkeit des Wesentlichen im Selbst- und Weltbezug dadurch gerecht werden möchte, dass im Information Retrieval sowohl objektbezogene Relevanz als auch subjektbezogene

Pertinenz berücksichtigt werden. Allerdings kann man das Wesentliche nicht durch Informationen erfassen. Das Wesentliche wird als ein Eindruck im Subjekt empfunden. Der Übergang vom Ausdruck „von etwas" (Information) zum Eindruck „an mir" (Empfindung) stellt einen Perspektivwechsel dar, zu dem die künstliche Intelligenz (noch) nicht fähig ist.

Orientierung am Wesentlichen macht es erforderlich, dass das Selbst sich aus der 1. Person-Perspektive ins Spiel bringt. Dadurch wird allerdings der Anspruch auf Wahrheit aufgegeben, genauer: überschritten. Die Suche nach dem Wesentlichen einer Situation ist keine Wahrheitssuche – sondern die immer wieder neu beginnende Orientierung an Glück und Sinn als den höchsten Zielen eines gelingenden Lebens, das sich nicht im Unwesentlichen verliert.

5

Antworten auf die Komplexität der Welt

In diesem Kapitel werden die Anforderungen benannt, die ein Konzept der Orientierung in der komplexen Welt erfüllen muss. Zunächst wenden wir uns den äußeren Lebensbedingungen zu, um abschätzen zu können, welche Denkhaltung dieser veränderten Realität gerecht werden kann.

Leben in der VUKA-Welt

Das Konzept, mit dem wir uns bislang erfolgreich in einer übersichtlichen Welt orientieren konnten, bezeichne ich als Kontrolldenken. Kontrolle meint in diesem Zusammenhang, dass man die Situation in dem Maße beherrscht, dass man fundiert urteilen und überlegt entscheiden kann. Wenn man weiß, was war, überblickt, was ist, und voraussieht, was sein wird, dann gibt es keine

Überraschungen. Unter diesen Bedingungen ist Kontrolle möglich. Voraussetzung dafür ist verlässliches Wissen.

Heute haben wir aber Gewissheit und Überblick weitgehend verloren und müssen mit dem Unvorhersehbaren rechnen. Wir leben in der VUKA-Welt, die morgen anders sein wird als heute und gestern. Was es damit auf sich hat und welche Probleme dies für die Orientierung mit sich bringt, soll in diesem Kapitel gezeigt werden.

Intuition oder Kontrolle?

> Nehmen wir an, Sie haben freie Zeit, die Sie gerne mit einem Buch verbringen möchten. Deshalb begeben Sie sich in eine Buchhandlung und stöbern durch die Regale. Da Sie selbst noch keine Vorstellung haben, lassen Sie sich inspirieren. Sie verschaffen sich einen Überblick über das Angebot, daraus wählen Sie dann ein Buch aus, das Ihnen besonders zusagt.

In Anlehnung an diesen Ablauf könnte man annehmen, dass wir uns an folgendem Muster orientieren, um zu einer Entscheidung zu kommen: Zunächst nehmen wir das Angebot zur Kenntnis und verschaffen uns so einen Überblick über die Möglichkeiten, die wir ergreifen können. Im ersten Schritt nehmen wir also die Umstände der Situation, in der wir uns befinden, wahr. Anschließend vergleichen wir das Angebot bzw. die Handlungsalternativen mit unseren eigenen Vorlieben und Bedürfnissen. In einem dritten Schritt wählen wir dann das Buch aus, das die größte Übereinstimmung mit unseren Neigungen und Interessen aufweist. Dieses Buch kaufen wir.

Bei diesem Verfahren orientieren wir uns in drei Schritten:

5 Antworten auf die Komplexität der Welt

1. Informieren über die Gegebenheiten
2. Vergleich der Handlungsalternativen mit den eigenen Präferenzen
3. Wahl einer Alternative nach dem Kriterium der maximalen Schnittmenge mit den Präferenzen

Die Entscheidung basiert demnach auf dem Mustervergleich von Angebot und Nachfrage. Dabei werden Informationen über die Möglichkeiten der Außenwelt (Angebot) und die eigenen Bedürfnisse (Nachfrage) in Beziehung gesetzt. Sowohl die realen Gegebenheiten der Welt als auch die persönlichen Interessen werden berücksichtigt. In diesem Modell werden Relevanz (Weltbezug) im ersten und Pertinenz (Selbstbezug) im zweiten Schritt beachtet.

Die Qualität der Entscheidung hängt von der Menge der berücksichtigten Informationen ab. Je genauer wir das Angebot und unsere eigenen Bedürfnisse kennen, desto besser wird die Wahl. Demnach würde Orientierung dadurch optimiert, dass die Datenbasis erweitert wird. Das ist jedenfalls der Ansatz des Kontrolldenkens, mit dem wir uns im Flachland der einfachen Welt erfolgreich orientiert haben, weil wir uns auf ausreichend viele gesicherte Daten verlassen konnten.

Doch erfüllt dieses Verfahren auch die Ansprüche, denen wir uns in der komplexen Welt stellen müssen?

Tatsächlich läuft der Vorgang anders ab. Wenn wir unser Denken genauer betrachten, müssen wir feststellen, dass der intuitive Anteil viel höher ist und die vollständige rationale Kontrolle doch nur ein unerreichbares Ideal bleibt. Wir nutzen eine viel schnellere und effektivere Strategie:

> Schon beim Eintreten in den Laden verspüren wir eine gewisse Affinität zu einem Bereich im Raum. Von diesem Gefühl lassen wir uns zu einem Regal leiten und befinden uns dadurch in einer neuen Situation. Auch hier stellt sich wieder ein Gespür ein. Zunächst einmal werden wir vorzugsweise die Bücher in unserem Blickfeld zur Kenntnis nehmen, die wir (evtl. aufgrund einer uns heute nicht mehr bewussten Erfahrung) mit einem positiven Gefühl verbinden. Dabei spielen auch Aspekte wie Anordnung und Covergestaltung eine Rolle. Wir wählen das, was wir aufgrund unserer Lerngeschichte mit positiven Gefühlen assoziieren. So erklärt sich, welches Buch wir aus dem Regal ziehen, ohne es zu kennen.

Ohne bewusst auf Fakten bzw. Informationen zurückzugreifen, urteilen wir intuitiv. „Empfindung" tritt an die Stelle der Kontrolle. Statt mit gesichertem Datenmaterial Mustervergleiche durchzuführen, setzen wir von Anfang an auf die „innere Stimme". Diese Vorgehensweise praktizieren wir im Alltag, meist ohne uns dessen bewusst zu sein. Intuitives Handeln ist mühelos und teilweise unbewusst.

Die intuitive Strategie anzuwenden, bedeutet zunächst, das Gesamtangebot an Daten zu ignorieren. Wir verschaffen uns keinen Überblick, sondern verfeinern den Eindruck, der sich spontan (in uns) einstellt, wenn wir mit einer neuen Situation konfrontiert sind. Wenn wir im ersten Schritt einen Regalbereich und im zweiten Schritt ein einzelnes Buch gewählt haben, können wir die Strategie wechseln und das Kontrolldenken anwenden, weil die Welt für uns nun wieder so übersichtlich geworden ist wie das Flachland für den in der Tiefebene beheimateten Autofahrer (vgl. Kap. 1).

Die ersten beiden unübersichtlichen Situationen (vgl. Berglandschaft) bewältigen wir intuitiv und finden uns dann in einer einfachen Situation (vgl. Flachland) wieder, in der wir es nur noch mit einer überschaubaren Menge an Informationen zu tun haben. Wenn wir nicht mehr der Vielfalt der Welt ausgesetzt sind, sondern uns in einem abgegrenzten Bereich (vgl. Käfig der Skinner-Ratte) befinden, dann ist Kontrolldenken wieder möglich.

Das rationale Kontrolldenken, das nach Kenntnisnahme aller Informationen einen Abgleich mit den Präferenzen vornimmt, ist also nicht der Anfangspunkt der Orientierung. Die intuitive Vorauswahl macht einen kontrollierten Vergleich erst möglich, indem sie durch (unbewusste) Vorentscheidungen komplexe in einfachere Situationen transformiert. Bevor wir beginnen, über unsere Wahlmöglichkeiten rational nachzudenken, haben wir uns bei der Vorauswahl schon (mehrmals) intuitiv entschieden. Rationalität hat eine intuitive Vorgeschichte.

Die komplexe Informationswelt

Die Wirklichkeit ist viel unübersichtlicher, als es uns das Bild des geordneten Buchladens glauben lässt. Im dargestellten Beispiel sind nämlich viele vorstrukturierte Gegebenheiten enthalten, die wir in der Realität gar nicht mehr voraussetzen dürfen. Es gibt keinen ordnungsliebenden Buchhändler, der für seine Kunden ein Angebot zusammenstellt und die gewählten Bücher thematisch sortiert und ansprechend präsentiert, um uns die Orientierung zu erleichtern. Tatsächlich müssen wir uns im Informationschaos selbst zurechtfinden. Deshalb möchte ich ein realistischeres Bild zeichnen:

> Wer ein Buch kaufen möchte, betritt den Buchladen, der nun ein unendlich großer Ausstellungsraum ist. Hier befinden sich keine Regale und auch keine als Werk abgeschlossenen Bücher. Überall liegen lose Papierschnipsel

> in ungeordneten Bergen auf dem Boden. Daneben knien Schriftsteller in offenen Autorengruppen, die einzelne Papierfetzen herausziehen und diese permanent umschreiben und erweitern.
> Jetzt hat einer der Autoren Sie bemerkt und mustert Sie von oben nach unten. So werden Sie gerade als eine Figur in seine Erzählung aufgenommen. Mit dem Betreten des Ladens werden Sie zum Teil der Geschichten, die dort entstehen und zum Kauf angeboten werden.
> Auch Sie selbst werden nun eingeladen, Ihre Ideen einzubringen und die angefangenen Geschichten weiterzuschreiben. Sie sind also zugleich Kunde, Figur und Autor des Buches, das sie kaufen werden, obwohl es gerade erst geschrieben wird.

Der unendlich große Raum, auf dessen Boden sich immer größer werdende Berge von Papierschnipseln türmen, die ständig neu beschrieben werden, steht bildlich für unsere komplexe Informationswelt. Dort ist alles jederzeit verfügbar. Es gibt keine hierarchische Struktur, alle Informationen interagieren miteinander. Man muss sich ohne fremde Hilfe in den Papierbergen zurechtfinden und ein Produkt aussuchen, das als solches gar nicht existiert, sondern aus sich verändernden Informationseinheiten besteht, die man selbst sinnvoll zusammensetzt und immer wieder ergänzt, worauf dann wiederum die beteiligten und zukünftigen Mitgestalter und Mitnutzer antworten.

Dies ist die Ausgangslage für Orientierung in der komplexen Netzstruktur der modernen Informationswelt. Alles ist im Fluss. Es gibt keine statischen Gegenstände, sondern einander beeinflussende Knotenpunkte. Teile und Teilnehmer sind miteinander verbunden und alles ist in ständiger Bewegung. Niemand kann vorhersehen, was als nächstes passiert und wie sich alles langfristig entwickeln wird.

Dieser offene und interaktive Prozess ist in der weltweiten Kommunikation, die auf Beweglichkeit und Erweiterung ausgelegt ist, Realität. Im Informationsnetz gibt es keine strenge Trennung von Spielern und Spielsteinen, deshalb ist Orientierung mit der Strategie des Kontrolldenkens nicht möglich.

Wie soll unter derartigen Bedingungen noch eine sinnvolle Auswahl gelingen?

Das Kontrolldenken, das von überschaubaren Zusammenhängen, festen Rollen und klar definierten Gegenständen ausgeht, kann dabei nicht mehr helfen.

Kontrollverlust in der VUKA-Welt

Das irritierende Beispiel der Buchhandlung ohne identifizierbare Bücher soll zeigen, dass in unserer komplexen Welt die Grenzen aufgehoben sind, die früher intelligente Kontrolle möglich gemacht haben. Statt eines verlässlichen Überblicks gibt es permanente Dynamik und globale Vernetzung. Alles ist in Bewegung und in Verbindung. Derart unkontrollierbare Situationen werden auch mit dem Begriff „VUKA" bezeichnet.

Auf welche Merkmale unserer Lebensbedingungen bezieht sich die Bezeichnung „VUKA"?

Um dies zu klären, möchte ich kurz auf Geschichte und Bedeutung des Begriffs eingehen.

Die Komplexität der Welt

Nach dem Ende des Kalten Krieges wurde in westlichen Militärkreisen eine treffende Bezeichnung für Regionen gefunden, in denen sich nach dem Rückzug der Sowjetunion undurchschaubare Machtverhältnisse bildeten.

Wenn sich in einem Territorium in Anschluss and das entstanden Machtvakuum regionale bzw. lokale Machthaber mit religiös oder ethnisch motivierter Gefolgschaft durchsetzen, wird die politische Entwicklung unvorhersehbar. Schnelle Machtwechsel, kurzfristige Kooperationen, interne und externe Kämpfe sowie undurchsichtige Vernetzungen mit anderen Gruppen und dem Ausland verhindern den Überblick über den Ist-Zustand und Prognosen über die Zukunft der Region. Derartige Informationslagen wurden mit dem Begriff VUKA bezeichnet. Mittlerweile wird der Terminus auch auf die weltweit vernetzte Wirtschaft und Kommunikation übertragen. Wirtschaftsmärkte und mediale Prozesse sind ähnlich komplex und unübersichtlich wie die politische Konstellation in Machtvakuen nach dem Ende der bipolaren Welt.

Was meint nun der Begriff VUKA?

In der VUKA-Welt sind wir auf uns selbst gestellt, es gibt keine Orientierungspunkte, auf die man sich verlassen kann. Dafür gibt es vier Gründe, die jeweils mit ihrem Anfangsbuchstaben im Akronym VUKA (engl. VUCA) enthalten sind: *volatility, uncertainty, complexity* und *ambiguity.* Die Lage wird also als „flüchtig-veränderlich", „unsicher", „komplex" und „mehrdeutig" gekennzeichnet. Diese Beschreibung fängt auch die Realität der vernetzten Informationsgesellschaft ein.

Volatility übersetze ich als **Veränderung**. Damit ist zum einen die kurzfristige Aktualität der verfügbaren Informationen gemeint. So wie die schwankende Notierung einer Aktie an der Börse als „volatil" bezeichnet wird, so instabil sind auch Informationen, die im weltweiten Netz jederzeit berichtigt, bestätigt, bearbeitet und bewertet werden können. Zweitens ist jede Beschreibung

5 Antworten auf die Komplexität der Welt

eines Ist-Zustandes nur von momentaner Gültigkeit. Die durch eine Information erfassten Zustände verändern sich permanent. Sie schwanken, springen oder gehen ineinander über. Dementsprechend müssen auch die Informationen über diese Zustände in ständiger Veränderung sein. Eigentlich gibt es keinen Zustand bzw. Informationsstand mehr. Da die Welt eben nicht mehr „steht", sondern immer in Bewegung ist, müssten wir eigentlich von einem Prozess bzw. „Informationsfluss" sprechen.

Uncertainty übersetze ich in mehrfacher Bedeutung als **Unsicherheit, Ungewissheit und Unwissenheit**. In der modernen ethischen Diskussion fragen wir danach, wer für unvorhergesehene Handlungsfolgen verantwortlich ist. Wir handeln unter Unsicherheit. Zum Zeitpunkt einer Entscheidung ist das Eintreten vieler Handlungsfolgen nicht vorhersehbar. Unsicherheit beschreibt den Zustand des Handelnden, dessen Wissensdefizit als Ungewissheit oder Unwissenheit zu unterscheiden ist. Ungewissheit ist in meiner Begriffsverwendung mit Risiko gleichbedeutend. Wer unter Risiko entscheidet, setzt auf Wahrscheinlichkeiten. Er kennt mögliche Handlungsfolgen, weiß aber nicht, welche davon eintreten werden. So kann beispielsweise der Kauf einer Aktie zu Wertgewinn oder -verlust führen. Welche der bekannten Folgen eintritt, ist ungewiss. Wer aber unter Unwissenheit handelt, der kennt nicht einmal die möglichen Handlungsfolgen und dementsprechend auch keine Wahrscheinlichkeiten. Ihm bleibt kein anderes Kriterium als seine Intuition. Ohne diese handelt er völlig „blind". Beispiele für Unwissenheit sind die langfristige demographische Entwicklung eines Landes (z. B. plötzlich auftretende politisch bedingte Migration) und der Umgang zukünftiger Mehrheiten mit heutigen Versprechen (z. B. die Einhaltung des Generationenvertrags durch die in ferner Zukunft Erwerbstätigen).

Complexity lässt sich wörtlich übertragen: **Komplexe Systeme** unterscheiden sich von komplizierten und chaotischen Systemen durch den Grad des Informationsdefizits. Während komplizierte Systeme schwierig zu überblicken sind, weil es viele Verbindungen von Ursachen und möglichen Wirkungen gibt, fehlen diese Zusammenhänge in chaotischen Systemen völlig. Komplexe Verhältnisse sind dann gegeben, wenn die vielen Ursache-Wirkung-Zusammenhänge im System zusätzlich noch miteinander vernetzt sind, sich also gegenseitig beeinflussen und sogar durch hinzutretende, also zunächst noch unbekannte Faktoren beeinflusst werden. Hier treten auch unerwartete Verstärkungsmechanismen auf, die zu Turbulenzen führen können. In chaotischen Systemen sind Ursache-Wirkung-Verbindungen gar nicht mehr erkennbar und Turbulenzen sind häufig und heftig. Viele unbekannte Größen tragen im Chaos zur Unüberschaubarkeit des Systems bei, an der jeder Erklärungsversuch scheitern muss. Die Informationslücke ist in komplexen also größer als in komplizierten Systemen, aber geringer als im Chaos, wo es gar keine sichtbaren Ursache-Wirkung-Zusammenhänge mehr gibt.

Ambiguity verstehe ich als **Auslegungsspielraum**. Informationen sind Interpretationen von Daten. Wenn es einen großen Spielraum in der Auslegung gibt, dann können aus der gleichen Datenbasis unterschiedliche und sogar sich widersprechende Informationen abgeleitet werden. Beispielsweise kann die statistische Erfassung einer hohen Anzahl von Kriminalfällen zweideutig aufgefasst werden: Die hohe Zahl belegt einerseits die Schwäche der inneren Ordnung. Andererseits zeugt die Erfassung der Fälle aber auch vom Interesse am Erhalt der inneren Ordnung. Hier wird die gleiche Untersuchung einmal als Schwäche und im zweiten Fall als Stärke der Gesellschaft gedeutet. Mit der Auslegungsbreite geht die Eindeutigkeit der Informationen verloren. Dies ermöglicht den populistischen Missbrauch bis hin zur Leugnung von Fakten. Mit zunehmendem Auslegungsspielraum sinkt der Wert von Informationen für die Orientierung.

VUKA bezeichnet also einen Zustand, in dem die Bedeutung von Information für die Orientierung abnimmt. In der modernen Welt sind Informationen durch stetige Veränderbarkeit, zukunftsbezogene Ungewiss- und Unwissenheit, komplexitätsbedingte Lücken und breite Auslegungsmöglichkeit gekennzeichnet. Damit wird der Wert der einzelnen Information für die Orientierung relativiert. Dies ist für das Kontrolldenken ein Problem, weil alle logischen Ableitungen auf verlässliche Informationen angewiesen sind.

Das Scheitern des Kontrolldenkens

Ohne solide Informationsbasis kann kein realistischer Überblick gewonnen und ohne gesicherten Wissensstand können keine angemessenen Entscheidungen getroffen werden. Um richtige Entscheidungen zu treffen, müssen wir uns auf sichere Informationen verlassen.

Wollte man diese Glaubenssätze des im Flachland der linearen Kausalität erfolgreichen Kontrolldenkens in der VUKA-Bergwelt anwenden, müsste man eine Methode entwickeln, mit der sich die veränderlichen, unsicheren, komplexen und auslegungsoffenen Informationen überprüfen lassen. Es liegt zunächst nahe, den gewohnten Ansatz weiterzuverfolgen und zu versuchen, Informationen dadurch zu prüfen, dass man noch mehr Daten sammelt, aus denen sich Vergleichsinformationen gewinnen lassen:

> *Informationen sollen über den Informationswert von Informationen informieren.*

An dieser Stelle möchte ich an das Schicksal des eingangs erwähnten Autofahrers aus dem Flachland erinnern, der in den Bergen trotz der steilen Anstiege seiner alten Fahrgewohnheit treu bleibt. Im Tal gibt er Vollgas, um mit kräftigem Schwung die nächste Anhöhe zu erreichen. Das entspricht dem Festhalten am Kontrolldenken in der VUKA-Welt: Wer Informationen durch Informationen absichern will, bleibt seinen Denkgewohnheiten treu und intensiviert lediglich die Leistung – statt einen Perspektivwechsel zu vollziehen und sich in seinem Denken den Gegebenheiten anzupassen. Die Intensivierung des Kontrolldenkens bedeutet aber auch, dass die Menge der zu berücksichtigenden Informationen weiterhin zunimmt. Außerdem ändert sich nichts daran, dass auch die zur Kontrolle herangezogenen Informationen veränderlich, unsicher, komplex und auslegungsoffen sind – also ebenfalls kontrolliert werden müssen.

Wenn wir uns trotz dieser Schwierigkeiten nicht vom herkömmlichen Kontrolldenken lösen, verstärkt dies die Orientierungslosigkeit. Das liegt vor allem daran, dass das Kontrolldenken sowohl bei der Welt- als auch bei der Selbsterkenntnis auf Informationen angewiesen ist. In Schritt 1 (Informationen über die Außenwelt sammeln) gehen wir davon aus, dass es verfügbare Daten gibt, aus denen wir einen Überblick über die Situation gewinnen können. Im zweiten Schritt (Vergleich mit Informationen über die eigene Bedürfnisstruktur) wird der Bezug auf das eigene Selbst hergestellt und nach persönlichen Präferenzen bzw. angeeigneten Überzeugungen gesucht. Aber auch hier können wir uns täuschen, denn unsere gestrigen Interessen und Glaubenssätze müssen nicht die heutigen sein.

Wenn wir Informationen an Informationen überprüfen, begeben wir uns in einen hoffnungslosen Kreislauf, der mehr verwirrt als aufklärt. Der durchaus selbstkritische französische Gelehrte Michel de Montaigne (1530–1592, Begründer der Essayistik) beklagt schon zu seiner von

Religionskriegen und Pestepidemien verunsicherten Lebenszeit: *„Es macht einem mehr zu schaffen, die Interpretationen zu interpretieren, als die Sachen..."*[1]

Damit deutet er bereits an, dass wir mit dem Überprüfen von Informationen den Bezug zur Welt verlieren, die wir mit der Überprüfung eigentlich besser erfassen wollen. Daran, dass man sich durch höhere Betriebsamkeit vom Ziel entfernt, scheitert das Kontrolldenken in der VUKA-Welt.

Mediale Verunsicherung

In unserem durch den digitalen Wandel veränderten Kommunikationsverhalten zeigt sich das Problem der Orientierungslosigkeit durch die Informationsflut besonders deutlich. Deshalb möchte ich auf einige Phänomene eingehen, die wir heute zu bewältigen haben. Dabei behalte ich noch die Perspektive des Kontrolldenkens (3. Person-Perspektive) bei. Es wird sich aber zeigen, dass sie Teil des Problems ist.

Fakten und Fiktionen: Cognitive biases und Verschwörungstheorien

Viele der von Wahrnehmungspsychologen unter dem Schlagwort „kognitive Verzerrungen" *(cognitive biases)* diskutierten Phänomene illustrieren den Orientierungsverlust als Folge unzureichender Berücksichtigung der verfügbaren Informationen. Sowohl in der Wahrnehmung der Welt als auch in der Selbstvergewisserung unterlaufen uns

---

[1] Michel de Montaigne, Essais, 1588, III,13.

Fehler, wenn wir uns in unserem Denken mit ungenauen oder zu wenigen Informationen zufriedengeben. Das bekannte Beispiel des Bestätigungsfehlers *(confirmation bias)* zeigt, dass wir falsche Schlüsse ziehen, wenn wir kritiklos an gewohnten Erklärungsmustern festhalten und damit der ständigen Veränderung nicht gerecht werden:

> Wie würden Sie folgende Zahlenreihe fortsetzen: 2, 4, 6...?
>
> Sie antworten wahrscheinlich: 8 und 10
>
> Darauf erhalten Sie positive Rückmeldung. Ihre Zahlen stimmen, Sie haben die Systematik der Zahlenreihe scheinbar verstanden.
>
> Doch dies ist leider ein Irrtum. Sie glauben, dass die Reihe nach der Regel entsteht, dass zur Vorgängerzahl jeweils 2 addiert wird. Aber Sie hätten auch auf die Zahlen 7 und 11 eine Bestätigung erhalten, denn die zugrundeliegende Regel ist viel einfacher: Die nächste Zahl muss lediglich größer sein als die zuvor genannte.

Dieses Beispiel zeigt, dass wir die Suche nach den wirklichen Zusammenhängen einstellen, sobald wir eine Bestätigung für eine Erklärung erhalten. Weil wir es gewohnt sind, uns in einer einfach strukturierten Welt zu orientieren, rechnen wir nicht mit dem Zufall und der Möglichkeit mehrerer Lösungen (Ambiguität). Dass ein einfaches Erklärungsmuster erfolgreich ist, ist noch kein ausreichender Beweis dafür, dass es den Kern der Sache trifft. Erst wenn sich herausgestellt hat, dass alle anderen Erklärungen das Wesentliche der zu erklärenden Sache verfehlen, weil sie sich nur auf Nebensächliches beziehen, haben wir Grund, davon auszugehen, dass ein in der Erklärung erfolgreiches Denkmuster der Realität auch angemessen ist.

5 Antworten auf die Komplexität der Welt

In der VUKA-Welt müssen wir mit Zufall, ständiger Veränderung, möglichen Alternativen und Mehrdeutigkeit rechnen. Eine punktuelle Bestätigung reicht nicht aus. Alle Erklärungsmodelle, mit denen wir die Welt und uns selbst verstehen wollen, sind in der VUKA-Welt fragil. Konzepte könnten zufällig zu den bekannten Fällen passen. Es kann sein, dass Irrtümer enthalten, aber noch nicht aufgefallen sind.

Zudem müssen wir mit dem Unvorhersehbaren rechnen. Die Datenbasis, aus der wir unsere Informationen gewinnen, ist immer eine mehr oder weniger zufällige und kleine Auswahl, die der Vielfalt und der Veränderung der Welt nicht gerecht wird. Tatsächlich ist die Orientierungslosigkeit nicht nur eine Folge der nicht mehr zu bewältigenden Informationsmenge. Auch das Wissen um das Fehlen von Informationen trägt zur Verunsicherung bei.

Überall dort, wo ein Informationsdefizit besteht, findet Irrationalität ihren Nährboden. Dies zeigt sich besonders deutlich bei Verschwörungstheorien. So wurde beispielsweise das Informationsdefizit in der Erforschung von COVID-19 von Coronaleugnern genutzt, um der Regierung zu unterstellen, sie verbreite eine erfundene Erzählung von der Pandemie, um der Bevölkerung Angst vor gesundheitlichen Schäden einzureden. So beabsichtige die Regierung angeblich, den Bürgern mit den nur scheinbar gerechtfertigten Schutzmaßnahmen die Freiheitsrechte zu rauben, die öffentliche Meinung zu manipulieren, um schließlich eine Autokratie zu etablieren. Verschwörungstheorien verfolgen die ethisch verwerfliche Doppelstrategie, die Uneindeutigkeit der VUKA-Medienwelt für eigene Interessen zu nutzen, um mit dem Verweis auf das Fehlen eindeutiger Beweise wissenschaftliche Erklärungen zu untergraben, zugleich aber abstruse Erzählungen zu verbreiten, die nur aufgrund des Informationsdefizits erfunden werden können. Eine gewisse Ironie liegt darin, dass das Fehlen von Gegenbeweisen (also das Informationsdefizit) als Begründung für die Glaubwürdigkeit der eigenen Theorie gedeutet wird. Wie skrupellos Verschwörungstheoretiker den Mangel an Belegen auf der Seite der Wissenschaft kritisieren und andererseits als Stärke ihrer Position uminterpretieren, zeigt sich im Beispiel der Chemtrail-Verschwörungstheorie, auf die ich nun genauer eingehen möchte, besonders deutlich:

> Ist Ihnen schon aufgefallen, dass es am Himmel immer mehr Kondensstreifen gibt, die sich immer schwerfälliger auflösen? Was wäre, wenn die Regierung dahintersteckt? Es könnte sein, dass diese Streifen Chemikalien enthalten, die langsam auf uns herabsinken und gesundheitsschädliche Folgen für die Bevölkerung haben. Die Stoffe könnten die Fruchtbarkeit der Menschen mindern. Das könnte von der Regierung beabsichtigt sein. Denn der Rückgang der Bevölkerung wäre eine Maßnahme, das Klima zu retten. Vielleicht wirken sich die Chemikalien aber auch auf unser Bewusstsein aus, so dass wir bei der nächsten Wahl die amtierende Regierung bestätigen, weil wir benebelt sind.... Können Sie beweisen, dass es nicht so ist?

Anhänger von Verschwörungstheorien gehen davon aus, dass es in der Welt Akteure gibt, denen daran gelegen ist, dass wir uns falsche Vorstellungen von der Welt machen. Sie behaupten, dass in Wirklichkeit alles ganz anders sei, als wir denken. Verschwörungstheorien nutzen den Auslegungsspielraum (Ambiguität) der VUKA-Welt.

Die konstruierten Erzählungen zeigen immer das gleiche Schema: Eine simple und in sich plausible Erklärung für das Weltgeschehen wird als Alternative zu naheliegenden, aber letztendlich nicht beweisbaren Überzeugungen vorgestellt. Die ins Spiel gebrachte

5 Antworten auf die Komplexität der Welt

Version erklärt dann das, was in der Wirklichkeit geschieht, entzieht sich aber dadurch jeder Kritik, dass die Informationen, die dafür nötig wären, aus Gründen nicht verfügbar sind, die Teil der Erzählung selbst sind: Wenn die Geschichte stimmt, dann kann es für sie keine Legitimation geben. Der Fehlschluss besteht nun darin, zu behaupten, dass die Geschichte stimme, weil es für sie keine Legitimation gebe. In unserem Beispiel würde die böswillige Regierung alle Indizien vertuschen und jegliche Hinweise geheim halten, die zur Rechtfertigung der Theorie nötig wären. Angeblich ist deswegen keine informationsbasierte Begründung möglich. Die Unbewiesenheit der Theorie spricht also für deren Glaubwürdigkeit.

Außerdem werden Verschwörungstheorien auch dadurch unangreifbar, dass sie keine Prognosen über die nächsten Entwicklungen und Veränderungen stellen, folglich auch nicht irren können. Wissenschaftliche Theorien werden an der Zuverlässigkeit ihrer Vorhersagen gemessen. Wer aber über die Zukunft nichts zu sagen hat, kann auch nicht falsch liegen.

Wir erkennen also zwei Strategien: Verschwörungstheorien erklären Gegebenheiten durch angebliche Zusammenhänge, die dem gesunden Menschenverstand zunächst widersprechen, prinzipiell aber möglich wären – wenn denn die zugrundeliegenden Annahmen, die sich grundsätzlich nicht bestätigen oder widerlegen lassen, wahr wären. Die zweite Strategie besteht im Verzicht auf Aussagen, um die Möglichkeit eines Irrtums auszuschließen.

Das dreifache VUKA-Moment der Unsicherheit/Ungewissheit/Unwissenheit ist der Nährboden für Verschwörungstheorien. Weder die Wissenschaftler noch die Verschwörungstheoretiker können ihre Aussagen stark genug begründen. Das eröffnet den Spielraum für aberwitzige Erzählungen: *Anything goes!* (Paul Karl Feyerabend, 1924–1994).

In der „Chemtrail-Verschwörungstheorie" wird eine bekannte Nebenerscheinung der Vielfliegerei als hinterhältiger Angriff auf die Selbstbestimmung der Bürger uminterpretiert:

> Die Regierung plant, die Bevölkerung zunächst körperlich, dann auch geistig zu manipulieren. In den Kondensstreifen enthaltenes Gift dient dazu, Landstriche geologisch zu verändern und die Bewohner zu narkotisieren bzw. willenlos zu machen.
> Eine Wirkung des Nervengifts ist übrigens auch das Gefühl der Orientierungslosigkeit…

Eine Verschwörungstheorie erzählt eine Story, die sich beliebig weiterspinnen lässt, so lange sie auf nicht vorhandenen und nicht überprüfbaren Informationen basiert. Die für die VUKA-Welt typischen Merkmale der Unsicherheit und Veränderlichkeit eröffnen narrative Freiräume. Zur oben begonnen Erzählung gehört nämlich folgende Fortsetzung:

> Die durch das Nervengift hervorgerufene Orientierungslosigkeit ist Teil des Plans. Denn verunsicherte Menschen lassen sich von charismatischen Führern leichter lenken als selbstsichere Kritiker. Die Bevölkerung soll das selbstständige Urteilen und Entscheiden aufgeben. Der Effekt dieser Verschwörung ist also, dass die Bürger ihren eigenen Willen verlieren und die Regierung keiner Kritik mehr ausgesetzt sein wird. So entsteht eine unantastbare Autokratie.

Entscheidend ist nun, dass Fakten, die als Gegenbeweise gegen diese Verschwörungstheorie erhoben werden, die

Theorie nicht erschüttern, sondern eher bestärken. Da Forschungseinrichtungen, die Untersuchungen durchführen und Ergebnisse veröffentlichen, Teil der Verschwörung sind, also zur manipulierenden Macht gehören, sind alle gegenteiligen Belege und Beteuerungen, es handle sich tatsächlich nur um Kondensstreifen, wertlos. Auf diese Art und Weise immunisieren sich die Verschwörungstheoretiker gegen jede Kritik an ihrem Gedankengebäude. Verschwörungstheorien bauen darauf auf, dass eine Überprüfung der Informationen nicht möglich ist. Sie entziehen sich der Falsifizierbarkeit, die nach Karl Poppers (1902–1994) Erkenntnislehre des kritischen Rationalismus ein unverzichtbares Merkmal wissenschaftlicher Theorien ist.

Die Zunahme und die Verbreitung von Verschwörungstheorien sind negativen Begleiterscheinungen der VUKA-Medienwelt.

Medien verändern Menschen

Ein wichtiger Faktor für die Erfolgsgeschichte der europäischen Aufklärung im 17. und 18. Jahrhundert war die Medienrevolution durch den Buchdruck und die damit einhergehende Verbreitung von Schriften. Mit der Verfügbarkeit von Druckerzeugnissen wuchs auch das Interesse an diesem Angebot.

Nur wer lesen und schreiben kann, ist in der Lage, sich am Gedankenaustausch zu beteiligen und seine Interessen öffentlich zu vertreten. Aus der Alphabetisierung großer Bevölkerungsteile und dem mit der Kommunikationsfähigkeit verbundenen wirtschaftlichen Aufstieg entwickelte sich im 19. Jahrhundert das politisch aktive Bürgertum, das liberale Reformen verlangte.

Hier zeigt sich, dass Medien Menschen verändern. Die Drucktechnik führte zu Bildung und politischer Teilnahme. Das entstandene Selbstbewusstsein gebildeter Menschen äußerte sich auch in der Forderung nach Freiheit.

Medien können also Fortschritt bewirken. Doch die Entwicklung kann auch die entgegengesetzte Richtung einschlagen...

Bereits in den 1960er bis 80er Jahren haben die Kommunikationswissenschaftler Marshall McLuhan (1911–1980) und Neil Postman (1931–2003) davor gewarnt, dass Medien unsere Denkweise verändern. Die Umstände, wie uns Informationen präsentiert werden, wirken sich auf unsere Fähigkeit, den Inhalt zu verstehen, aus. Damals waren es die Fotos der Journale und die bewegten Bilder des Fernsehens, die die kognitiv anstrengende Auseinandersetzung mit Texten in den Hintergrund drängten. Medienkonsum wurde bequemer, man musste sich geistig weniger anstrengen. So verflachte das Informieren zum Infotainment. Dieser Trend zur Oberflächlichkeit wird heute durch die hohe Nachrichtenfrequenz verstärkt. Der Nutzer scannt die Oberfläche, weil Menge und Geschwindigkeit der Nachrichten nicht zu bewältigen sind. Für eine inhaltliche Auseinandersetzung mit dem Text fehlt vielen die Zeit. Auf dieses veränderte Leseverhalten reagieren die Nachrichtenmacher mit einer noch attraktiveren Aufmachung und noch weniger Inhalt. Die Wechselwirkung zwischen Nachfrage und Angebot verstärkt sich auch durch die wachsende Anzahl an Medienkanälen, die alle um die Aufmerksamkeit der Nutzer komkurrieren. In der Folge wird die Verpackung wichtiger als der Inhalt. Während Menge und Frequenz steigen, verflacht das geistige Niveau. So kritisiert McLuhan, dass es statt um die Botschaft (*message*) nur noch darum geht, den Empfänger bzw. sein Interesse zu „kitzeln": *„Das Medium ist die Massage."* Tiefergehende Auseinandersetzungen, Durchdringen von Inhalten und die Besinnung von Sender und Empfänger werden zur Ausnahme.

Für die Erkenntnis des Wesentlichen, das unter der Oberfläche liegt und erst entdeckt werden will, sind das ungünstige Rahmenbedingungen. Wertvolle Information als solche zu erkennen, wird zur Herausforderung. Auch deshalb wird der Ruf nach Wesentlichem lauter.

Etwas versuchsweise behaupten: Alternative Fakten und Bullshit

Präsidentschaftskandidat Trump behauptete am 10.8.2016 bei einer Wahlkampfveranstaltung im amerikanischen Bundesstaat Florida, dass der amtierende Präsident Obama und Trumps demokratische Rivalin Hillary Clinton die Gründer der terroristischen Dschihadistenmiliz „Islamischer Staat" (ISIS) seien, ohne dafür irgendeine schlüssige Argumentation vorbringen zu können. Darum bemühte er sich auch gar nicht, sondern wiederholte die Aussage mehrmals, um dann die Wirkung besser testen zu können. Dies passte in das Konzept seiner damaligen Beraterin Kellyanne Conway, die im Januar 2017 mit der Erfindung der sog. „alternative facts" für einen Dammbruch sorgte. Es ging um den Vergleich der Zuschauermenge bei Obamas und Trumps Amtseinsetzung. Auf Fotos konnte man feststellen, dass bei Präsident Obama mehr Publikum erschienen war. Trotz eindeutiger Bilder behauptete das Lager Trumps, mehr Menschen mobilisiert zu haben.

Hier ging es um die mögliche Wirkung einer Behauptung – unabhängig vom Wahrheitsgehalt der Information. Der Erfolg einer Nachricht besteht nicht in der sachlichen Richtigkeit (Relevanz), sondern in der Anzahl der Aufrufe. Und das kann man technisch beeinflussen, indem man z. B. *social bots* einsetzt. Maschinen, die sich als Nutzer ausgeben, teilen, verbreiten und liken Nachrichten, so dass sie im Ranking günstigere Positionen erzielen und folglich auch von mehr realen Nutzern gesehen werden. Auch hier wird der selbstverstärkende Effekt der komplexen Medienwelt genutzt: Eine bereits hohe Anzahl von Klicks führt zur weiteren Verbreitung. Die Manipulation beginnt also schon bei der Positionierung der Nachrichten.

Es gilt nicht mehr nur der Slogan „Qualität setzt sich durch", sondern auch das Motto „Durchsetzen ist Qualität". Folglich wird die Präsentation wichtiger als der Inhalt.

Kritische Mediennutzer reagieren darauf mit grundsätzlichen Skepsis gegenüber jeder Nachrichtenquelle. Letztlich kann kaum jemand in angemessener Zeit die Wahrheit einer Information bezeugen. Wenn erfundene Beschreibungen als „alternative Fakten" verbreitet werden, stellt dies den Versuch dar, blinde Passagiere in den nicht mehr kontrollierten Wahrheitsraum der Medien einzuschleusen.

Das Ende der Überprüfbarkeit von Nachrichten ist auch die Basis für das Phänomen „Bullshit". Als „Bullshit-Nachrichten" werden unwahre Äußerungen bezeichnet, die aus strategischem Interesse verbreitet werden. Unabhängig davon, ob die Bullshit-Meldung etwas mit der tatsächlichen Wirklichkeit zu tun hat, wird sie versuchsweise verbreitet. Es geht nur darum, zu testen, ob nicht einige Empfänger auf diese Meldung reagieren und sich dadurch in ihrem Denken und Handeln beeinflussen lassen. Dabei wird sogar davon ausgegangen, dass auch der Empfänger der Nachricht weiß oder ahnt, dass die Aussage nicht der Wirklichkeit entspricht. Werbung ist auch dann unterbewusst wirksam, wenn wir wissen, dass sie uns beeinflussen will. Weil es allein darum geht, ob und wie der Empfänger auf diese Meldung reagiert, hat diese (Des-)Informationspraxis den Charakter eines Experiments bzw. einer Wette. Es geht nicht um Inhalte, sondern um messbare Wirkung. In seinem 1986 erschienenen Essay „On Bullshit" erklärt Harry Frankfurt (geb. 1929) anhand sprachlicher Analysen, dass die modernen Medien mit der Verbreitung unqualifizierter Meinungen dazu beitragen, dass der Wahrheitsanspruch innerhalb der Kommunikationsgemeinschaft aufgegeben wird. Der Glaube, dass gar nicht feststellbar ist, ob eine Aussage die Realität treffend beschreibt oder nicht, führt dazu, dass Sender und Empfänger sich der Wahrheit gar nicht mehr verpflichtet fühlen. Auch hier ist eine beschleunigende Selbstverstärkung festzustellen: Die Entpflichtung von der Tugend der Wahrhaftigkeit ist zugleich Ursache und Wirkung öffentlicher Bullshit-Kommunikation.

Alternative Fakten und Bullshit sind der konsequente Missbrauch der Komplexität der VUKA-Informationswelt zu eigenen Zwecken. Man kann Nachrichten streuen und dann beobachten, welche Auswirkungen sich zeigen. Information wird so zu einem Spiel mit dem Zufall. Weiter kann man sich vom Wesentlichen kaum entfernen.

Zusammenfassung: Abschied vom Kontrolldenken

Die Diskussion der Verschwörungstheorien, der medialen Manipulation und der *cognitive biases* ist seit einigen Jahren besonders in der psychologischen Literatur (Kahneman/Tversky, Taleb, Dobelli u. a.) präsent. Für den Gedankengang dieses Buches ist an dieser Stelle die Einsicht wichtig, dass unser Umgang mit Informationen so fehleranfällig ist, dass man sich darauf nicht verlassen kann.

Wir konnten feststellen, dass Informationen nicht durch Informationen abgesichert werden können. Das Kontrolldenken scheitert daran, dass es sich nicht selbst kontrollieren kann. Eine Prüfung im Sinne des Kontrolldenkens greift auf Hintergrund- und Vergleichsinformationen zurück. Diese Vorgehensweise führt in eine unendliche Begründungskette, weil zur Überprüfung herangezogene Informationen wiederum selbst überprüft werden müssten. Auf diesem Weg findet man keinen unhintergehbaren Anfangspunkt aller Wahrheit bzw. Richtigkeit, an dem man sich orientieren kann.

An Phänomenen der medialen Orientierungslosigkeit (Infotainment, "Das Medium ist die Botschaft", alternative Fakten, Bullshit) wird deutlich, dass wir in der komplexen Welt aus Informationen kein sicheres Wissen gewinnen können. Die Defizite liegen sowohl in der Wechselwirkung von Sender und Empfänger als auch im Medium selbst. Fehlerhafte Auswertung auf Seiten des Mediennutzers und berechtigte Zweifel am Wahrheitsgehalt der veröffentlichten Informationen bestärken uns in der Vermutung, dass wir die Perspektive wechseln müssen, wenn wir verlässliche Orientierung finden wollen.

Doch bevor wir uns in komplexen Situationen ganz vom bewährten Kontrolldenken verabschieden, starten wir noch einen letzten Versuch, es zu reformieren bzw. zu erweitern. Das Konzept der Agilität könnte eine Möglichkeit eröffnen, wie man sich weiterhin erfolgreich an Informationen orientieren kann – vorausgesetzt man ist beweglich und betriebsam genug für die Dynamik der VUKA-Welt.

6

Agilität und Resilienz als Doppelstrategie

In der überschaubaren Welt hat sich das Kontrolldenken bewährt. Orientierung war möglich, indem man sich zunächst an den verfügbaren Daten einen Überblick über die Gesamtsituation verschaffte, um dann Zustände und Optionen mit den eigenen Interessen und Ansprüchen abzugleichen. Auf die daraus entstandenen Bewertungen und Urteile konnte man sich verlassen.

Dieses Verfahren muss angesichts der veränderten Realität modifiziert werden. Dabei können wir auf zwei Konzepte zurückgreifen, die sich miteinander verbinden lassen: Agilität und Resilienz.

- *Agilität* ist eine moderne Organisationsform für Unternehmen.
- *Resilienz* bezeichnet (ursprünglich) die in einer Person angelegte Widerstandskraft gegen Stress.

In diesem Kapitel möchte ich zeigen, dass die agile Denkweise, die auf situative Anpassung an veränderte Rahmenbedingungen setzt, für die Orientierung in der VUKA-Welt geeignet ist. Von resilienten Personen können wir wiederum erfahren, welche Qualitäten uns gegen Verletzungen durch bedrohliche Umweltbedingungen absichern. Beide Konzepte sind für uns interessant, weil sie zeigen, wie man sich in einer komplexen Welt erfolgreich vom Kontrolldenken lösen kann.

Agiles Denken zeigt uns, dass es hilfreich ist, das Streben nach Kontrolle zeitweise aufzugeben und sich auch in unvorhersehbaren Situationen auf die eigenen Fähigkeiten zu verlassen – ohne auf einen vorgefertigten Plan zurückzugreifen. Das Konzept der *Resilienz* verrät, was eine stabile Konstitution ausmacht, mit der man alle Herausforderungen des disruptiven Wandels gesund übersteht – ohne gegen die Veränderungen anzukämpfen. In beiden Ansätzen wird auf die Absicht, Entwicklungen zu kontrollieren, verzichtet. Deshalb ist anzunehmen, dass eine Kombination aus Agilität und Resilienz die Chance bietet, das gewohnte Kontrolldenken erfolgreich zu überwinden.

Agiles Denken

Der Ansatz der Agilität ist nicht neu. 1950 bemühte sich Ono Taiichi bei Toyota darum, die Prozesse durch „Lean Production" nach dem Kanban-Prinzip zu optimieren. Durch die neuartige Nachfrage-Orientierung (Pull-Prinzip), die alternden Lagerbestand überflüssig macht, sollte die Produktion auf die aktuellen Bedürfnisse des Kunden eingestellt werden. Es ging dabei also zunächst um die Steigerung der Effizienz durch Fokussierung auf das Wesentliche des Geschäfts. Unwesentliche (aber

6 Agilität und Resilienz als Doppelstrategie

durchaus notwendige) Verwaltung des materiellen und geistigen Besitzstandes sollte weniger Energie in Anspruch nehmen.

Was ist in diesem Zusammenhang nun wesentlich? Das höchste Ziel ist der unternehmerische Erfolg. Wesentlich ist deshalb die Kundenzufriedenheit. Wenn der Kunde zufrieden ist, ist das Unternehmen erfolgreich. Schnelle Lieferung von qualitativ hochwertigen Produkten ist das, was der Kunde will. Diesem einfachen Prinzip folgten dann ab den 1990er Jahren auch die Pioniere des *Scrum*-Verfahrens in der Softwareentwicklung: Schon bei der Entwicklung von Software-Lösungen sollten die jeweils aktuellen Kundenwünsche möglichst genau berücksichtigt werden, deshalb musste der Kunde ins Entwicklungsteam integriert werden. Effizienzsteigerung und schnelle Anpassung an Veränderungen im Marktgeschehen wurden zu Leitprinzipien. Agile Unternehmen setzten von nun an auf permanente Prozessoptimierung und möglichst frühzeitige Berücksichtigung der sich ständig verändernden Kundenwünsche. Diese Fokussierung auf situative Anpassung macht das Konzept von Scrum bzw. Agilität für die Fragestellung dieses Buches interessant.

Aber auch weitere Aspekte, wie die Steigerung der Leistung durch „kollektive Intelligenz" und „Frühwarnsysteme" bei fehlerhafter Entwicklung, sind für den philosophischen Blick auf Möglichkeiten der Glücks- und Sinnorientierung in einer unkontrollierbaren Umgebung interessant. Der Teamgedanke ist ein weiteres zentrales Anliegen in agilen Strukturen. Der Ausdruck „Scrum" lässt sich als „Gedränge mehrerer Personen in eine Richtung" übersetzen. Tatsächlich ist ein agiles Team eine weitgehend strukturlose hierarchiefreie Kooperationsform. Wenn Arbeitsprozesse nach dem Scrum-Prinzip organisiert werden, vernetzen sich die Mitarbeiter und reagieren aus einem gemeinsamen Verantwortungsbewusstsein für den Gesamtprozess. Sobald sich überraschende Schwierigkeiten andeuten, soll sich jeder angesprochen fühlen und seine individuellen Fähigkeiten einbringen. Es gibt keine vorgeschriebenen und geplanten Reaktionsweisen. Mit dem Wegfall von festen Zuständigkeitsbereichen in der Projektarbeit sollen Synergieeffekte der Selbstorganisation möglich werden. Für die Analogie zur gelingenden Lebensführung ist der Aspekt der spontanen Teambildung interessant, bedeutet er doch in der Übertragung auf die individuelle Lebensgestaltung, dass die Methoden und Instrumente zur Erkenntnis des Wesentlichen nicht vorgegeben sind, sondern aus der Situation hervorgehen.

Der Mehrwert struktureller Agilität liegt auch darin, dass durch fehlerhafte Endprodukte verursachten Folgekosten verhindert werden. Vor der Wende zur Agilität wurden Projekte mit der marktfertigen Herstellung des Produkts beendet. Etwaige Mängel mussten dann nach der Auslieferung beseitigt werden. Statt einer Korrektur des Endergebnisses soll die Verbesserung nun schon in den Entstehungsprozess vorgezogen werden. So können unangenehme und unkalkulierbare Folgekosten verhindert werden. Man reagiert nicht erst dann, wenn das „Kind in den Brunnen gefallen ist", sondern realisiert schon im Entwicklungsprozess die Anwendungsprobleme, um sie möglichst frühzeitig auszuschalten. Hier liegt die Parallele zur Philosophie der Lebensführung in der Strategie, dass die Anwendungstauglichkeit zu einer Leitlinie der Entscheidungsfindung wird: Etwas ist richtig, wenn sich damit gut leben lässt. Darin zeigt sich der pragmatische Ansatz der praktischen Philosophie.

Für unsere Zwecke bedeutet agiles Denken zusammengefasst also,…

6 Agilität und Resilienz als Doppelstrategie

- dass Entscheidungen und Urteile nicht festgeschrieben sind, sondern situativ und hypothetisch getroffen und gefällt werden.
- dass die weitere Entwicklung aufmerksam beobachtet wird, um gegebenenfalls korrigierend einzugreifen und die ‚provisorischen Festlegungen' zu revidieren.
- dass der jeweils aktuelle und erweiterte Informationsstand berücksichtigt wird.
- dass eine umfassende Vorab-Planung der Lebensführung durch viele aufeinander folgende kleinschrittige Teilentscheidungen ersetzt wird.

In diesen Prinzipien werden schon Antworten auf zwei Leitfragen angedeutet:

1. Leitfrage: Ist es möglich, sich ohne Überblick richtig zu entscheiden?
Antwort: Die situative Ausrichtung des agilen Denkens bedeutet, dass nicht mehr versucht wird, aus der Vogelperspektive auf das Gesamtgeschehen hinabzublicken. Man ist als Orientierungssuchender immer selbst beteiligt und erlebt die Situation aus der 1. Person-Perspektive, statt sie aus neutraler Distanz zu beobachten (3. Person-Perspektive). Weil man aus der Perspektive des Betroffenen weniger sieht als beim Kontrolldenken, das den Gesamtüberblick erfordert, muss man mehr Zeit investieren: man ist permanent aufmerksam und kann sich nicht auf punktuelle Entscheidungen verlassen.

4. Leitfrage: Können Orientierungspunkte in Leitlinien des Denkens übersetzt werden?
Antwort: Sowohl Wissen als auch Handeln werden im agilen Denken zu einem fortlaufenden Prozess,

der nicht abgeschlossen wird. Aus der situativen Ausrichtung des agilen Denkens ergibt sich die Notwendigkeit, permanent aktiv zu bleiben. Da Selbst und Welt sich entwickeln, sind wir immer wieder aufs Neue aufgefordert, uns über die Gegebenheiten und über uns selbst zu vergewissern. Orientierung bleibt eine das Leben begleitende Aufgabe.

Permanente Wachsamkeit und Entscheidungsbereitschaft sind der veränderten VUKA-Welt angemessen. Sie können aber als Belastung empfunden werden und zur Überforderung (Stress) führen. Resilienz hilft, dies gesund zu überstehen.

Resilienz und Salutogenese

Wer bewusst auf Kontrolle verzichtet und sich der VUKA-Welt ausliefert, muss eine starke Persönlichkeit sein. Immerhin ist man Teil eines Netzes, in dem jede Veränderung an einem Punkt zu Verschiebungen im Ganzen führt, so dass man sie auch an dem Kontenpunkt, an dem man sich gerade befindet, spüren wird. Weil jederzeit unerwartet Gegenwind auftreten kann, sollte man Widerstandskraft besitzen. Wer sich unter starker Belastung nicht verbiegen lässt, gilt als *resilient*.

Der Begriff „Resilienz" kommt aus den Werkstoffwissenschaften und bezeichnet Materialien, die unter starkem Druck zwar verformt werden, aber standhalten, ohne Schaden zu nehmen. Mit dem Nachlassen der Belastung finden resiliente Körper in ihre ursprüngliche Form zurück. Elastizität und Stabilität sind Grundmerkmale resilienter Stoffe.

6 Agilität und Resilienz als Doppelstrategie

Auf den Menschen übertragen bedeutet „Resilienz" das Vermögen, Stresssituationen zu überstehen, ohne Schaden zu nehmen. Wir sprechen dann auch von robusten oder antifragilen Persönlichkeiten. Heute wird der Begriff „Resilienz" zunehmend unscharf verwendet. Immer wieder hört und liest man, dass Resilienz Stress abwehre oder verhindere. Das Gegenteil ist der Fall. Resiliente Menschen bleiben gesund, obwohl sie Stress ausgesetzt sind, d. h. dass sie diesen auch empfinden. Insofern ist Stress eine Voraussetzung für Resilienz: Resilienz zeigt sich daran, dass man sich von außerordentlichen Belastungen nicht dauerhaft verformen lässt.

Betrachten wir kurz die Geschichte der Resilienztheorie, um ihre Bedeutung für das Leben in einer komplexen Welt besser einschätzen zu können:

Das Phänomen der Resilienz wurde erstmals 1992 von Emmy E. Werner-Jacobsen in einer 40jährigen Langzeitstudie entdeckt. Von rund 200 Kindern, die auf der hawaiianischen Insel Kauai unter widrigsten Bedingungen groß wurden, entwickelten zwei Drittel im Untersuchungszeitraum psychische Störungen. Nachforschungen ergaben, dass das gesunde Drittel bereits im Kindesalter folgende Merkmale aufwies:

Sie erfuhren von Erwachsenen Anerkennung, waren recht selbstständig und konnten Probleme selbst lösen. Sie hatten keine nahezu gleichaltrigen Geschwister, eine gebildete Mutter, mindestens eine Bindungsperson und waren gläubig. Außerdem gingen sie gerne zur Schule, waren in eine Gruppe integriert und konnten sich auf Nachbarn verlassen.

Die Untersuchung zeigt also, dass es für die erfolgreichen Kinder einen dreifachen Rückhalt gab:

- persönliche Stärken
- intaktes Umfeld
- gesellschaftliche Zugehörigkeit

Bei diesen Merkmalen handelt es sich um Veranlagungen und Lebensumstände, die die Kindheit prägten. Wer unter den oben genannten Bedingungen groß geworden ist, hat gute Chancen, bereits eine resiliente Person zu sein. Der Schlüssel zu Resilienz liegt aber nicht in der eigenen Hand, sondern in der Biographie. Von Tricks und Tipps, wie man in der Gegenwart seine Resilienz stärkt, kann hier nicht die Rede sein.

Man sollte auch den Zusammenhang beachten: Aus der Beobachtung Werner-Jacobsens, dass bei resilienten Personen auffällig oft die genannten Bedingungen erfüllt sind, folgt nicht, dass man resilient ist, wenn die genannten Bedingungen vorliegen. Wir sollten zwischen „hinreichenden" (auslösend-wirksamen) und „notwendigen" (vorhandenen) Bedingungen unterscheiden. Aus der Retrospektive lässt sich nicht ohne Weiteres eine Prognose über die Wirkung ableiten.

Werner-Jacobsen hat auch festgestellt, dass das Überstehen einer Leidensgeschichte Resilienz fördert. Die erfolgreiche Bewältigung von Krisen trägt zur Stärkung der eigenen Widerstandskraft bei. Gerade Kinder, die eine schwierige Kindheit gemeistert haben, zeigen sich im Erwachsenenalter als besonders resilient. Sie mussten sich bereits bewähren und wissen aus dieser Erfahrung, dass sie auch in Zukunft nicht so leicht aus der Bahn zu werfen sind.

Antifragilität bezeichnet das Vermögen, sich in der Bewältigung von Herausforderungen zu entwickeln und aus überstandenen Auseinandersetzungen gestärkt hervorzugehen. Antifragile Strukturen liegen dann vor, wenn extreme Belastungen zum Impuls für Verbesserungen des

Systems werden. Damit ist also eine qualitative Steigerung im Vergleich zur Resilienz gemeint. Eine resiliente Person muss nicht antifragil sein, es reicht, wenn sie robust ist: Wer um seine eigenen Fähigkeiten weiß, Stresssituationen unbeschadet zu überstehen, der hat auch das nötige Selbstbewusstsein, sich den Veränderungen der komplexen Welt ohne Plan und Kontrollabsicht auszuliefern. In diesem Zusammenhang wird Resilienz zu einer Bewusstseinseinstellung: man weiß nicht was passiert, vertraut aber auf die eigene Konstitution.

Wenn wir die Einstellung und die Denkweise resilienter Personen genauer verstehen wollen, stoßen wir auf Antonovskys Untersuchungen zur Salutogenese:
Der Soziologe Aaron Antonovsky untersuchte in den 70er Jahren die Voraussetzungen und Bedingungen für die Entstehung und Erhaltung von Gesundheit. Daraus entwickelte er das Konzept der „Selbstheilung" *(Salutogenese)*. Bei der Untersuchung ehemaliger weiblicher KZ-Häftlinge stellte er fest, dass zum Erhebungszeitpunkt diejenigen Frauen in guter physischer und psychischer Verfassung waren, die eine typische Denkhaltung zeigten, welche er als Ausdruck einer gelungenen Weltbeziehung verstand und mit dem Begriff „Sense of Coherence" (Kohärenzgefühl) bezeichnete. Die Denkweise der trotz ihrer Vergangenheit gesunden Frauen war zeitlebens von folgenden drei Aspekten geprägt:

- *Meaningfulness:* Dem eigenen Tun Bedeutung zuschreiben können.
- *Comprehensibility:* Das Verstehen des Gesamtzusammenhangs von Situationen, in denen man sich befindet.
- *Manageability:* Das Selbstbewusstsein, auch schwierige Situationen bewältigen zu können.

Antonovsky ging davon aus, dass diese Persönlichkeitsmerkmale helfen, außerordentliche Belastungen, wie die unmenschliche Behandlung während der KZ-Haft, ohne bleibende Schäden zu überstehen.

Resilienz und Salutogenese sind für unsere Fragestellung nach den Möglichkeiten, sich in der VUKA-Welt vom Kontrolldenken zu verabschieden, besonders interessant. In beiden Konzepten wird dem Vertrauen in die eigenen Stärken besondere Bedeutung zugemessen und beide Konzepte gehen von Ausgangsbedingungen aus, in denen man die Kontrolle verloren hat. Die Parallele zum Leben in der VUKA-Welt besteht auch darin, dass man infolge des Kontrollverlusts den äußeren Bedingungen ausgeliefert ist.

Dass sich die oben genannten Prinzipien der Salutogenese auch mit „agilem Denken" verbinden lassen, ist naheliegend. Ich werde die drei Aspekte nun zu drei Säulen des "Sinn fürs Wesentliche" uminterpretieren:

- *Meaningfulness* (1.Säule): Sinnhaftigkeit besteht nicht in der Entsprechung zu einer Sinnvorlage, sondern entsteht durch den eigenen Vernunftgebrauch in der jeweiligen Situation. Was vernünftig ist, zeigt sich situativ. Weil das eigene (agile) Denken die Quelle des Sinns ist, verfügen wir in vollem Umfang über Sinn-Kompetenz. Sinn erhält das eigene Tun durch die Anpassung (Adaption) der Entscheidungen und Urteile an die jeweils veränderten Situationen, geleitet von einem Gespür für das Wesentliche im Gesamtzusammenhang unserer Beziehung zur Welt.
- *Comprehensibility* (2.Säule): Agil denkende Personen schrecken vor großen Problemen, selbst vor dem Kontrollverlust über das Gesamtgeschehen, nicht zurück. Agiles Denken fordert die permanente Offenheit, sich den jeweils aktuellen Schwierigkeiten im

Moment ihres Auftretens zu stellen. Dank des immer wieder aktualisierten Wissenstands und der Berücksichtigung der situativen Gegebenheiten sind wir in der Lage, die Entwicklungen und Veränderungen zu verstehen. Auf die eigene Lebensführung übertragen bedeutet dies, dass man nicht alles wissen muss, aber aus der eigenen Betroffenheit die entscheidenden Fragen stellen und sensibel genug sein sollte, die Antworten zu hören.

- *Manageability* (3.Säule): Im agilen Denken muss niemand das Gesamtgeschehen im Griff behalten, um die Entwicklung in die Zukunft zu kontrollieren. Wir sind niemals mit der Gesamtproblematik, sondern immer nur mit konkreten Teilherausforderungen konfrontiert, an denen das Gesamtgeschehen überhaupt erst sichtbar wird. Es geht also darum, sich situativ am Wesentlichen zu orientieren. Da das Wesentliche nur aus der 1. Person-Perspektive zu erkennen ist, können wir sicher sein, dass wir den Schlüssel für die Orientierung am Wesentlichen in der Hand halten: Es ist unser Gespür für situative Angemessenheit.

Die erste Säule des „Sinn fürs Wesentliche" (*meaningfulness*) versichert uns der Vernünftigkeit des intuitiven Denkens. Dass wir Situationen richtig zu verstehen in der Lage sind, garantiert die zweite Säule (*comprehensibility*), während uns die dritte Säule (*manageability*) im Vertrauen auf unsere Fähigkeit zur situativen Vernunftanwendung vom Irrglaube befreit, dass wir mit unserem Wissen alle Veränderungen kontrollieren müssten. Vernunft, Verstehen und Anwendung sind die drei Säulen, auf denen der "Sinn fürs Wesentliche" basiert.

Agiles Denken und *Salutogenese* haben die Gemeinsamkeit, dass sie nicht nach vorgefertigten Lösungen suchen.

Entscheidend ist in beiden Ansätzen die Auseinandersetzung mit der Situation, um aus ihr selbst…

- Zusammenhänge zu erspüren *(comprehensibility)*.
- den allgemeinen Anspruch, vernünftig zu handeln, situativ umzusetzen *(meaningfulness)*.
- sich der eigenen Problemlösungskompetenz zu vergewissern *(manageability)*.

Wenn man in der Lage ist, sich auf der Basis dieser drei Säulen des „Sinn fürs Wesentliche" den Herausforderungen pragmatisch, vorurteilsfrei und selbstbewusst zu stellen, ist man nicht mehr auf den Überblick über das Gesamtgeschehen und vorgefertigte Methoden angewiesen. Mit dieser Einstellung kann man sich vom Kontrolldenken lösen, ohne die VUKA-Welt fürchten zu müssen.

Zusammenfassung: Situative Ausrichtung und Selbstvertrauen

Wer einsieht, dass der Überblick über alle Informationen, die nötig wären, um in einer Angelegenheit die Kontrolle zu behalten, nicht mehr möglich ist, versteht, warum es sinnvoll ist, einem Konzept zu folgen, das nicht mehr auf umfassende Information, sondern auf die jeweilige Situation ausgerichtet ist. Aus der Gelassenheit desjenigen, der sich der Unsicherheit der VUKA-Welt selbstsicher aussetzt, spricht ein großes Maß an Selbstvertrauen. Diese Haltung haben wir bei resilienten Personen feststellen können. Sie setzen nicht nur auf verfügbares Wissen, sondern vertrauen ihrer Fähigkeit, auch in schwierigen Situationen durch sinnvolle Fragen richtige Antworten zu finden. Sie setzen auf die das Kohärenzgefühl aus-

6 Agilität und Resilienz als Doppelstrategie

lösenden Ressourcen bzw. Kompetenzen der Salutogenese: *comprehensibility*, *meaningfulness* und *manageability*.

Wer in der VUKA-Welt am Kontrolldenken festhält, stellt sich einer Aufgabe, die er nicht bewältigen kann. Im permanenten Informationsfluss können Informationen nicht anhand von Informationen überprüft werden. Die Volatitität des Informationsflusses kann nicht durch Kontrollinformationen überwunden werden, denn diese müssten abermals überprüft werden, so dass sich ein infiniter Regress ergibt. Die für das Kontrolldenken typische Überprüfung von Informationen überfordert uns in der VUKA-Welt.

Resilienz und Antifragilität minimieren den Stress nicht. Resilienz setzt auf die Widerstandskraft gegen, Antifragilität hofft auf Wachstumsanreize durch Überforderung. Keiner der beiden Ansätze eliminiert den Stress, sondern beschreibt lediglich das Überstehen der Belastung. Das Konzept des agilen Denkens setzt sich davon insofern ab, als es eine Alternative zum Kontrolldenken bietet. Wenn es uns gelingt, richtige Entscheidungen nicht aus Informationen ableiten zu wollen, sondern sie im Rückgriff auf uns selbst und die situativen Gegebenheiten zu treffen, vermeiden wir die Überforderung durch die VUKA-Welt. In den Konzepten der Agilität, Resilienz und Salutogenese haben wir einige konstruktive Anregungen kennengelernt. Alle Faktoren, die zur Stärkung des Vertrauens in die eigenen Fähigkeiten beitragen, fördern die Gelassenheit, mit der agile Denker sich auch in turbulenten Situationen auf das Wesentliche besinnen. So können wir am Ende dieses Kapitels drei Säulen des „Sinn fürs Wesentliche" erkennen: Das Verstehen von Zusammenhängen aus dem situativen Kontext (*comprehensibility*), die situative Anwendung von Vernunft (*meaningfulness*) und unsere verlässliche Sensibilität für das Erkennen situativ richtiger Lösungen (*manageability*).

7

Auf dem Weg zur Intuition: Die Debatte der Psychologen

Der sinnvolle Umgang mit Risiko, Wahrscheinlichkeit und Unwissenheit ist ein interdisziplinär diskutiertes Thema. Das probabilistische Denken scheint uns schwer zu fallen. Empirische Studien belegen, dass wir dazu tendieren, anders zu entscheiden, als es die Ergebnisse aus mathematischen Berechnungen nahelegen. Wir können das an einem einfachen Beispiel erproben:

> Ist es wahrscheinlicher, beim Spiel mit zwei Würfeln zwei Sechser gleichzeitig oder eine Fünf und eine Sechs zu werfen? Da ja in beiden Fällen zwei Würfel beteiligt sind und beim Werfen jedes Würfels die Wahrscheinlichkeit für jede Zahl immer bei 1:6 liegt, sollten doch auch die Wahrscheinlichkeiten für die beide Alternativen gleich sein. Darauf legen sich die meisten Befragten spontan fest.
>
> Doch wenn wir die beiden Möglichkeiten berechnen, stellt sich heraus, dass die Variante, zwei Sechser zu würfeln, bei 1:36 liegt, während die Kombination aus einem Fünfer und einem Sechser 1:18 beträgt.

> Im ersten Fall gibt es für beide Würfel nur die Kombinationsmöglichkeit 6 und 6, während im zweiten 6 und 5 sowie 5 und 6 möglich sind. Für die zweite Kombination gibt es also doppelt so viele Möglichkeiten.

Mathematische Berechnung und spontane Einschätzung liegen oft weit auseinander. Besonders wenn uns Gefühle beeinflussen, kommt es zu verzerrten Bildern. Dies ist auch bei der Flugangst der Fall. Berechnungen über die Wahrscheinlichkeit von Abstürzen können das persönliche Empfinden kaum korrigieren.

Können wir unserem Bauchgefühl trauen? Kann man sich angesichts dieser Ergebnisse auf Intuition verlassen?

Bezüglich dieser Fragen sind die einander widersprechenden Beiträge des New Yorker Psychologen Daniel Kahneman und seines in Berlin forschenden Kollegen Gerd Gigerenzer von besonderem Interesse. Auf beide Positionen möchte ich mich nun beziehen.

Schnelles und langsames Denken

Während Kahneman viele Beispiele dafür findet, dass schnelle Bauchentscheidungen (System 1) irrtumsanfällig sind und das mühselige logische Denken (System 2) bessere Ergebnisse liefert, behauptet Gigerenzer das Gegenteil. Zumindest in komplexen Situationen, in denen so viele Variablen eine Rolle spielen, dass wir gar nicht mehr in der Lage sind, in realistischer Zeit eine Berechnung anzustellen, ist es nach Gigerenzer besser, sich auf intuitive Faustregeln *(Heuristiken)* zu verlassen.

Beide geben für ihre jeweilige Position aussagekräftige Statistiken und zahlreiche Beispielfälle an. So kann Kahneman viele verschiedene Varianten von falschen Vorannahmen *(cognitive biases)* und fehlerhaften Heuristiken aufzählen, während Gigerenzer überzeugende Beispiele findet, in denen Experten mit langer Praxiserfahrung aus dem Gefühl für die Sache zu besseren Urteilen kommen als durch aufwändige Datenerhebung und Berechnung. Beide sind sich darin einig, dass wir im Umgang mit Wahrscheinlichkeiten bislang nicht geschult sind und dazu tendieren, aus Statistiken falsche Schlüsse zu ziehen. In den Vorschlägen zur Verbesserung unterscheiden sie sich aber:

Kahneman sieht schon darin einen Fortschritt, dass wir uns der Fehleranfälligkeit von System 1 bewusstwerden und uns infolgedessen die Zeit nehmen, wichtige Entscheidungen auch mit dem logischen Denken aus System 2 zu kontrollieren. Gigerenzer empfiehlt dagegen, dann der Intuition zu vertrauen, wenn die Situation für Berechnungen zu komplex ist und wir in der Sache, mit der wir es gerade zu tun haben, langjährige Erfahrungen sammeln konnten, so dass sich eine gewisse Urteilssicherheit eingestellt hat.

Kritik

Insgesamt nutzen diese Vorschläge wenig für die Orientierung in einer komplexen Welt. Das liegt daran, dass die Problemlage von beiden Autoren nicht weit genug gefasst wird:

1. Der erste Kritikpunkt bezieht sich darauf, dass beide die Bedingungen der VUKA-Welt nicht streng genug berücksichtigen. Unter VUKA-Bedingungen begeben wir uns in undurchsichtige Entscheidungssituationen. Die Ungewissheit über Gegebenheiten und Entwicklungen ist so stark, dass wir keine richtigen

Lösungen erkennen können. Genau das setzen aber Kahneman und Gigerenzer voraus, wenn sie die Ergebnisse des intuitiven Denkens (System 1) mit dem logischen Denken (System 2) vergleichen: Wenn man feststellen will, ob Intuition oder Logik zu richtigen Ergebnissen führt, muss man wissen, was das richtige Ergebnis ist. Um den Wettstreit zwischen Intuition und Reflexion zu entscheiden, müssten wir also die Lösung kennen. Die Lösung darf aber nicht durch Intuition oder Logik gewonnen werden, denn deren Leistungsfähigkeit wird ja gerade geprüft. Vor dem Prüfungsergebnis dürfen wir uns noch nicht auf eine der beiden Alternativen festlegen. Es muss also einen dritten Zugang zur Wirklichkeit geben, mit dem man Wahrheit bzw. Richtigkeit von Aussagen unabhängig von System 1 (Intuition) und System 2 (Rationalität) definitiv feststellen kann. Es muss also ein System 3 geben. Doch woher dieser Maßstab der Wirklichkeit kommen soll, bleibt bei beiden Autoren unklar.

Außerdem sollten wir uns daran erinnern, dass der Zugang zur Wahrheit (auch in einem System 3) in der VUKA-Welt definitionsgemäß eingeschränkt ist: Volatilität, Unsicherheit, Komplexität und Ambiguität sprechen gerade gegen das dauerhafte Festhalten an einer gültigen Wahrheit. Ein absoluter Wahrheitsmaßstab, mit dem man die Systeme 1 und 2 vergleichen könnte, kann demnach als anzuwendendes Instrument gar nicht existieren. Es macht keinen Sinn, zu behaupten, dass ein System der Wahrheit in der VUKA-Welt näherkommt als das andere. Wenn man eine Wahrheitsaussage über die VUKA-Welt treffen kann, dann beweist dies, dass es sich eben nicht mehr um eine VUKA-Welt handelt.

2. Statt von der Wahrheit eines Denkergebnisses zu sprechen, sollten die Psychologen lieber darauf hin-

weisen, dass es in ihren Untersuchungen um den Nutzen einer Denkweise geht. Wenn man die Texte beider Autoren unter dem Gesichtspunkt liest, welcher Vergleichsmaßstab tatsächlich herangezogen wird, um die Leistungsfähigkeit der beiden Denkweisen zu bemessen, fällt auf, dass sie beide die gleiche Vorstellung teilen: Als „richtig" und auch „wahr" werden die Ergebnisse bezeichnet, die den Probanden ein leichteres und erfolgreicheres Leben ermöglichen. Die Qualität einer Denkweise bemisst sich bei ihnen also an den lebenspraktischen Vorteilen, die sich daraus ergeben. Also steht nicht die Richtigkeit der beiden Denksysteme, sondern das Ausmaß der positiven Folgen aus diesen Denkweisen zur Debatte. Es geht um Nutzenmaximierung bzw. Leichtigkeit im Denken, nicht um Richtigkeit.

Diese Auffassung erinnert an das anfangs genannte Beispiel mit Skinners Ratte. Dort haben wir festgestellt, dass Orientierung in der Welt doch etwas anspruchsvoller ist, als es das naive Schwarz-Weiß-Schema der Lust-Schmerz-Polarität glauben lässt. Die Wahrheit und das Wesentliche sind nicht das, was am wenigsten Schmerz und am meisten Freude bereitet. Der maximale Nutzen ist nicht das, was Handeln und Erkennen richtig und wahr macht. So einfach sind Wahrheit und Wesentliches einer gelingenden Lebensführung nicht zu finden. Auch die pragmatische Ausrichtung der Philosophie der Lebenskunst folgt nicht der Maxime der Steigerung von Nützlichkeit, sondern umschreibt das Gelingen des Lebens (vgl. das Glück erfüllter Lebenszeit in Kap. 12).

3. Obwohl Forschungsarbeiten zur Intelligenz in der Psychologie viel Raum einnehmen, ist immer noch nicht klar, was mit Intelligenz eigentlich gemeint ist. 1923 stellte Edwin Boring mit feinem Witz treffend

fest, dass *Intelligenz das sei, was ein Intelligenztest misst.* Dieses Bonmot ist keineswegs nur ironisch gemeint – es trifft leider den Ansatz vieler Psychologen.

Ich bevorzuge die (Minimal-)Definition, dass Intelligenz das Instrumentarium ist, mit dem man Probleme erkennt und löst. Darin sehe ich den kleinsten gemeinsamen Nenner aller mir bekannten Definitionsvorschläge – auch wenn diese Formulierung den Inhalt nur vage andeutet, weil sie an dem (kaum weniger eindeutigen) wissenschaftstheoretischen Begriff des *Paradigmas* [6] angelehnt ist.

Inwiefern ist nun Intuition eine Form von Intelligenz? Kahneman und Gigerenzer halten meiner Erkenntnis nach an folgender Definition für Intuition von Herbert A. Simon aus dem Jahr 1992 fest:

„Die Situation liefert einen Hinweisreiz; dieser Hinweisreiz gibt dem Experten Zugang zu Informationen, die im Gedächtnis gespeichert sind, und diese Informationen geben ihm die Antwort. Intuition ist nicht mehr und nicht weniger als Wiedererkennen." [7]

Auffällig ist, dass Intuition hier noch an Information gebunden ist. Da es sich sogar um gespeicherte Information handelt, ist Intuition in diesem Verständnis auch Wissen. Dieses Wissen kann zudem nicht neu sein, da es ja wiedererkannt wird. All diese Merkmale sind für das Kontrolldenken, wie es in diesem Buch eingeführt wurde, typisch. Untypisch sind sie aber für das intuitive Denken, von dem wir vermuten dürfen, dass es eine vernünftige Lösung für die Orientierung in der VUKA-Welt anbietet.

Somit komme ich zu dem Ergebnis, dass Kahneman und Gigerenzer mit ihrem Begriff von Intuition noch am Kontrolldenken festhalten. Und das wäre dann ein weiterer Kritikpunkt an ihren Konzepten.

Was ist Intuition?

In Abgrenzung von Kahneman und Gigerenzer möchte ich betonen, dass Intuition in diesem Buch als eine Alternative zum Kontrolldenken entworfen wird. Zudem soll das Wesentliche, an dem man sich orientiert, nicht einfach nur im Nützlichen und Leichten aufgehen, sondern auf die obersten Ziele gelingender Lebensführung deuten. Von Kahneman und Gigerenzer distanziere ich mich mit einer eigenen Definition der „Intuition des Wesentlichen", die ich bewusst in Kontrast zu Herbert A. Simons Formulierung setze und in der ich die Bezugnahme auf Informationen ausschließe. Wenn wir das Szenario der VUKA-Welt ernst nehmen, müssen wir akzeptieren, dass Informationen kein sicheres Wissen mehr liefern. Konsequenterweise können wir uns dann in einem Konzept für Orientierung auch nicht mehr auf Informationen über die Welt berufen. Außerdem sollte man sich auch nicht darauf beschränken, Intuition als die intuitive Wahrnehmung von Information zu verstehen. Der in diesem Ansatz enthaltene Widerspruch ist offensichtlich.

Wenn Intuition eine ausschließende Alternative zu Information darstellt, dann kann man auch keine Kriterien angeben, die uns darüber informieren, dass jetzt eine Intuition vorliegt. Eine Intuition wird nicht durch eine Information als Intuition erkannt – sie muss empfunden werden (emotive Funktion der Intuition).

Dementsprechend kann eine Definition von Intuition auch nur umschreiben, was in der Intuition geschieht. Das Moment der Selbstevidenz zeigt sich besonders deutlich in der Erkenntnis des Wesentlichen (epistemische Funktion der Intuition). Das, was den Kern der Sache, Situation oder Person ausmacht, kann nicht durch etwas Unwesentliches, was eben nicht den Kern trifft, ausgedrückt oder erschlossen werden. Wesenserkenntnis ist immer unmittelbar. Das Wesentliche spricht durch sich selbst. Denn die Tatsache, dass man das Wesen einer Sache, Situation oder Person erfasst hat, kann nicht durch etwas anderes überprüft, abgesichert bzw. angeleitet worden sein. Da das Wesentliche sich nicht aus Unwesentlichem ableiten lässt, müssen wir akzeptieren, dass intuitive Erkenntnis sich einfach ereignet, sie ist als Prozess nicht weiter zu erklären.

Deshalb möchte ich „Intuition des Wesentlichen" wie folgt umschreiben:

> Intuition des Wesentlichen ereignet sich in einer Situation, wird aus der 1. Person-Perspektive erlebt und erfüllt drei Funktionen. Die Situation wirkt auf denjenigen, der sich in ihr befindet. Er empfindet (emotiv-affektive Funktion) unmittelbar aus der 1. Person-Perspektive, wie die Situation auf ihn wirkt. Der Inhalt der Empfindung kann als doppelte Erkenntnis über die Welt und sich selbst (epistemisch-kognitive Funktion) verstanden werden. Diese Empfindung (Bauchgefühl) spricht ihn selbst an, so dass er seinem Empfinden gemäß ablehnend oder annehmend darauf reagiert (konativ-normative Funktion). Intuition umfasst also das Empfinden (emotive Funktion), Erkennen (epistemische Funktion) und Wollen (konative Funktion) der betroffenen Person.

In dieser Umschreibung des Wesentlichen wird durch die Situationsabhängigkeit der Bezug zum agilen Denken und durch den Zugang über die 1. Person-Perspektive die Notwendigkeit der intuitiven Erkenntnis betont. Agilität und Intuition prägen den Sinn fürs Wesentliche.

Die Umschreibung der „Intuition des Wesentlichen" hebt als drittes Element die Betroffenheit des erkennenden Subjekts hervor. Aus dem intuitiven Ansatz ergibt sich die Notwendigkeit des Subjektbezugs. Welt- und Selbsterkenntnis sind aufeinander bezogen. Wer sich verstanden

7 Auf dem Weg zur Intuition: Die Debatte ...

hat, hat darin auch „Wesen der Welt" verstanden. Das Wesentliche zeigt sich in der Korrelation von Selbst- und Welterkenntnis.

Dies möchte ich erläutern:

Das Wesentliche wird dann erkannt, wenn der Beobachter selbst wesentlich betroffen ist. Dieses Empfinden ist als Selbsterkenntnis primär. Weil das, was er situativ wahrnimmt, ihn in einer „tiefen Empfindung" essentiell angeht (konative Funktion der Intuition), ist er sich sicher, dass das, was ihn an der Sache, Situation, Person, die er wahrnimmt, ergreift, nicht nur für ihn selbst Bedeutung hat, sondern als Authentizität der Sache, Situation, Person objektive Geltung beanspruchen kann. Was den Einzelnen ergreift, ist größer als er selbst. Es ist auch für die Sache, Situation, Person, also unabhängig vom Betrachter, wesentlich. Die stärkste Wirkung, die ein erkanntes Objekt auf ein erkennendes Subjekt haben kann, steht also für das, was dieses Objekt und das erkennende Subjekt eigentlich ausmacht: sein jeweiliges Wesen.

Wir erkennen im Modus des *„wesentlich für mich"* uns selbst (Identität) und im Modus des *„wesentlich an sich"* die Welt (Wirklichkeit). Selbsterkenntnis und Welterkenntnis des Wesentlichen bilden eine Einheit.

Zusammengefasst ergibt dies folgende Kurzdefinition:

Die Intuition des Wesentlichen ist Erkenntnis von Selbst und Welt an uns selbst. Was wir erkennen, ist die Betroffenheit der eigenen Person durch die Wirkung der Welt auf uns. So erkennen wir die Wirk-lichkeit der Welt und die eigene Identität. Selbst- und Welterkenntnis verweisen in der Intuition des Wesentlichen also immer komplementär aufeinander.

Weil wir das Wesentliche als eigene Identität und als weltliche Wirklichkeit an uns selbst erkennen, handelt es sich um ein „Schauen nach innen" (lat. *in-tueri*). Die Intuition des Wesentlichen ist das Zusammentreffen von Selbst- und Welterkenntnis und kann nur gelingen, wenn wir uns selbst ins Spiel bringen.

Während nach Simon Information als Wissen Intuition ausmacht, haben im hier vorliegenden Konzept Empfindungen des Selbst in der Begegnung mit der Welt zentrale Bedeutung.

Auch wenn ich mich an dieser Stelle beim Leser für den akademischen Tonfall entschuldigen muss, sind die an dieser Stelle noch sperrigen Formulierungen doch dadurch gerechtfertigt, dass sie als vorausdeutender Hinweis dienen. Die Ausführungen lassen an dieser Stelle unseres Gedankengangs erst erahnen, worauf alle folgenden Überlegungen hinauslaufen werden, und man sollte nach fortgeschrittener Lektüre auf die hier vorweggenommenen Inhalte der Definition zurückkommen.

Was mit der „Intuition des Wesentlichen" gemeint ist, lässt sich erst verstehen, wenn wir geklärt haben, in welchem Verhältnis Selbst und Welt aufeinander bezogen sind (vgl. Kap. 9 und 10).

In diesem Kapitel sollte aber deutlich geworden sein, dass die gesuchte Alternative zum Kontrolldenken nur in einer Art von Intuition zu finden ist, die nicht mehr an Information gebunden ist. Dies ist ein wichtiger Schritt für den Gedankengang, der zum Konzept des agilen Denkens führt.

Diesen Weg fortzusetzen, erfordert Mut und Konsequenz. Mit der Abkehr vom Kontrolldenken werden wir uns im folgenden Kapitel von Gewohnheiten lösen und in den „Schwebezustand" begeben. Auf festen Halt dürfen wir dabei aus guten Gründen nicht mehr hoffen…

8

Perspektivwechsel: Loslassen und Schweben

Wenn man sich in einer einfachen Situation befindet, sollte man sie sehr ernsthaft überdenken. Wenn man aber mit schwierigen Verhältnissen konfrontiert ist, sollte man ihnen mit spielerischer Leichtigkeit begegnen.

In diesem Kapitel geht es um die Leichtigkeit, mit der Spiele gelingen. Man kann ein Spiel nicht spielen, wenn man es kontrollieren will. Die spielerische Einstellung ist eine Voraussetzung für das situativ angepasste Erfassen des Wesentlichen durch agiles Denken. Wenn wir uns in der Komplexität orientieren wollen, müssen wir den Mut zur Leichtigkeit aufbringen.

Was das bedeutet, soll zunächst am gelingenden Ballspiel gezeigt werden:

> Die Spieler werfen sich den Ball über weite Entfernungen mit müheloser Präzision zu. Fangen und Werfen folgen einem eigenen Takt, den sie scheinbar stillschweigend vereinbart haben. Wenn der Werfer seinen Oberkörper nach

> hinten dehnt, um Spannung für den Wurf aufzubauen, bewegt sich ein anderer Spieler schon in Richtung des Punktes, wo er den Ball gleich fangen wird. Seine Augen fixieren den Ball, der noch in der Hand des Werfers liegt, seine Füße trippeln in kleinen Schritten auf der Stelle. Gleich, wenn der Ball die Hand des Werfers verlässt, läuft er los. Das Ziel kennt er zu diesem Zeitpunkt noch nicht. So wie der Ball die Luft durchschneidet, zieht der Läufer eine Linie aufs Spielfeld. Flugkurve und Wegstrecke finden erst in der Landung des Balls ihr gemeinsames Ziel. Wenn der Ball zu Boden fällt, ist auch der Fänger angekommen, breitet die Arme aus und hält ihn sicher fest. Das Fangen ist eine fließende Bewegung, als ob Fangen und Flug zusammengehören. Anschließend wird der Fänger zum Werfer und schleudert den Ball auf seine Art und Weise zurück. Die Mitspieler wissen mit den Eigenarten der anderen umzugehen und nehmen jeden der doch so verschiedenen Würfe auf, indem sie ihr Fangen dem sich ereignenden Flug anpassen.

Die Szene veranschaulicht die Kunst, mit der Außenwelt in harmonischer Weise in Beziehung zu treten, ohne auf Analyse und Berechnung angewiesen zu sein. Keiner der Mitspieler käme auf die Idee, die Flugkurve des Balles zu berechnen, um den Ort des Aufpralls zu bestimmen. Als Beispiel gelingender Weltbeziehung lässt sich das Spiel auf das agile Denken übertragen: Das Vermögen zu fangen ist ein Sinnbild für agiles Denken. Wer beweglich ist, synchronisiert seinen Lauf mit der Flugbahn des Balles und ist zur rechten Zeit am rechten Ort, um den Ball aufzunehmen. Die ineinander übergehende Verbindung von sachgerechtem Reagieren (Fangen) und individuellem Agieren (Werfen) steht für die Einheit von *Relevanz* (sachgerechter Weltbezug) und *Pertinenz* (individuell angemessener Selbstbezug). Wenn wir fangen, passen wir uns dem Gegenstand der Welt an und wenn wir werfen, passt sich die Bewegung des Gegenstands unserer

8 Perspektivwechsel: Loslassen und Schweben

subjektiven Wurftechnik an. Deshalb lässt sich das Spiel als gegenseitige Beeinflussung interpretieren: Im Fangen des Gegenstandes zeigt sich auch Weltgeschehen, im Werfen ist auch die Eigenart des Werfenden enthalten. So spiegeln sich Welt und Selbst aneinander und ermöglichen die Einheit von Welt- und Selbsterkenntnis, die für das Verstehen durch Intuition so wichtig ist. Das gelingende Spiel ist eine Form der Weltbeziehung, in der die stimmige Interaktion von Subjekt und Objekt sichtbar wird. Es ist eine Metapher für das Erfassen des Wesentlichen, das sich korrelativ zugleich an Welt und Selbst zeigt.

Welche Art von Intelligenz muss man nutzen, um eine solche Weltbeziehung einzugehen?

Wenn der Fänger nicht spielen würde, sondern am Kontrolldenken festhielte, würde er Informationen nutzen. Zunächst müsste er Daten sammeln, um einen Überblick über die Situation zu gewinnen. Dann wären Handlungsmöglichkeiten zu bewerten, also mit seinen Präferenzen und Interessen zu vergleichen. Er würde den Werfer also genau beobachten und aus Wurfrichtung, Wurfenergie, Windkraft und Masse des Balles Ort und Zeit des Aufpralls berechnen. Erst dann würde er zielgerichtet (orientiert) zu diesem Punkt rennen, um den Ball rechtzeitig zu fangen – aber nur wenn der Aufwand in einem ökonomisch sinnvollen Verhältnis zum Nutzen steht, denn es gilt ja, nach den stärksten eigenen Präferenzen zu handeln. Das ist kontrollierendes Denken und kontrolliertes Verhalten, weil es einem Plan folgt und auf Überblick, Informationen und Nutzen basiert: Man bewegt sich erst, wenn das Ziel berechnet ist.

Aber diese Beschreibung trifft nicht das, was wir beobachten, wenn wir ein gelingendes Spiel sehen. Die Spieler kontrollieren das Spiel nicht, sie spielen einfach mit. Wer in seinem Leben mitspielen möchte, der muss die Kontrolle aufgeben und sich bewegen.

Wie sich die Leichtigkeit des Spiels auf unsere Denkhaltung übertragen lässt, sollen die beiden Ansätze, denen wir uns jetzt zuwenden, zeigen. Es geht um den Schwebezustand und das Loslassen.

Im Schwebezustand: Die Kunst sich nicht festzulegen (Antike Skepsis)

Das Gefühl, in einer unübersichtlichen Welt die Orientierung zu verlieren, ist kein Spezifikum unserer Zeit. Schon in der Antike äußerten sich Denker zu dieser Problematik, die uns im disruptiven Wandel besonders beunruhigt. Betrachten wir zunächst, wie Philosophen der antiken Skepsis den Zustand der Orientierungslosigkeit empfunden haben. Von Sextus Empiricus (lebte um 200 n. Chr.) erfahren wir, wie die Anhänger des Pyrrhon von Elis (360-270 v. Chr.) mit der Vieldeutigkeit der Welt umgegangen sind:

> *„Denn der Skeptiker begann zu philosophieren, um die Vorstellungen zu beurteilen und zu erkennen, welche wahr sind und welche falsch, damit er Ruhe finde. Dabei geriet er in einen gleichwertigen Widerstreit, und weil er diesen nicht entscheiden konnte, hielt er inne. Als er aber innehielt, folgte ihm zufällig die Seelenruhe in den auf dogmatischem Glauben beruhenden Dingen."* (Sextus Empiricus, Grundriss der pyrrhonischen Skepsis I,26)

Das zentrale Motiv des Skeptikers ist die innere Ruhe. Sie begegnet uns in diesem Zitat als Antrieb für die Suche nach Orientierung – und als das zufällige Resultat nach dem Scheitern dieser Suche. Die Bezugnahme auf die Dinge, die *„auf dogmatischem Glauben"* beruhen, umfasst den Bereich der bloßen Meinungen, die wir uns über

8 Perspektivwechsel: Loslassen und Schweben

etwas bilden. Mit festen Meinungen sind Überzeugungen gemeint, die wir uns zu eigen machen, um uns durch das Festhalten an Orientierungspunkten zu beruhigen. Wer feste Meinungen hat, hat in Überzeugungen Ruhe gefunden. Sie sind das verlässliche Fundament, auf das man sich stellen kann, um Ereignisse, Zustände und Gedanken zu beurteilen. Aber diese beruhigende Verlässlichkeit stellen die Skeptiker in Frage. Feste Meinungen sind für sie ungerechtfertigte Dogmen.

Wir beginnen nach Orientierung zu suchen, weil wir uns unsicher fühlen. Mit der Orientierung hoffen wir, innere Ruhe zu finden, müssen aber feststellen, dass sichere Erkenntnis nicht möglich ist. Prinzipiell könnten wir uns immer täuschen und irren. Das Streben nach sicherem Wissen führt niemals zur Ruhe. Dies stellt sich erst ein, wenn wir nicht mehr nach sicherem Wissen streben. Darin besteht ein scheinbarer Widerspruch, den der Skeptiker auflösen muss.

Dass Wirklichkeit und Vernunft die Quellen wahrer Erkenntnis sind, bezweifeln auch die Skeptiker nicht. Was kritische Geister wie Pyrrhon von Elis, Sextus Empiricus und der im 16. Jahrhundert von Sextus Empiricus beeinflusste Michel de Montaigne aber verunsicherte, ist die Erfahrung, dass Wirklichkeit und Vernunft keine eindeutigen Antworten geben. In der Vielfalt der Wirklichkeit und innerhalb des Rahmens der Vernunft finden sich eben auch immer wieder Gegenbeweise und Gegengründe. Oftmals ist es nur eine Frage der Zeit, bis Argumente und Belege für eine Gegenposition bekannt werden. In der Erfahrung der beständigen Unabgeschlossenheit im Wissen sind Volatilität und Ambiguität der komplexen Welt schon vorweggenommen.

Wer sich mit Wissenschaftsgeschichte beschäftigt, wird früher oder später zum Skeptiker. Eindeutige Ergebnisse, an denen man sich immer und überall orientieren kann, liefert die Wissenschaft nicht. Der Begründer des kritischen Rationalismus, Karl Raimund Popper (1902–1994), wies darauf hin, dass das Kerngeschäft der Wissenschaft nicht in der Rechtfertigung von Wahrheiten (Verifikation), sondern im Aufdecken von Irrtümern (Falsifikation) besteht: Das geozentrische wird vom heliozentrischen Weltbild abgelöst, die moderne Quantenphysik verdrängt die klassische Physik im makro- und mikrokosmischen Raum… Feste Meinungen und Orientierung stiftende Überzeugungen sind nur scheinbar beständig. Es ist eben niemals auszuschließen, dass alles auch ganz anders ist.

Was folgt aus dieser Einsicht?

Der Skeptiker wendet sich von dem ab, was außer ihm ist (Wirklichkeit) und über ihn und die Welt herrschen könnte (Natur- und Vernunftgesetze). Der Blick wandert nun nach innen. In sich selbst erfährt der Denker die Ruhe, die er in Form von sicherer Orientierung im Äußeren vergeblich zu finden hoffte. Doch er erfährt sie nicht als Antwort bei der Suche nach sicherer Erkenntnis, sondern dadurch, dass er sich vom Zwang befreit, die Wahrheit im Erkennen finden zu müssen.

Der Skeptiker verabschiedet sich aber nicht grundsätzlich von der Wahrheit. So ist beispielsweise die Seelenruhe, die er genießt, als Empfindung ein tatsächlich vorhandenes Phänomen – also innerlich wahrnehmbar und damit als emotive Erfahrung wahr. Er löst sich aber von dem nach außen gerichteten Blick der Suche nach ewigen Wahrheiten.

Von der Wahrheit der Außenwelt zur Wirklichkeit der Seelenruhe führt kein Weg. Es gibt keinen kontinuierlichen Übergang. Der Perspektivwechsel ist ein Bruch bzw. ein Sprung. Wir öffnen die Augen an einem anderen Standort und sehen verwundert, dass uns das Bedürfnis nach Wahrheit in dieser Situation aus einem anderen Blickwinkel gar nicht mehr bewegt. Der Skeptiker ent-

8 Perspektivwechsel: Loslassen und Schweben

scheidet sich für diese Perspektive auf die Welt und kehrt zum alten Standort des Wahrheitssuchenden nicht mehr zurück. Statt dem sicheren Wissen aus Informationen über die Welt nachzueifern, eignet sich der Skeptiker eine innere Haltung der Offenheit nach außen an: er bleibt in der Schwebe.

Die Skeptiker gehen davon aus, dass Ambiguität nicht die Ausnahme, sondern die Regel ist. Dafür stellte Timon von Phleius (320-230 v. Chr./ Schüler des Pyrrhon von Elis) die Grundregel der *Isosthenie* („Gleichkräftigkeit") auf:

Für jede begründete Position gibt es eine gleich starke Gegenposition.

Selbst wenn die Gegengründe noch nicht vorgetragen bzw. noch nicht entdeckt wurden, muss mit ihnen schon gerechnet werden. Die gegenseitige Aufhebung der Argumente wird also zum grundsätzlichen Prinzip. Mit der Vielfalt, Uneindeutigkeit und Widersprüchlichkeit der Welt können wir uns in der Haltung der Unentschiedenheit *(aoristia)* und durch Urteilsenthaltung *(epoché)* arrangieren.

Man könnte versucht sein, auch René Descartes (1596–1650) zu den Skeptikern zu zählen, weil er den *Zweifel* als wissenschaftliche Methode einführt, um feste Orientierung im Wissen zu finden. Doch Descartes hofft darauf, einen sicheren Standort (archimedischen Punkt) zu finden, um von dort die Ordnung der Welt zu erkennen. Skeptiker begeben sich aber in die Schwebe. Während Zweifel die Grundhaltung der antiken Skeptiker ist und bleibt, wird er für Descartes zur Methode, die zu unbezweifelbarer Erkenntnis führen, ihn also aufheben soll.

Schließlich folgen beide auch unterschiedlichen Absichten: Während die antiken Skeptiker auf intuitivem Weg die Seelenruhe *(ataraxia)* in ihrem Leben finden wollen, geht es Descartes darum, mit dem gesicherten Wissen des Kontrolldenkens eine Wissenschaft nach strengen Ansprüchen aufzubauen. Der Skeptiker strebt primär aber nicht nach Wissen, sondern nach einer Haltung zur Welt, die das Glück der inneren Ruhe verspricht. Antike Skeptiker widmen sich der praktischen Philosophie (Lebensführung), wohingegen der neuzeitliche Descartes theoretische Philosophie (Erkenntnistheorie) betreibt. Der Skeptizismus beider Schulen unterscheidet sich also deutlich.

Schwieriger als sich eine Meinung zu bilden, ist es, sich einer Meinung zu enthalten. Aber genau das wollen die Skeptiker. Für sie gibt es angesichts der *Isosthenie* (Gleichkräftigkeit) der Überzeugungen nur eine Konsequenz: Man kann keine feste Position mehr vertreten. Die Besonderheit der Skepsis besteht nicht darin, nicht zu denken, sondern darin, sich nicht für oder gegen eine Position zu entscheiden *(aoristia)*. Dadurch bleibt das Denken in Bewegung. Wer sich die agile Mentalität zu eigen gemacht hat, klammert alle Aussagen in ihrem Wahrheitsanspruch ein. Nichts anderes meint der skeptische Schlüsselbegriff *epoché* (Klammer). Der agile Denker beschäftigt sich wie der Skeptiker mit den Dingen, legt sich aber nicht fest, welcher Gedanke mit der Wirklichkeit übereinstimmt. Er rechnet jederzeit mit starken Gegenargumenten bzw. Veränderungen der Situation. Dadurch, dass er sich jedes Urteils enthält, kann er auch nicht überrascht bzw. enttäuscht werden. Er läuft auch nicht in die Irre, weil er ja damit rechnet, dass er sich irren könnte, wenn er sich festlegen würde. Wenn er sich irren würde, hätte er mit diesem Irrtum schon gerechnet, also recht behalten. Wer nicht irren kann, ist in einem stabilen Zustand der inneren Ruhe *(ataraxia)*. Darin liegt auch eine Art Gewissheit. Es klingt paradox, macht aber den Reiz dieser Haltung aus: Durch das Schweben findet der Skeptiker festen Halt.

Der Shruggie

In den sozialen Netzwerken kann man ein Symbol für die moderne Form der skeptischen Urteilsenthaltung *(epoché)* finden. Kritische Nutzer versehen Nachrichten häufig mit einem *Shruggie*. Dabei handelt es sich um ein Emoji, das eine die Arme öffnende und die Schultern hochziehende Figur darstellt (Abb. 8.1):

Das Schulterzucken steht für den Zweifel an der Glaubwürdigkeit des Gesagten. Diese Figur symbolisiert die skeptische Entscheidungslosigkeit *(aphasia)* aufgrund von Unentschiedenheit *(aoristia)*, die in Urteilsenthaltung übergeht *(epoché)*. Man weiß nicht, ob die Aussage, die man mit dem Emoji kommentiert, der Wirklichkeit entspricht. Deshalb setzt man an geeigneten Stellen den *Shruggie*, um darauf hinzuweisen, dass man sich nicht auf das zuvor Geäußerte festlegen will. Es könnte eben auch alles anders sein – so wie es die Skeptiker um Pyrrhon schon vor über 2000 Jahren praktizierten, wenn sie die Klammer *(epoché)* der Urteilsenthaltung setzten.

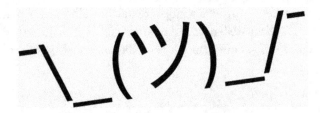

Abb. 8.1 Der Shruggie

Den Shruggie finden Sie auch auf dem Cover dieses Buches. Er hebt sich als einzig deutliche Kontur vor dem wirren Hintergrund aus unscharfen Bruchstücken ab. Der Hintergrund ist damit ein Sinnbild für die Informationsüberflutung und Sinnfragmentierung in der komplexen Welt. Trotz Kontrollverlust und Orientierungslosigkeit leuchtet der Shruggie vor dem ungeordneten Hintergrund auf. Obwohl diese Figur eher ein Fragezeichen denn ein Ausrufezeichen darstellt, symbolisiert sie Klarheit. Der Shruggie sind wir selbst. Wir selbst sind der verbleibende feste Orientierungspunkt in einer zusammenhanglosen Welt.

Weil wir auf uns zurückgeworfen sind, müssen wir uns selbst ins Spiel bringen. Das geschieht nicht dadurch, dass wir uns auf eine unveränderliche Aussage festlegen. Das Wesentliche zeigt sich, immer nur dann, wenn wir danach fragen. Die Antwort finden wir in unserem Verhältnis zur Welt, das wir in bzw. an uns als Intuition („Hineinschauen": lat. *in-tueri*) empfinden. Wenn wir eine Frage stellen, ist darin auch schon eine Antwort angedeutet, die mit dem Sinn fürs Wesentliche zu einer klaren Aussage wird, die situativ gültig ist. Die Orientierung am Wesentlichen beginnt damit, dass wir wie der Shruggie eine Frage stellen. Wir sind also nur scheinbar überfordert. Eine Frage verweist immer schon auf die Antwort, die wir gemäß der Korrelation von Selbst- und Welterkennen in uns (Intuition) und in der jeweiligen Situation (Agilität) finden. Niemand muss verzweifeln, wenn er in seinem Wissen keine Antwort findet. Es reicht völlig aus, situativ eine Frage zu stellen. Die Antwort zeigt sich dann wie von allein. Dies veranschaulicht auch die folgende Anekdote…

Das Wesentliche im Spiel

> Zur Zeit Alexanders des Großen (336-323 v. Chr.) lebte der Maler Appelles in Griechenland. Über ihn und seine Gemälde gibt es rühmende Erzählungen, leider ist aber kein einziges Bild erhalten. Als Appelles einmal das schäumende Maul eines Schlachtrosses im Kampfgetümmel malen wollte, war er mit seiner Leistung sehr unzufrieden. Mehrere Versuche, die Darstellung zu verbessern, misslangen. So packte ihn die Wut. Verzweifelt ergriff er den Schwamm, mit dem er gewöhnlich die Farbe an den Pinseln abstrich, und schleuderte ihn auf sein Werk. Nachdem er sich etwas beruhigt hatte, blickte er nochmals auf das unfertige Gemälde und traute seinen Augen nicht. Der Schaum um das Maul des Pferdes war auf einmal perfekt abgebildet. Wie war das möglich?
>
> Tatsächlich landete der nasse Schwamm genau an der kritischen Stelle des Pferdekopfs. Die Feuchtigkeit des Schwammes und der Druck, mit dem er ihn auf das Bild geschleudert hatte, führten dazu, dass die weiße Farbe um das Maul des Pferdes durch luftigen Blasen aufgelockert wurde. Nachdem diese Stelle getrocknet war, zeigte sich der Farbklecks als naturgetreue Nachbildung von Schaum.

Warum erzählt Sextus Empiricus diese Anekdote?

Appelles' Verhalten verdeutlicht die skeptische Strategie: Wenn man eine Sache, die man sich mit Anstrengung und Eifer zur Aufgabe gemacht hat, aufgibt, gelingt sie von ganz allein – und zwar besser als unter willentlichem Bemühen.

Der Kerngedanke der Skepsis als Lebenshaltung (nicht als Erkenntnisform!) besteht darin, dass das Bedürfnis, das zur Suche nach Orientierung motiviert, dann befriedigt wird, wenn man den Anspruch auf allgemeine Verbindlichkeit der Erkenntnis aufgibt. So wie der Skeptiker nicht mehr bewertet und sich des Urteils über die Wirklichkeit enthält, so gelingt dem Spieler das Spiel, wenn er es nicht mehr kontrollieren will. Der Maler erreicht dann Perfektion, wenn er den Pinsel nicht mehr dirigiert, die Kontrolle also aufgibt und den Lauf der Dinge zulässt.

Auf das oben erwähnte Beispiel des Ballwerfens und -fangens bezogen bedeutet dies, dass das Fangen dann gelingt, wenn man es nicht zwanghaft betreibt, sondern einfach und leicht mitspielt, ohne durch das Festhalten an Zielvorgaben und Zwecksetzungen zu verkrampfen. Wenn ein Spieler sich zu stark auf einzelne Spielzüge konzentriert, verhindert er damit den Spielfluss, an dem das Gelingen des ganzen Spiels hängt. Der Schwebezustand bedeutet für den Spieler also, die Bereitschaft, sich auf den Spielfluss einzulassen, und den falschen Ehrgeiz, in Einzelaktionen Perfektion zu erreichen, aufzugeben. Wenn alle Spieler im „Flow" sind, erleben sie das Wesentliche des gemeinsamen Spiels im gemeinsamen Spiel (vgl. Evidenz als Selbstevidenz). Das gelingt aber nur, wenn sie selbst „spielerisch" spielen, das Ganze (nicht die Details) des Spiels verstehen, indem sie spielen („im Spiel sind"), und die verkrampfende Kontrollabsicht „über das Spiel" überwinden.

Wie lässt sich dieses Bild auf die Suche nach Orientierung übertragen?

Ein Spiel gelingt, wenn man sich nicht zum Sklaven der Regeln und des Lehrbuchs macht, sondern intuitiv spielt. Man sollte sich nicht darüber den Kopf zerbrechen, welcher Spielzug zum Erfolg führt, sondern sich ins Spiel einfügen. Man sollte den gemeinsamen Takt finden und sich mit dem Geschehen synchronisieren. Für die Lebensführung bedeutet dies, dass es darum geht, in einer gelingenden Weltbeziehung Situationen als das, was sie wesentlich sind, zu erleben, statt sie zu kontrollieren.

Loslassen und Hören: Die Sache sprechen lassen (Mystik)

Auch die christlichen Mystiker des Mittelalters widmen sich der Frage, wie man etwas erkennen kann, was sich eigentlich verbirgt. Im Zentrum der christlichen Mystik steht die Erkenntnis Gottes.

Uns interessiert am mystischen Gedankengang nicht das theologische bzw. spirituelle Thema, sondern nur die Erkenntnismethode. Wie kann das Wesentliche erkannt werden, das sich unter der Oberfläche versteckt, obwohl es doch in absoluter Gewissheit erstrahlt?

Wenn wir uns vom Geist des (ausgehenden) Mittelalters inspirieren lassen, müssen wir berücksichtigen, dass alle Gedanken von zwei Prämissen getragen werden, deren Gültigkeit vorausgesetzt und nicht hinterfragt wird. Zum einen ist dies die Tatsache, dass es Gott gibt, und zum anderen die feste Überzeugung, dass alle Menschen Geschöpfe Gottes sind. Diese Vorannahmen sollen hier nicht kritisiert werden. Wir konzentrieren uns auf den Erkenntnisweg, den die Mystiker betreten.

Die erste für uns relevante These, ist die Behauptung, dass das Wesentliche immer schon mit uns als erkennendem Subjekt verbunden ist. Mittelalterliche Mystiker gehen davon aus, dass Gott in uns enthalten ist. Das bedeutet, dass das Wesentliche, das wir suchen, in unserem Inneren zu finden ist. Ein Vergleich des Wirken Gottes mit dem eines Künstlers hilft, den Gedanken zu verstehen:

> Jeder Kunstkenner erkennt in den Werken den Meister, der es geschaffen hat. Dies gelingt, weil jedes Werk in seiner Beschaffenheit auf Wesensmerkmale seines Schöpfers hinweist. Man erkennt einen Rembrandt sofort und kann ihn von einem Rubens unterscheiden, weil das Werk etwas von seinem Erschaffer widerspiegelt. Seine Persönlichkeit ver-

> körpert sich im Werk. Deshalb sprechen wir auch davon, dass sich der Künstler im Werk verwirklicht oder gar verewigt. Insofern findet man in jedem Kunstwerk auch die Identität des Künstlers.

Der Mystiker nimmt nun die zweite Prämisse, dass der Mensch Geschöpf Gottes sei, zur Hilfe. Als Geschöpfe Gottes sind wir mit unserem Schöpfer verbunden. Gemäß dem Verhältnis von Kunstwerk und Künstler müssten im Menschen (als Werk Gottes) auch die Wesensmerkmale Gottes (als schaffender Künstler) erkennbar sein. Mystiker können aufgrund dieser Analogie davon ausgehen, dass Gott und Mensch auf eine besondere Weise durch die Schöpfung miteinander verbunden sind. Diese Einheit bezeichnet der Schlüsselbegriff *unio mystica*: Gott befindet sich auch im Menschen.

Ob man diesen Überlegungen nun zustimmen will und kann, hängt natürlich davon ab, ob man die Voraussetzungen teilt. Wie oben bemerkt, geht es uns aber nur um die Methode der Wesenserkenntnis. Kommen wir also auf das Wesentliche als das In-uns-Verborgene zurück.

Wie kann der Mystiker den göttlichen Funken in seinem eigenen Inneren sichtbar machen?

In innerer Wesensschau soll dies möglich werden…

Gottes- und Selbsterkenntnis

Einer der wichtigsten Denker der christlichen Mystik ist der Dominikanermönch Meister Eckhart (1260–1327). Meister Eckhart entwickelte eine eigene Theorie, die die Fähigkeit des Menschen, Wesentliches zu erkennen in den Vordergrund stellt. Während die Theologen und Philosophen des Mittelalters bislang das Sein Gottes als oberste Gewissheit annahmen und im Sein Gottes überhaupt erst

8 Perspektivwechsel: Loslassen und Schweben

die Bedingung für die Möglichkeit, Gott zu erkennen, sahen, dreht Meister Eckhart das Verhältnis um. Für ihn gilt der oberste Grundsatz, dass Gott Erkennen ist *(deus est intelligere)*. Das entscheidende Moment für diese Umkehrung von Sein und Erkennen liegt in der Erinnerung an die Prämisse, dass Gott der Schöpfer alles Seienden ist. Der Schöpfer existiert, bevor seine Schöpfung existiert. Also muss Gott vor dem Seienden existieren. Folglich kann er ursprünglich kein Seiendes „sein".

Wenn er aber nichts Seiendes ist, wie kann Gott dann als Erstes und Einziges schon existieren, bevor es Seiendes gibt?

Die Lösung lässt sich an dem, was Sie gerade tun, veranschaulichen:

> Sie halten gerade das Buch in den Händen und lesen diese Worte. Das ist die Realität. Damit ist die gerade existierende Situation beschrieben. Gab es diese Situation schon, bevor sie als Realität zum Seienden geworden ist? Ja, denn das, was sie gerade tun, passiert nicht zufällig. Sie haben das Buch absichtlich zur Hand genommen. Sie haben sich dazu entschieden, in diesem Buch zu lesen. Absicht und Entscheidung liegen zeitlich vor der Ausführung bzw. Umsetzung. Ihnen ist bewusst geworden: „Ich möchte in diesem Buch lesen." Und deshalb tun Sie es jetzt auch. Tatsächlich kommt in diesem Satz, den Sie innerlich zu sich gesprochen haben, schon das „Lesen des Buches" vor. Als Gedanke existiert das, was Sie tun, schon bevor Sie es in der Wirklichkeit tun.

Das Beispiel zeigt, dass Denken zeitlich vor dem herzustellenden Seienden liegt. Wenn wir uns nun noch ins Bewusstsein rufen, dass „Erkennen" ein geistiger Akt ist, während „Erkanntes" eine existierende Tatsache meint, fällt es uns leicht, den mystischen Gedanken nachzuvollziehen: Erkanntes ist immer erst das nachfolgende Ergebnis des Erkennens. Im Erkennen ist das Geistige der

Existenz vorgelagert. Aus diesen Feststellungen ergibt sich die Umkehr der Blickrichtung bei Meister Eckhart. Die neue Perspektive zeigt, dass das Seiende nicht mehr die leitende Voraussetzung für das Denken ist.

Aus der gewohnten Perspektive schien es so, dass das Seiende die Bedingung für Erkennen ist. Nun verhält es sich aber so, dass das Erkennen die Bedingung für das Seiende ist. Erkennen ist das Geistige und Erkanntes ist das Seiende. Aus der neuen Perspektive gilt die These Eckharts: Gott ist ursprünglich Erkennen *(deus est intelligere)*.

Welchen Wert hat dieser Perspektivwechsel für unsere Suche nach dem Wesentlichen?

Meister Eckhart zeigt uns, dass es sich lohnt, die Dinge anders zu betrachten. Bislang waren wir daran gewöhnt, das Wesentliche in Informationen über die Welt zu suchen. Es galt, die unumstößlichen Prinzipien zu finden, die uns als Informationen auch in Zeiten des gesellschaftlichen Wandels zeigen, was richtig und was falsch, was wichtig und was belanglos ist. Nun eröffnet sich aber die Perspektive, dass es primär nicht um die Existenz dieser Orientierungspunkte, sondern um die Tätigkeit des Orientierens geht. Agilität, nicht die festzulegenden Inhalte sind entscheidend.

Vor der Orientierung in der Welt muss es Orientieren als Denken geben. Noch wesentlicher als das benennbare Wesentliche ist die Suche nach dem Wesentlichen. Die Antwort ist immer das Ergebnis einer Frage. Also ist die Frage der ursprüngliche Anfangspunkt. Zu fragen, ist uns immer möglich – auch wenn die Welt um uns fragmentiert und zusammenhanglos ist. Die Frage ist klar, weil sie aus uns selbst kommt. In dieser Bedeutung ist das Buchcover mit der Abbildung des zweifelnden *Shruggies* zu verstehen.

Kehren wir nach dieser Zwischenbemerkung, die die Bedeutung des Perspektivwechsels erläutern sollte, zu

8 Perspektivwechsel: Loslassen und Schweben

Meister Eckhart zurück. Verfolgen wir seinen Gedanken noch ein Stückchen weiter, um zu sehen, ob wir von seinen Ausführungen zur Erkenntnis noch weiter profitieren können: Bemerkenswert und für die damalige Zeit provokativ ist die Feststellung, dass die *unio mystica* von beiden Seiten ausgeht: Der Mensch braucht seinen Schöpfer, um überhaupt zu existieren. Das ist offensichtlich. Tatsächlich benötigt Gott aber auch den Menschen... Wie kann das sein?

Hier kann wieder der Vergleich von Schöpfung und Kunst helfen: Ein Künstler findet seine Identität durch die Entäußerung seines Wesens im Werk. Wie sich ein Künstler in seinem Werk verwirklicht, so vergewissert sich Gott in der Schöpfung seiner selbst. Durch das, was er selbst erschaffen hat, gewinnt er Gewissheit über seine eigene Identität. Gott ist derjenige, der den Menschen geschaffen hat und dieses Werk bejaht. So wie ein Künstler als Künstler nicht leben könnte, wenn er nicht kreativ ist, so ist Gott als Schöpfer auch auf seine Schöpfung angewiesen. Gottes Interesse an uns ist also auch seine eigene Selbsterkenntnis und Selbstverwirklichung. In der Art und Weise wie wir Gott in uns erkennen, erkennt er sich auch in seinem Werk. Deshalb kann Eckhart behaupten: *deus est intelligere* (Gott ist Erkennen).

Dieses Ergebnis ist für unsere Suche nach Orientierung insofern relevant, als der wechselseitige Bezug im Erkennen von Welt und Selbst andeutet, welche Weltbeziehung wir einnehmen: Wer die Welt erkennt, erkennt nicht nur die Welt, sondern an der Welt auch sich selbst. In der Art und Weise, wie wir uns auf die Welt beziehen, zeigt sich auch, wie wir orientiert sind, das heißt: zu ihr stehen. In der Definition der „Intuition des Wesentlichen" haben wir die Korrelation von Selbst- und Welterkenntnis bereits bemerkt:

Selbsterkenntnis verweist immer auch auf die Welt – Selbst- und Welterkenntnis des Wesentlichen vollziehen sich gemeinsam.

Damit erhalten wir einen Hinweis, dass subjektive und objektive Perspektive der Frage nach dem Wesentlichen eine Einheit bilden: Das, *was etwas wirklich ist,* verweist auch auf das, *worauf es uns eigentlich ankommt.* An der Welt erkennen wir auch unser Wesen. Wenn wir uns orientieren, suchen wir, was in der Welt für uns wesentlich ist.

Bevor wir diesen Gedanken vertiefen, kehren wir ein letztes Mal zu Meister Eckhart zurück, um Genaueres darüber zu erfahren, wie wir uns die besondere Erkenntnisform vorstellen müssen, mit der man Wesentliches erfassen kann. Uns geht es wie gesagt um die Methode, nicht um den Inhalt. Wir suchen bei Meister Eckhart nur Anregungen für die Konzeption des intuitiven Denkens – es geht uns nicht um Gotteserkenntnis.

Gottesschau ist in der Mystik eine innere Erfahrung. Diese Erkenntnisform überschreitet das rationale Denken und verlangt einen besonderen Bewusstseinszustand, der nur in meditativer Versunkenheit erreicht werden kann. Weil es sich dabei um einen dem Alltagsverstand verborgenen Weg handelt, wird diese Philosophie überhaupt als „Mystik" bezeichnet. Der Begriff „Mystik" leitet sich vom griechischen *mystein* ab, was bedeutet, „Aug und Ohr zu schließen", um die Wahrheit statt in der Außenwelt im Inneren zu suchen. Da jedes Geschöpf aus seinem Schöpfer hervorgegangen ist, bleibt es immer in Verbindung mit diesem: Das Geschöpf verweist auf den Schöpfer, aus dem es entstand. Diese Verbindung gilt es im Inneren als den Punkt zu entdecken, an dem Mensch und Gott vereint sind *(unio mystica).*

8 Perspektivwechsel: Loslassen und Schweben 137

Wenn wir die „innere Wesensschau" der Mystiker mit dem an Simon[1] angelehnten Konzept der Intuition der Psychologen vergleichen, fällt der fortschrittliche Perspektivwechsel auf, den das mystische Denken vollzieht. Kahneman und Gigerenzer verwenden noch einen Intuitionsbegriff, der auf der Verarbeitung von Informationen basiert. Intuitionen sind für sie abgespeicherte Assoziationen, die ins Unterbewusstsein abgesunken sind und in bestimmten Situationen plötzlich (wieder) auftauchen. Damit können wir nicht rechnen und darüber haben wir keine Kontrolle. Intuition stellt sich demnach ein, wenn die Situation einen die Intuition auslösenden Reiz bietet. So könnte ein visueller Eindruck, ein Geruch, ein Geschmack, der Klang eines Geräuschs oder ähnliches dazu führen, dass man sich schlagartig an einen Gedanken oder ein Verhalten erinnert, womit in einer ähnlichen Situation das Problem gelöst wurde. Jedenfalls haben wir diese Information unbewusst gespeichert. Die Psychologen bezeichnen diese Erinnerung als intuitiv, weil sie uns subjektiv nicht nachvollziehbar erscheint. Wir verstehen in der Situation nicht, warum wir die jeweilige Assoziation haben, sind uns aber subjektiv sicher, dass darin die Problemlösung liegt. Intuitionen erheben den Anspruch auf Gültigkeit, bieten dafür aber keine Rechtfertigung. Es scheint, dass für die Psychologie ein schwacher Begriff von Intuition ausreicht: Intuition ist unerklärbares Wissen.

Die Gottes- bzw. Wesensschau der Mystiker beschreibt aber eine anspruchsvollere Form von Intuition. Sie ist deswegen besonders interessant, weil sie nicht auf Informationen bzw. Wissen zurückgreift. Wir haben bereits festgestellt, dass für unsere Suche nach Orientierung in der

---

[1] Vgl. Kap. 7.

VUKA-Welt nur Erkenntnisformen in Frage kommen, die nicht auf Informationen basieren. Konzepte der Intuition, die annehmen, dass gespeicherte Informationen aufgrund eines auslösenden Reizes vom Unterbewusstsein ins Bewusstsein übertragen werden, greifen aber auf Informationen zurück. Sie müssen also auch das Problem der Verlässlichkeit von Informationen lösen, das wir mit einem alternativen Ansatz, der ohne Rückgriff auf gespeichertes Wissen auskommt, vermeiden wollen.

Insofern ist die Konzeption des Erkennens in der Mystik für unsere Fragestellung viel hilfreicher als der psychologische Ansatz. Die meditative Innenschau der Wesenserkenntnis sucht nicht nach im Inneren gespeicherten Informationen über die Außenwelt, sondern beschränkt sich auf eine „innere Schau", die von der Außenwelt bzw. den Informationen über die Außenwelt geschieden ist. Die „innere Stimme", die hier zu uns spricht, informiert uns nicht, denn sie bezieht sich nicht auf die Außenwelt.

Wie es uns gelingt, diese „innere Stimme" zu verstehen, die ich als „reine Intuition" bezeichne, weil sie keinen Bezug zur Außenwelt enthält, werde ich gleich unter dem Schlagwort der mystischen „Wesensschau" erläutern. Angeregt durch die Ideen der Mystiker finden wir vielleicht eine Alternative zum auf Informiertheit basierenden Kontrolldenken.

Vielleicht interessiert Sie aber zuvor noch das Schicksal von Meister Eckhart, des mutigen Denkers, der einen philosophischen Perspektivwechsel wagte?

Meister Eckhart hat sich mit seinem Ansatz viele Kirchengelehrte zu Gegnern gemacht. Die beiden Kernthesen, dass Gott Erkennen ist und dass dieses Erkennen im Menschen stattfindet, wurden als Angriff auf die Allmacht Gottes verstanden. Dogmatische Theologen sahen

8 Perspektivwechsel: Loslassen und Schweben

die strikte Trennung von absolut vollkommenem Gott und endlichem Dasein der Menschen in Gefahr. Für sie war die Annahme, dass Gott erst im Menschen zu existieren beginnt, menschliche Hybris. Der Mensch könne vom immer schon existierenden Gott nur erfahren, wenn Gott sich ihm offenbare, so die dogmatische Auffassung der Kritiker. Alles andere wäre Anmaßung und Gotteslästerung.

Für den in der mittelalterlichen Zeit häretischen Gedanken der *unio mystica* musste sich Meister Eckhart vor der Inquisition rechtfertigen. Viele seiner einprägsamen Sätze wurden als Ketzerei eingestuft. Kurz nach seinem Tode wurde er aus der Kirche verbannt, weil er *„mehr wissen wollte, als nötig war"*, wie der Papst behauptete.[2]

Das Urteil der Kirche basiert aber auf einem Missverständnis. Meister Eckhart meinte keineswegs, dass Gott erst durch den Menschen zu existieren beginnt. Die mystische Erkenntnis ist eine diffizile Angelegenheit, die nicht mit einer sinnlichen Betrachtung in Raum und Zeit verwechselt werden darf. In der inneren Schau des „Seelenfunkens" erscheint Gott als ein nichtgegenständliches Erkenntnisobjekt, dessen Geltungsanspruch weit über das Erkenntnissubjekt hinausreicht. Gott existiert nicht, weil ihn der Mystiker wahrnimmt. Gott ist allgegenwärtig; seine wesenhafte Natur besteht darin, in den Lebewesen als sie selbst (also als ihr Wesen) zu erscheinen. Diese Erscheinung wird uns nur durch mystische Schau bewusst. Meister Eckhart ging es also nicht darum, Gott im Menschen entstehen zu lassen, sondern Gottes Allmacht am bzw. im Menschen zu zeigen. Diese Unterscheidung zu berücksichtigen, war nicht jeder Kirchengelehrte gewillt.

---

[2] Papst Johannes XXII. in der Bann-Bulle 1329.

Doch uns interessiert Meister Eckharts Schicksal nur am Rande. Für die Suche nach dem Wesentlichen ist das Verfahren, mit dem das eigene bzw. göttliche Wesen erkannt wird, von größerem Interesse.

Was können wir von ihm lernen, um „wesentlich zu werden"?

Wesensschau

In Meister Eckharts Ansatz sind drei wertvolle Hinweise enthalten, auf die ich mich im Folgenden beschränken möchte. Es geht um das Ideal der *„Gelassenheit"* im Wollen, den Wert der *„Armut im Geist"* und um die Empfehlung, die *„Abgeschiedenheit"* zu suchen. Alle Aspekte lassen sich in einem Kerngedanken zusammenfassen:

> *„Wesen wird nur mit dem erfasst, was es selbst ist; es verharrt in unerschlossener Stille, und sein Tun ist nur, sich selbst zu erkennen durch sich selbst."* (Meister Eckhart: Zum Erkennen Gottes)

Bevor ich das Zitat erläutere, möchte ich wieder ein veranschaulichendes Beispiel voranstellen. Am Erlebnis schöner Momente, die uns glücklich machen, lässt sich zeigen, was Wesensschau bedeutet:

> Wann waren Sie zuletzt glücklich?
> Ganz egal, ob Sie jetzt eine Situation mit anderen Menschen oder in Einsamkeit vor Augen haben, es wird doch sicherlich so sein, dass Sie sich mit etwas oder jemandem beschäftigt haben. Es ist davon auszugehen, dass Sie sich sogar ausschließlich mit dieser einen Sache bzw. Person beschäftigt haben, die Sie glücklich gemacht hat. Das bedeutet, dass Ihr Bewusstsein nicht mit verschiedenen Inhalten und der Verbindung zwischen diesen

8 Perspektivwechsel: Loslassen und Schweben 141

> Inhalten erfüllt war. Vielleicht war es das angenehme Gefühl, unter Gleichgesinnten zu sein, vielleicht war es das Vergnügen schöner Musik oder geistige Vertiefung in ein philosophisches Buch. Ganz egal womit Sie sich beschäftigt haben, entscheidend ist nur, dass darin kein Platz für Gedanken an etwas anderes war. Im Moment des Glücks sind wir nämlich „ganz im Hier und Jetzt", wie es die Achtsamkeitslehre ausdrückt. Eine einzige Sache wird zum erfüllenden Bewusstseinsinhalt *(mindfulness)*.

Die Frage, die ich Ihnen stellen möchte, betrifft nun die Verbindung zwischen Glück und Wesentlichkeit:

Haben Sie in diesem Augenblick des „Erfülltseins von einer Sache" begriffen, was diese Sache eigentlich ausmacht – ohne dass Sie sich um diese Erkenntnis bemühten?

Wenn das der Fall ist, dann spricht dieses Gedankenspiel für die Selbstevidenz, dass *„Wesen (...) nur mit dem erfasst (wird), was es selbst ist;"* wie es Meister Eckhart ausdrückt.

Da das Wesen in Stille verharrt und sich nicht mit anderen Dingen beschäftigt, an denen es sichtbar werden könnte, müssen wir es wie ein Archäologe bei einer Ausgrabung behutsam von den Schichten befreien, die es über- bzw. verdecken. Deshalb sollten wir alles Wissen über andere Dinge entfernen *(Armut im Geiste)*, davon ablassen, etwas von ihm zu wollen oder zu erhoffen *(Gelassenheit* als Loslassen), und ihm Luft und Raum verschaffen, so dass es ungehindert erstrahlen und atmen kann *(Abgeschiedenheit* als das Abscheiden von anderem).

Kontrolldenken ist darauf aus, das Äußere zu beherrschen. Meister Eckhart fordert aber Innerlichkeit, die alles Äußere ausklammert. Im Unterschied zur *epoché* der Skeptiker, mit der alle inneren Urteile und Bewertungen des Subjekts zurückgehalten werden, geht es den Mystikern darum, die äußere Welt zurückzuhalten, so dass das Subjekt ganz bei sich selbst ist.

Evidenz

Gewöhnlich halten wir das, was wir wahrnehmen und durchdenken, für wahr und richtig, nachdem wir es überprüft haben. Wenn ein Experiment mehrmals wiederholt wird und sich jedes Mal das gleiche Resultat einstellt, dann haben wir einen guten Grund, das Geschehen als Gesetzmäßigkeit aufzufassen. Die Wiederholung ist eine Überprüfung. Was wir beobachten, ist die Erkenntnis. Die Wiederholbarkeit ist der Grund für die Wahrheit der Erkenntnis. Wir können also Erkenntnisgegenstand und Erkenntnisgrund unterscheiden.

Anders verhält es sich in der mystischen Erfahrung: Das Erkannte braucht keinen Grund für seine Wahrheit. Die Erkenntnis trägt den Grund für ihre Wahrheit schon in sich. Es handelt sich hier um das Phänomen der Evidenz, die immer Selbstevidenz ist.

Versuchen wir dies an einem Gedankenexperiment zu veranschaulichen:

> Beobachten Sie bitte Ihre erste Reaktion auf folgende Frage:
> „Warum ist dieses Kapitel kürzer als das ganze Buch?"
> ...
> Suchen Sie nach einer Antwort oder zweifeln Sie am Verstand des Fragenden?

Für jeden, der mit den Begriffen „Teil" und „Ganzes" umzugehen versteht, muss klar sein, dass das Ganze größer ist als ein Teil dieses Ganzen. Es gibt keine Hinführung zum Begriff durch den korrelativen Begriff, denn dieser erhellt sich durch jenen. Auch braucht es hierfür keine weitere Erklärung, denn wenn man das Wesen von Ganzheit erfasst hat, versteht man auch das Wesen von Teilhaftigkeit, et vice versa. Die Erkenntnis ergibt sich also unmittelbar aus den korrelativen Begriffen Teil und Ganzes, sie ist selbsterklärend, also evident. Evidenzerfahrungen kann und muss man nicht erklären, sie ereignen sich einfach.

Die mittelalterlichen Mystiker gehen davon aus, dass Wesenserkenntnis Evidenzerfahrung ist. Aus der *Abgeschiedenheit* und *Gelassenheit* heraus etwas zu erkennen, bedeutet, auf alle Mittel und Methoden für eine bessere Erkenntnis zu verzichten. Das zu erkennende Objekt soll aus sich selbst heraus erkannt werden.

Das erfordert im strengen Sinne einen radikalen Perspektivwechsel…

Perspektivwechsel

In der mystischen Wesensschau wird das zu Erkennende von allem abgeschieden und losgelöst, was von außen hinzutreten und dadurch den originären Eindruck verfälschen könnte.

Etwas zu begreifen, bedeutet zunächst, es in Begriffe zu fassen. Allgemeine Begriffe sind in unserem gespeicherten Wissen vorhanden und abrufbar. Wir tragen sie an den konkreten Erkenntnisgegenstand heran, um ihn zu begreifen. In diesem Verfahren sind aus der Sicht des Mystikers zwei Fehler enthalten:

- Das Allgemeine ist nicht das Konkrete: Wenn wir uns auf allgemeine Begriffe beziehen, um etwas zu verstehen, dann verstehen wir nicht das Wesen des

konkreten Objekts, sondern etwas, was für vieles zutrifft. Die Identität des Einzelnen wird dadurch nicht begriffen.
- Begriffe verdecken das Wesen: Wenn wir Begriffe an das zu Erkennende herantragen, überdecken wir es mit etwas Fremden. So verhindern wir, dass das zu Erkennende aus sich selbst spricht. Besser wäre es, wenn wir etwas vom Objekt empfangen, nicht umgedreht etwas, nämlich die Begriffe, an es herantragen.

Begriffliches Verstehen wird so zum Zugriff auf das, was wir verstehen wollen. Vom gesicherten Standpunkt dessen, der über allgemeine Begriffe verfügt und deshalb meint, zum Verstehen fähig zu sein, greifen wir auf das zu, was wir verstehen wollen, indem wir es in unser gelerntes Begriffsschema einpassen. Das ist keine Wesensschau, sondern Kontrolle. Dieser Zugang verhindert Evidenzerfahrung.

Für die Evidenzerfahrung, die uns den Zugang zum Wesentlichen eröffnet, ist der Verzicht auf alle Begriffe ratsam *(Armut im Geist/ Gelassenheit/ Abgeschiedenheit)*. Der Gegenstand muss aus sich selbst sprechen. Nichts, was etwas anderes ist als der Gegenstand, darf eine Rolle spielen.

Wenn aber nichts zum Erkenntnisgegenstand hinzutreten darf, dann darf es auch kein erkennendes Subjekt geben, das sich dem Objekt mit der Absicht, es zu erkennen, zuwendet.

Wie müssen wir uns eine solche Erfahrung ohne erkennendes Subjekt vorstellen?

Für dieses Problem gibt es nur eine Lösung:

Als Erkennende müssen wir das Objekt selbst sein.

Wenn etwas es selbst ist, sprechen wir von Identität. Das erkennende Subjekt muss seine Identität also im Erkenntnisgegenstand finden.

8 Perspektivwechsel: Loslassen und Schweben

Das klingt zunächst gespenstisch, weil es nur als Konstrukt idealistischer Subjektphilosophie vorgestellt werden kann, und muss deshalb noch näher betrachtet werden.

Die Mystiker sehen die Welt anders als wir es gewohnt sind und haben dafür philosophische Gründe (die zugegebenermaßen auch auf theologischen Annahmen beruhen).

Unmittelbarkeit und Unverfälschtheit der Evidenz verlangen die Verschmelzung von Subjekt und Objekt zu einer Einheit. Deshalb ist wesentliche Welterkenntnis zugleich auch Selbsterkenntnis: Im Moment der Wesensschau ist das Bewusstsein des Wahrnehmenden ausnahmslos von einer (vom zu erkennenden Objekt ausgelösten) Empfindung ergriffen. Während die Vorstellung eines Objekts immer etwas Bestimmtes ist, muss die Wesenserkenntnis eine Empfindung sein, die sich nicht als etwas Bestimmtes vorstellen lässt, sondern das Subjekt als Empfindendes vollständig erfasst. Wesensschau ist also keine Vorstellung im Bewusstsein, sondern das zunächst undefinierte Empfinden eines Zustandes.[3]

Vergleichen wir die Ansätze der mystischen Wesensschau und des Kontrolldenkens, um den schwierigen Perspektivwechsel noch deutlicher werden zu lassen.

Das Kontrolldenken ist darauf aus, an einem fremden Gegenstand bekannte Merkmale zu finden, um ihn in den eigenen Wissenshorizont einordnen zu können. Wenn Eigenschaften und Merkmale in Begriffen kategorisiert werden, wird die Identität des Gegenstandes nur

---

[3] Eine systematische Entwicklung des transzendentalen Gedankens, dass das Bewusstsein durch gegenseitige Begrenzung von Erkennen (absolutes Ich) und Erkanntem (Nicht-Ich) beides überhaupt erst vorstellt, so dass das „Bewusstsein von etwas" möglich wird, kann man (beispielsweise) in der *Wissenschaftslehre* von Johann Gottlieb Fichte (1794) nachverfolgen.

scheinbar erkannt. Identität wäre dann das Ergebnis der Identifizierung durch bekannte Ordnungsmerkmale. So ist jedenfalls Verstehen im begrifflichen Kontrolldenken konzipiert.

Aus der Sicht des Mystikers verhält es sich aber genau anders herum: Verstehen ist die Folge von Erkenntnis der Identität eines Objekts. Man hat etwas in seiner Eigenheit erst dann verstanden, wenn man es nicht beschreiben kann, weil die spezifischen Begriffe fehlen, die ja nur auf Allgemeines zutreffen. Jede Beschreibung leiht sich Eigenschaften, Merkmale, Kriterien von Kategorien, die eben nicht der Gegenstand, sondern allgemeines Wissen sind. Allgemeine Begriffe sind das Mittel, um zu verstehen. Sie sind aber nicht der Erkenntnisgegenstand selbst. Authentische Erkenntnis kommt in der mystischen Konzeption ohne allgemeine Begriffe aus. Das Wesen ist dann kein im Bewusstsein vorgestellter Gegenstand, sondern der Zustand des Erkennenden, wenn er dem Gegenstand begegnet. Wesenserkenntnis ist (als emotives Ereignis) ein Erleben.

„In etwas aufgehen"

Das Wesen einer Sache muss man also als eine Evidenz-Empfindung an sich selbst spüren.

An dieser Stelle fühlen wir uns an den mahnenden Orakelspruch aus Delphi erinnert:

Gnothi seauton! (Erkenne dich selbst!)

Auch die Evidenzerfahrung spricht dafür, dass Selbst- zugleich Welterkenntnis bedeutet. Die Welt lässt sich in ihrem Wesen nur erfassen, wenn man sie an sich selbst spürt. Das bedeutet aber, dass man sich selbst spürt. Welterkenntnis ist demnach Selbstwahrnehmung.

8 Perspektivwechsel: Loslassen und Schweben

Am Ballspiel kann dies veranschaulicht werden:

> Betrachten wir nochmals das Fangen des Balles: Dies geschieht zunächst dadurch, dass der Fänger den geworfenen Ball im Laufen auf dem Spielfeld so aufmerksam in seinem Flug begleitet, dass er und der Ball sich synchron bewegen. So wie die Mystiker die Einheit von Gott und Erkennendem *(unio mystica)* anstreben, so zeigt sich hier die Einheit von Spieler und Ball. Der Spieler wird quasi zum Ball. Denn wenn er sich nicht ausschließlich auf den Flug des Balles konzentrieren würde, könnte er ihn nicht fangen. Im Bewusstsein des Fängers hat in diesem Moment nur der sich bewegende Ball Platz. Insofern „ist" der fokussierte Spieler im gelingenden Spiel der Ball.

Im Beispiel des Ballfangens bedeutet die Verschmelzung von Subjekt und Objekt, dass der Spieler sich zurücknimmt, indem er auf technische und strategische Überlegungen verzichtet, und dadurch das Spiel an sich zur Geltung kommen lässt. Tatsächlich soll diese Einheit hier eine metaphorische Parallele zur *unio mystica* darstellen: Der Spieler tritt als Subjekt in den Hintergrund und wird in mentaler Hinsicht selbst zum Ball, so wie der Mystiker im Inneren zum göttlichen Wesen wird (vgl. das Bild der Gottesgeburt im Menschen).

Wenn Ihnen die Formulierung, dass man selbst zu dem werden muss, was man erkennen will, um dessen Wesen zu erfassen, zu spekulativ ist, biete ich Ihnen abschließend noch eine handfestere Formulierung für diese Intuition an: Wir können „Begreifen" nämlich auch in der passiven Bedeutung von „Etwas-(be)greift-mich" verstehen. Wenn wir von der Sache ergriffen werden, dann verstehen wir sie wirklich. Diesen Zusammenhang haben wir schon am obigen Gedankenexperiment bemerkt, als ich Sie nach Ihrem letzten Glücksmoment gefragt habe. Wenn es sich tatsächlich so verhält, dass wir dann glücklich sind, wenn wir mit der Sache bzw. Situation, die wir im Moment erleben, eine Einheit werden und uns gewiss sind, dass wir sie in dem, was sie eigentlich ist (Wesenskern), erkannt haben, dann begreifen wir, indem wir ergriffen werden. In dieser Einheit zwischen Selbst und Welt finden sich dann Wesenserkenntnis (epistemische Funktion der Intuition), tiefes Welterleben (emotive Funktion der Intuition) und die Orientierung auf eines unserer höchsten Lebensziele: Glück (konative Funktion der Intuition). In der Intuition des Wesentlichen sind also Selbst-, Welterkennen und Orientierung vereint.

Zusammenfassung: Abschied von der Kontrolle

Mit der antiken Skepsis und der mittelalterlichen Mystik haben wir zwei alternative Erkenntnisformen kennengelernt, in denen Orientierung ohne Bezug auf Informationen über die Außenwelt möglich ist. Dies ist insofern relevant, als wir nach dem Eingeständnis, dass wir uns in der VUKA-Welt nicht mehr auf Informationen verlassen können, darauf angewiesen sind, einen Weg zu finden, uns ohne Bezug auf Informationen über die Außenwelt in dieser zu orientieren.

In der antiken Skepsis findet Erkenntnis ihr eigentliches Ziel in der Seelenruhe *(ataraxia),* wenn das erkennende Subjekt sich in seiner Haltung geändert hat und zur Urteilsenthaltung *(epoché)* fähig wird. Im Schwebezustand entgeht man der Verlockung, sich auf möglicherweise falsche Überzeugungen festzulegen. Zudem wird das Gelingen des Lebens auf leichte Art wahrscheinlicher, wenn man die Kontrollabsicht aufgibt.

Mystische Erfahrung wird durch die *unio mystica* (Einheit von Schöpfer und Geschöpf) ermöglicht und stellt sich dann ein, wenn das erkennende Selbst sich zurücknimmt (Gelassenheit, Armut im Geist, Abgeschiedenheit), um sich vom Eindruck des Objekts erfassen zu lassen. Das Wesen erfasst der Erkennende, wenn es ihn ergreift. Diese Erfahrung wird nicht aus den Informationen über die Außenwelt gewonnen, sondern an sich selbst erlebt. Wir können also feststellen, dass in den beiden vorgestellten Ansätzen Informationen unbedeutend sind und Kontrolle aufgegeben wird. Damit sind nun zwei Perspektiven für die Orientierung am Wesentlichen vorgezeichnet. Bevor wir sie übernehmen, sollten wir sie aber kritisch bewerten.

Kritik

Kann Orientierung in einer komplexen Welt durch „Loslassen" und „Schweben" gelingen? Beide Ansätze lassen sich in mindestens zwei Aspekten kritisieren, wobei der erste Aspekt auf beide Theorien zutrifft.

Würde wahren

Sich zu orientieren, bedeutet, sein Leben souverän und authentisch zu führen. Unsere Freiheit besteht darin, dass wir uns selbst zu Handlungen entscheiden und dass wir unsere Urteile nach dem Richtigen ausrichten. Orientierung ist demnach praktizierte Freiheit.

Die beiden Konzepte des Loslassens und der Schwebe sind für ein freies Leben unzureichend, weil sie nicht auf das höchste Ziel "Sinn" gerichtet sind. Dass der skeptische und der mystische Standpunkt den Anspruch auf Würde nicht einlösen können, möchte ich mit folgendem Vergleich zeigen:

> Ein hungriger Esel steht zwischen zwei Heuhaufen, die sich in gleicher Entfernung von ihm links und rechts jeweils zu seiner Seite am Boden auftürmen. Da beide Haufen gleich groß sind und das Heu von gleicher geschmacklicher Qualität ist, wird der arme Esel zwischen den beiden Futterbergen verhungern.

Ohne dass es dafür eindeutige bibliographische Hinweise gibt, wird diese Dilemma-Geschichte gewöhnlich dem im 14. Jahrhundert lebenden französischen Philosophen Johannes Buridan zugeschrieben. Buridans Esel bleibt wie gelähmt zwischen den beiden Heuhaufen stehen, weil er keinen Grund sieht, sich für eine Alternative zu entscheiden. Gewissermaßen befindet er sich in der „Schwebe" der Unentschiedenheit *(aoristia),* die die Skeptiker als *epoché*-Lebenshaltung empfehlen. Der Unterschied besteht darin, dass Buridans Esel sich nicht entscheiden kann, weil es kein stärkeres Argument gibt, die Skeptiker sich aber nicht entscheiden wollen, weil ein stärkeres Argument noch hinzutreten könnte. Das Ergebnis ist in beiden Fällen passive Entscheidungsparalyse.

Der Mystiker befindet sich während der Wesensschau in kontemplativer Meditation *(vita contemplativa).* Er nimmt die Rolle des Empfängers ein: Der Gegenstand der Erkenntnis soll ihn ergreifen bzw. erfüllen. Er selbst gestaltet sein Leben in diesem Moment nicht, bleibt also ebenfalls passiv. Als freie Menschen gestalten wir unser Leben aber aktiv nach unseren eigenen Entscheidungen *(vita activa).* Wer sich aus eigener Freiheit dazu entscheidet, seine Freiheit (der aktiven Lebensgestaltung) nicht mehr zu ergreifen, handelt gegen seine Würde.

Die Konsequenzen der Entscheidungslosigkeit *(aphasia)* und des ausschließlich besinnlichen Lebens *(vita contemplativa)* sind in allen Fällen bedenklich: Für den Esel endet die Situation tödlich; Skeptiker und Mystiker verlieren mit der Freiheit ihre Würde.[4]

Das Verschwinden der Freiheit

Der Skeptiker, der sich nicht festlegt, weil er mit weiteren und besseren Argumenten rechnet, gibt seine Freiheit auf. Autonom zu leben, bedeutet, über sein Leben selbst zu bestimmen. „Bestimmen" ist aber immer ein orientierendes Festlegen und dies erfolgt durch eine freie Entscheidung. Unsere Würde besteht in der Freiheit der eigenen Lebensgestaltung und diese Freiheit leben wir aus, indem wir uns entscheiden.

Freiheit soll Festlegung bedeuten?

Dieser scheinbare Widerspruch sollte hier zumindest mit wenigen Worten entschärft werden: Bezüglich unserer Lebensführung können wir zwischen fremdbestimmten *(heteronomen)* und selbstbestimmten *(autonomen)* Festlegungen unterscheiden. Wenn wir einem Zwang folgen oder einem Verhaltensmechanismus unterliegen, empfinden wir das als Unfreiheit. Wir werden dann durch etwas Fremdes bestimmt. Damit können beispielsweise Hierarchien, Autoritäten, Traditionen, Triebe oder Instinkte gemeint sein. Freiheit lässt sich einerseits als *frei*

---

[4]Die mystische Position muss um den moralischen Anspruch der Nächstenliebe erweitert werden, der zur Gottesliebe (Wesensschau) hinzutritt, um auch das Moment aktiver Lebensgestaltung zu berücksichtigen. In der Konzeption des Sinns fürs Wesentliche ergibt sich das aktive Entscheiden aber unmittelbar aus der Erkenntnis des Wesentlichen. In der Mystik muss dies über zusätzliche Annahmen erst synthetisiert werden.

sein von Fremdbestimmung und andererseits als *frei sein zu(r)* Selbstbestimmung verstehen. Sich selbst ein Gesetz zu geben *(Autonomie)*, meint die selbstverursachte Festlegung auf eine Handlung oder eine Überzeugung. Wenn sich jemand selbst auf etwas festlegt, bezeichnen wir dies als freie Entscheidung. Insofern zeigt sich die Freiheit im Festlegen. Es besteht also kein Widerspruch zwischen Freiheit und Festlegung. Wer sich aber nicht festlegt, ist auch nicht frei.

Ergebnissicherung: Wie wir uns vernünftig orientieren

Daten, Information, Wissen, Orientierung und Lebensführung bauen in dieser Reihenfolge aufeinander auf. Daten sind Zeichen für festgehaltene Eindrücke, die dann zu Information werden, wenn ihnen eine Bedeutung zugeschrieben wird. An bewährten Informationen geprüfte Information akzeptieren wir als Wissen. Wir beziehen uns auf unser Wissen, denn nur Wissen kann als Argument für die Richtigkeit einer Information überzeugen. Bis zu diesem Punkt verlassen wir uns auf das gewohnte Kontrolldenken. Im weiteren Prozess müssen wir aber auf unsere agilen und intuitiven Fähigkeiten zurückgreifen: Wenn wir uns (geistig) orientieren, gehen wir in einer konkreten Situation von unserem aktuellen Wissen aus (das ist unser momentaner geistiger Standort), um unser Ziel zu bestimmen. In der jeweiligen Situation aktivieren und korrigieren wir unser Wissen und die daraus resultierenden Ziele. Dabei leitet uns das situative Gespür für Angemessenheit bzw. Stimmigkeit in der zur Einheit führenden Korrelation von Selbst- und Welterkenntnis. So kommt die Intuition ins Spiel, die nicht auf Information zurückgreift, aber mit der empfundenen Stimmigkeit für

8 Perspektivwechsel: Loslassen und Schweben

die Einheit des Wesentlichen in Selbst und Welt anzeigt, ob etwas sinnvoll ist. „Stimmigkeit" bzw. Angemessenheit wird zur Begründung für ein Urteil bzw. eine Entscheidung, mit der wir unser Leben aktiv gestalten. Wenn das Gespür für „Stimmigkeit" Entscheidungen legitimiert, dann wird Intuition zum rationalen Grund. Sich geistig zu orientieren, ist ein rationaler Prozess – auch wenn dabei auf das intuitive Gespür für Angemessenheit bzw. „Stimmigkeit" zurückgegriffen wird. Sich an seiner Intuition zu orientieren, ist also sinnvoll (vgl. 2.Säule des Sinn fürs Wesentliche: *meaningfulness*).

Intuition und Rationalität bilden eine vernünftige Einheit. Insgesamt geht es darum, im Urteilen und Handeln richtige Entscheidungen zu treffen, mit denen unsere Lebensführung in Hinblick auf die höchsten Ziele Glück und Sinn gelingt. „Stimmigkeit" bleibt dabei das orientierende Kriterium, das nicht aus Informationen errechnet oder abgeleitet, sondern intuitiv empfunden wird.

Diese Zusammenfassung des Verfahrens der Orientierung bezieht sich bis jetzt noch auf die Rahmenbedingungen in einer einfachen Welt (Flachland). In der VUKA-Welt (Berglandschaft) wird der Orientierungsprozess abgekürzt. Wir orientieren uns dann unmittelbar an unserem Gespür für „Stimmigkeit" bzw. Angemessenheit. Daten und Informationen über die Situation spielen keine Rolle mehr, weil man ihnen nicht mehr trauen kann. Volatilität, Unsicherheit, Komplexität und Ambiguität führen dazu, dass das Kontrolldenken aufgegeben werden muss. In der komplexen Welt müssen wir den Mut haben, uns ganz auf unser Gespür zu verlassen, das immer schon vorhanden ist, wenn wir uns in einer Situation befinden. In der VUKA-Welt wird es zum dominanten Entscheidungskriterium. Da es sich aber auch im Kontrolldenken schon als Urteil über „Stimmigkeit" an entscheidender Stelle bewährt – ohne dass wir uns dessen bewusst sind – gibt es keinen Grund, an unseren intuitiven Fähigkeiten zu zweifeln. Wenn keine verlässlichen Informationen verfügbar sind, ist das intuitive Gespür die beste Wahl für rationale Lösungen.

Wenden wir uns nach diesem zusammenfassenden und vorausblickenden Einschub noch einem Einwand gegen den Ansatz der Mystik zu:

Das Verschwinden der Welt

Der Gedankengang dieses Buches wird von der Hoffnung belebt, dass es möglich ist, mit der Erkenntnis des Wesentlichen Orientierung in einer komplexen Welt zu finden. Der Mystiker interessiert sich aus einem anderen Motiv für das Wesentliche: er möchte Gott erkennen. Für diese Lebensaufgabe ist er bereit, den Bezug zur Welt aufzugeben. Die äußere Welt wird mit dem Ideal der Abgeschiedenheit bedeutungslos. Gerade dadurch, dass der Mensch sich vom lärmenden Äußeren freimacht und in sein Inneres hineinhört, kann es ihm gelingen, in sich den göttlichen Funken zu entdecken, den er durch die Verbindung mit seinem Schöpfer schon immer in sich trägt. Diese Form der negativen Theologie orientiert uns nur insofern, als sie uns erkennen lässt, was alles keine wesenhafte Bedeutung hat. Unsere Intention ist aber eine ganz andere: Wir wollen das Wesentliche in der Welt entdecken, um zu erfahren, was wirklich Bedeutung hat. Für den Mystiker besteht kein Anlass, sich um Orientierung in der (komplexen) Welt zu bemühen, denn der Weltbezug ist für ihn bedeutungslos. Wenn es im mystischen Denken aber keinen Bezug zur (Außen-)Welt gibt, dann bietet sie uns hinsichtlich der Orientierung auch keine Alternative zum Kontrolldenken.

Das Verschwinden des Selbst

Auch das Ideal der „Armut im Geist" verhindert gelingende Orientierung. Wie wir im kleinen Exkurs wiederholt haben, gehen wir davon aus, dass wir uns orientieren, indem wir auf sicheres Wissen zurückgreifen. Im Wissen speichern wir geprüfte Informationen, die sich in unserem Leben bewährt haben, um sie situativ wieder abrufen zu können. Entscheidungen und Urteile basieren auf diesem Wissen. Das Ideal der „Armut im Geist" verlangt nun aber das Löschen bzw. Nichtbeachten *(epoché)* dieses Speichers. Die mystische Wesensschau soll dadurch gelingen, dass gespeicherte Informationen ignoriert werden. Die göttliche Stimme muss wesenhaft von sich aus erklingen und darf dabei nicht vom eigenen Wissen des Subjekts überdeckt werden. Unser Wissen würde nur stören. Das Hören bzw. Empfinden der göttlichen Stimme ist das Gegenteil einer situativen Aktivierung von Wissen.

Überhaupt möchte ich daran zweifeln, dass die mystische Wesensschau einen sinnvollen Weltbezug ermöglicht. Sinn gibt es nur dort, wo wir Zusammenhänge verstehen. Dies gelingt, wenn wir etwas, was wir situativ erkannt haben, auf unsere Überzeugungen beziehen können. Da die mystische Wesensschau aber den Bezug auf allgemeine Begriffe, an denen wir festhalten und von denen wir uns im Denken leiten lassen, ausschließt, kann man die Erkenntnis durch Wesensschau zwar als Ergriffenheit, nicht aber als begriffliches Verstehen bezeichnen. Die *unio mystica* führt uns nicht zum Verstehen, sondern maximal zum Erkennen. Dass wir uns selbst wieder ins Spiel bringen müssen, wenn wir verstehen wollen, werde ich später erläutern, wenn ich in Kap. 11 die Kunst des Verstehens (Hermeneutik) als eine Anwendungsform intuitiver Intelligenz vorstelle. An dieser Stelle bleibt nur zu kritisieren, dass dem mystischen

Ansatz mit dem Verzicht auf Wissen der für die Erkenntnis des Wesentlichen konstitutive Selbstbezug fehlt.

Fazit

Die Kritik läuft insgesamt betrachtet darauf hinaus, dass die Ideale „Abgeschiedenheit", „Armut im Geist" und „Gelassenheit" unserem Vorhaben, Orientierung in der Welt zu finden, widersprechen und das die Enthaltung jedes Urteils *(epoché)* im Schwebezustand keine freie und würdevolle Lebensgestaltung zulässt. Deshalb kann weder die mystische Wesensschau noch die antike Skepsis das Konzept für die Orientierung am Wesentlichen sein.

Allerdings hat die Untersuchung gezeigt, dass es einigen Mutes bedarf, sich vom Kontrolldenken zu lösen. Das Loslassen von Denkgewohnheiten und das Schweben im Zustand des Kontrollverlusts sind Herausforderungen, denen man sich aussetzen muss, wenn man ernsthaft eine Alternative zum Kontrolldenken sucht. Skepsis und Mystik haben gezeigt, dass man aus vernünftigen Gründen auf Informationen über die Welt verzichten kann. Zwar gelingt den Konzepten von Skepsis und Mystik der Verzicht auf Information, aber für unseren Gedankengang fehlt vor allem noch die pragmatische Ausrichtung auf Sinnerfüllung in Freiheit und Würde.

Wenn wir uns auf die Ergebnisse aus Kap. 2 beziehen, können wir die Kritik an Skepsis und Mystik noch genauer unterscheiden:

Wir hatten in diesem Kapitel bereits festgestellt, dass zwei Fragen beantwortet werden müssen, wenn wir uns geistig orientieren:

a. Wer bin ich? (Selbstbezug)
b. Was will ich? (Weltbezug)

8 Perspektivwechsel: Loslassen und Schweben

Daraus hat sich diese Definition für geistige Orientierung ergeben:

> Wir erkennen uns an/in der Welt und wir erkennen die Welt an uns. In der Art und Weise wie wir die Welt ergreifen, zeigt sich, wer wir sind. Was die Welt wirklich ist, zeigt sie uns in der Art und Weise, wie sie uns ergreift. Das Zusammenspiel ist also das wechselseitige Ergreifen und Ergriffen-Werden.

Nun zeigt sich, dass Mystik und Skepsis an diesem doppelten Bezug scheitern. Die Skepsis verlangt das Aufgeben des ergreifenden Subjektbezugs (Einklammern des Wissens, *epoché*), während die Mystik sich ebenfalls vom Subjekt (Armut im Geist), aber vor allem auch von der uns ergreifenden Welt (Abgeschiedenheit) verabschiedet.

Beide Ansätze des Loslassens (Mystik) und Schwebens (Skepsis) demonstrieren zwar, dass der Perspektivwechsel möglich ist: Wir können das Kontrolldenken hinter uns lassen. Gemäß unserer Definition für Orientierung, die im Zwischenraum von Selbst und Welt verortet ist, müssen wir aber die Balance zwischen Weltbezug (Ergriffenheit) und Selbstbezug (Ergreifen) wahren.

Im folgenden Kapitel wird vor den Gefahren gewarnt, die damit verbunden sind, wenn man die Balance zwischen Welt und Selbst nicht halten kann.

9

Vom Weg abkommen: Filterblasen und Big Data

Wir haben uns angesichts der Informationsflut in der komplexen Welt zur Aufgabe gestellt, ein Orientierungskonzept zu entwickeln, das auf Information verzichtet. Der Blick auf die Ansätze von Skepsis und Mystik hat uns in unserem Vorhaben bestärkt. Im Schwebezustand der Skeptiker können wir den Kontrollverlust aushalten und durch die innere Wesensschau der Mystiker finden wir in uns selbst Orientierung. Es gibt also die Möglichkeit, begründet zu urteilen, ohne auf festes Wissen und den Blick in die Außenwelt angewiesen zu sein. Allerdings soll unser Konzept auch die Aspekte der Weltzugewandtheit und der Selbstbestimmung beinhalten, die in Skepsis bzw. Mystik fehlen.

Im Folgenden werden wir den Sinn fürs Wesentliche als agiles Denken weiterentwickeln. *Agilität* und *Intuition* bleiben dabei die Leitlinien, da sie den situativen

Weltbezug ermöglichen und das Selbst ins Spiel bringen: Agilität fordert dazu auf, sich der Situation anzupassen, und das Vertrauen in Intuition ermutigt uns dazu, aus uns selbst zu handeln.

Auch der Raum, in dem Agilität und Intuition sich zum agilen Denken vereinen, wird bereits als Zwischenraum von Selbst und Welt erkennbar und kann in diesem Kapitel noch genauer bestimmt werden.

Mit der Kritik am mystischen und skeptischen Denken sind wir für die Gefahren bei der Vereinigung von weltbezogener Agilität und subjektbezogener Intuition sensibilisiert worden: Wir könnten die Balance verlieren und vom schmalen Pfad zwischen Welt- und Selbstbezug abkommen.

Wer aus dem Gleichgewicht kommt, weil er zu stark zur Weltseite tendiert, verliert den Bezug zu sich selbst. Verlässt man den Weg zur Seite des Selbst, lebt man in einer Scheinwelt ohne Realitätsbezug. Man kann dann mit der Außenwelt nicht mehr in Kontakt treten. Die Gefahren, das Wesentliche zu verfehlen und die Orientierung zu verlieren, lauern auf beiden Seiten des Weges.

Ich beziehe mich zur Veranschaulichung der Gefahren auf Figuren aus der griechischen Mythologie: Narziss und Echo. In der „Echo-Leere" fehlt uns der Blick ins Innere: wir hören unsere eigene Stimme nicht mehr. Auf der anderen Seite droht die „Narziss-Falle". Wer sich in ihr befindet, hat den Bezug zur Realität verloren. Man ist dort nur noch mit sich selbst beschäftigt.

Die Narziss-Falle

> Narziss ist in der griechischen Mythologie der schöne Jüngling, der sich vor VerehrerInnen kaum retten konnte. Aber er wies jedes Werben zurück – niemand war ihm gut genug. Eines Tages beugte er sich über das Wasser einer Quelle und erblickte sein Spiegelbild auf der Wasseroberfläche. Das war der Moment, in dem er sich unsterblich verliebte – in sich selbst. Fortan konnte er den Blick nicht mehr vom Spiegel lösen und interessiert sich für nichts mehr, was um ihn herum geschah. An diesem Verlust der Welt ging er dann zugrunde. Manche Versionen der Erzählung berichten davon, dass er ins Wasser glitt und ertrank. An dieser Stelle wuchs am Ufer eine Blume mit gelber Blüte: die Narzisse.

Verzückung ist eine authentische Empfindung. Wenn wir uns in jemanden oder etwas verlieben, folgen wir einem inneren Impuls, der uns ergriffen hat. Das ist genau die Orientierung, die aus der Wechselbeziehung von Ergriffenheit und Ergreifen bzw. Pertinenz und Relevanz entsteht. Problematisch ist in diesem Fall nur, dass Narziss' Weltbezug lediglich in der Spiegelung des Subjekts besteht (Abb. 9.1). Die eigentliche Tragik der Geschichte liegt darin, dass Narziss mit dem Verliebtsein in sich selbst den Bezug zur Welt aufgibt. Er beschäftigt sich fortan nur noch mit sich. Seine eigene Schönheit vereinnahmt in vollständig. Da ist kein Platz mehr für das, was in der Realität geschieht. Weitere Entdeckungen, die Faszination an etwas Neuem wird es nicht mehr geben. Nichts, in der Welt ist von Belang, nichts, was von außen kommt, kann ihn berühren. Für ihn wird es keine spannenden Begegnungen, keine Neuentdeckungen, keinen Reiz des Unbekannten und auch keine Erweiterung des Horizonts mehr geben.

Zwar erspart er sich damit auch Enttäuschungen, doch der Preis ist zu hoch. Niemand wird ein Leben, das sich um einen einzigen Inhalt und die ständige Wiederholung des bereits Bekannten dreht, als erfüllte Zeit bezeichnen. Narziss lebt fortan als Welt-Ignorant.

Narzisstische Menschen nehmen nur noch ihre Eigeninteressen wahr. Sie lassen sich von nichts anderem mehr berühren. Damit ist auch die Möglichkeit ausgeschlossen, sich durch Anregungen aus der Außenwelt zu entwickeln. Die narzisstische Persönlichkeit entfaltet sich nicht, sie bleibt immer im gleichen Stadium, versteinert also.

Die Narziss-Falle begegnet uns heute vor allem, wenn wir in Filterblasen geraten. So wie Narziss nur noch sein eigenes Spiegelbild wahrnimmt, so empfangen Internet-Nutzer in einer Filterblase immer wieder das Gleiche. Das liegt auch daran, dass die Algorithmen der Suchmaschinen mit der Vergangenheit des Nutzers arbeiten. Die gesammelten Daten seiner bisherigen Suchanfragen

Abb. 9.1 Narziss. © Peter Barritt/Alamy Stock Photo

und Seitenaufrufe sollen das widerspiegeln, was zu seiner Person passt. Aus der vergangenen Nutzungsgeschichte wird erschlossen, wer diese Person ist. Die Themen, die den Nutzer in der Vergangenheit interessiert haben, werden ihm in Gegenwart und Zukunft immer wieder vorgelegt. Gegenwart und Zukunft verschwinden in diesem sich wiederholenden Zirkel aus Inhalten seiner Vergangenheit. Leben bedeutet Entwicklung und Überraschung, doch in der Filterblase wird Lebendigkeit durch ständige Wiederholung abgetötet.

Die Echo-Leere

> In der griechischen Mythologie ist Echo die Nymphe, die für ihre strategisch eingesetzte Geschwätzigkeit bestraft wird. Sie hat Hera mit langen Geschichten aufgehalten, damit die Gespielinnen des Zeus Zeit gewinnen, um sich von ihr unerkannt zu entfernen. Mit ihrem Redeschwall hat Echo die eifersüchtige Hera abgelenkt. Die Bestrafung besteht nun darin, dass Echo ihre Stimme verliert. Fortan ist sie nicht mehr in der Lage, selbst zu sprechen. Sie wird niemanden mehr mit ihren Worten aufhalten oder ablenken. Alles was sie noch sagen kann, sind lediglich die letzten Worte ihres Gegenübers – als wiederholendes „Echo".

Wer keine eigene Stimme hat, kann nichts mitteilen und auch nichts vernehmen, wenn er bzw. sie in sich hineinhört. Echo verliert den Bezug zu sich selbst. Während Narziss sich visuell spiegelt, steht Echo für die akustische Spiegelung der Welt. Der Wiederhall der Worte ist bedeutungslos und überflüssig, denn er sagt nichts Eigenes aus (Abb. 9.2). In der Wiederholung des bereits Gesagten liegt lediglich eine Verdoppelung der Welt.

Dieser Fall illustriert den Unterschied zwischen Daten und Informationen. Daten sind als Zeichen und Symbole das Rohmaterial, aus dem Information werden kann. Dazu müssen die Daten eine Bedeutung erhalten. So besteht zum Beispiel ein Bild aus dem Datenmaterial der Farbpunkte. Das, was das Bild darstellt, wird erst sichtbar, wenn Organe der Sinneswahrnehmung die Farbpunkte zu Mustern und Figuren aufeinander beziehen. Das Rohmaterial (Daten) wird dann „in Form" gebracht (Information). Daten sind also das gegebene Material (lat. *datum*=das Gegebene), welches durch den Empfänger zur Information (lat. *informare*=in Form bringen) wird, indem er Zusammenhänge herstellt. Die Transformation von Daten in Information gelingt nur, wenn zum Rohmaterial der Zeichen „Geist" hinzutritt. Dadurch, dass der Empfänger von Daten diese als Teil in einem Zusammenhang "deutet", gibt er ihnen „Bedeutung" und macht sie so zu Information.

Genau diese kognitive Leistung kann Echo nicht mehr erbringen. Die Äußerungen des Gegenübers werden nicht gedeutet, geformt, durchdacht, vertieft, entwickelt, sondern nur noch als bedeutungsloses Rohmaterial zurückgeworfen.

Echo hat mit dem Verlust der eigenen Stimme auch die Fähigkeit verloren, eine vernünftige Frage zu stellen. Eine Frage zu stellen, bedeutet, sich selbst ins Spiel zu bringen. Wir fragen nur nach dem, was uns selbst interessiert, und geben mit der Frage auch bekannt, was wir schon verstanden haben. In der Frage erklingt die eigene Stimme. Die Figur des Shruggies, der im Daten-Chaos der fragmentierten Welt mit seinem Zweifel die Frage nach Bedeutung und Verlässlichkeit stellt (vgl. Buchcover), hat uns bereits auf den Zusammenhang zwischen Frage und Selbst- bzw. Welterkenntnis aufmerksam gemacht: Indem wir beschreiben, was für uns die Problemlage ausmacht, erkennen wir, *worauf es uns eigentlich ankommt* (Selbsterkenntnis). Zudem deutet die Beschreibung

9 Vom Weg abkommen: Filterblasen und Big Data

eines Problems schon an, was wir in der Welt als Lösung zu finden hoffen. Insofern blickt die Frage schon auf die Antwort aus der Welt (Welterkenntnis).

Die sinnlose Echo-Leere wiederholt aber nur Gegebenheiten der Außenwelt (Daten). Wenn das erkennende Subjekt verstummt, kann es auch keine Fragen nach Verbindungen zum bereits bestehenden Wissen stellen, wodurch Daten zu Information werden könnten. Ohne Stimme des Selbst bleiben die Daten bedeutungslos. Echo ist vom Weg abgekommen, der sich zwischen Selbst und Welt entlangschlängelt. Sie befindet sich ausschließlich auf der Weltseite, den Selbstbezug hat sie verloren.

In diese Echo-Leere geraten all jene, die versuchen, dem Verlust an Orientierung dadurch beizukommen, dass sie Daten sammeln. Das Sammeln und Speichern von Daten ist nichts anderes als die bedeutungslose Verdoppelung der Welt durch ein Echo.

Big Data ist die ständig anwachsende Sammlung der Zeichen für Gegebenheiten der Welt. Das Gegebene ist aber auch ohne die Symbolisierung durch Zeichen gegeben und erlebbar. Die digitale Datenspeicherung verdoppelt die Welt, indem sie für jeden gegebenen Ton oder Bildpunkt ein Zeichen setzt. Daten sind Spuren, die die Welt hinterlässt, sie sind nicht die Welt selbst. Daten sind Spuren und Information ist Spurenlesen. In jeder Sekunde wächst die Anzahl der zu lesenden Spuren. Aus den Datenmengen ist ohne den hinzutretenden Geist (Selbstbezug), der eine Frage stellt, keine Information zu gewinnen. Weil niemand die Datenflut bewältigen kann, bleibt Big Data zum größten Teil bedeutungslos. Denn erst wenn ein fragender Geist (bzw. ein Algorithmus) die Datensammlung auswertet, kann ein Teil dieser Daten zu Information und damit bedeutsam werden (vgl. 1.Säule des „Sinn fürs Wesentliche": *comprehensibility*).

Abb. 9.2 Echo.   Quelle: https://commons.wikimedia.org/wiki/File:Ekko.jpg

Die innere Stimme, die Echo fehlt, richtet ihre Frage an die Welt. Die Frage wird also nicht aus der Welt gewonnen, sondern an sie herangetragen. Nicht die dynamische Welt, sondern das Selbst stellt die Fragen, die Sinn und Bedeutung ermöglichen. Wer aber meint, er sei agil, nur weil er die jeweils aktuellsten Daten in größtmöglicher Menge sammelt, ohne damit etwas anzufangen, hat auch den Pfad des Wesentlichen verlassen. Wer keine eigenen Fragen stellt, befindet sich in der Echo-Leere.

Zusammenfassung: Balance halten

Wenn wir den richtigen Weg zu einer Seite verlassen, verlieren wir entweder den Selbst- oder den Weltbezug. Weil das Wesentliche in der Stimmigkeit zwischen Selbst und Welt erkannt wird, muss der Bezug zu beiden Seiten bestehen bleiben. Folgende Erkenntnisse konnten wir aus dem Scheitern jeweils ausschließlicher Selbst- oder Weltbezogenheit gewinnen:

- Die Persönlichkeit eines Menschen zeigt sich und entwickelt sich im Zusammenspiel mit der Außenwelt. Wer sich selbst erkennen will, muss sich in der Welt suchen – nicht im eigenen Spiegelbild. Personalisierte Profile erzeugen im Internet Filterblasen, die den Nutzer von der dynamischen Außenwelt abtrennen. Man wiederholt sich dann nur noch in Interessen aus seiner Vergangenheit. Entfaltung der Gegenwart und Entwicklung der Zukunft von personaler Identität gehen dadurch verloren. So gerät man als versteinerte Persönlichkeit in die Narziss-Falle.
- Andererseits führt blinde Sammelwut nur zu ungeordneten Datenbergen (Big Data). Wenn agiles Denken nur darauf aus ist, die rasanten Entwicklungen einer vernetzen Informationswelt möglichst umfassend einzufangen, bleibt keine Zeit für die nötige Besinnung, in der die eigene Stimme gehört werden kann. Ohne Rücksicht auf die eigene Identität droht aber die Echo-Leere. Die Welt wird erst bedeutend, wenn sie von einem Subjekt befragt wird. Wer Orientierung sucht und sich nur auf die Objektseite der Welt bezieht, kann noch so viele Daten sammeln, er wird in der Echo-Leere keine Äußerung von Bedeutung, Sinn, Zusammenhang oder Struktur finden – und schon gar nicht auf das Wesentliche stoßen.

Die Extrempositionen, die sich entweder nur auf die Subjekt- oder nur auf die Objekt-Seite beschränken, bleiben in leb- oder sinnlosen Wiederholungen stecken. Wir müssen also beide Seiten zusammenführen, indem wir die Mitte des Zwischenraums finden. Dort lässt sich im Sinne der Korrelation von Selbst- und Welterkenntnis das Eine auf das Andere beziehen.

Damit haben wir nun den Ort genauer lokalisiert, an dem das Wesentliche zu finden ist: im Zwischenraum.

10

Im Zwischenraum von Selbst und Welt

In diesem Kapitel möchte ich an einfachen Beispielen zeigen, wie die Orientierung am Wesentlichen im ausbalancierten Zwischenraum von Selbst und Welt gelingen kann.

Vorab ist daran zu erinnern, dass wir das Wesentliche im Zwischenraum von Selbst und Welt in doppelter Hinsicht suchen:

> Wir erkennen unser Wesen, indem wir in der Welt ausdrücken, *worauf es uns eigentlich ankommt* (Selbst), und wir erkennen das Wesen eines Objekts, indem wir an uns bemerken, *was etwas wirklich ist* (Welt).

Im ersten Fall ergreifen wir das, was die Welt uns an Handlungsalternativen und Wahlmöglichkeiten bietet. Ob Sie etwa ein Mensch sind, der das Wagnis des Unbekannten, schwierige Herausforderungen, die Geborgenheit im Vertrauten, die Sorgfalt im Detail oder den großen Wurf liebt, zeigt sich auch für Sie selbst erst, wenn Sie es tun und daran festhalten, weil es für Sie stimmig ist. Wir spiegeln uns in der Welt an dem, was uns wichtig ist.

Im zweiten Fall empfangen wir einen Eindruck von der Welt. Wenn etwas eine starke Wirkung auf uns hat, dann spricht das dafür, dass wir das Wesentliche der Sache, mit der wir es gerade zu tun haben, erfasst haben.

Aus beiden Voraussetzungen, dass wir das eigene Wesen als Ausdruck der Persönlichkeit in die Welt tragen und dass wir das Wesen der Objekte als Eindruck von der Welt erfahren, lässt sich die These, dass Selbst- und Welterkenntnis bzw. Ergreifen und Ergriffenheit immer im Kontakt mit der Welt stattfinden, ableiten:

> Das Wesentliche zeigt sich im konkreten Erleben einer Situation.

Erleben geht über das begrifflich-analytische Kontrolldenken hinaus, weil es auch Empfindungen (emotive Funktion der Intuition) als Mittel der Welterschließung (epistemische Funktion der Intuition) beinhaltet. Intuitives Erleben bietet als Evidenz-Erfahrung die Gewissheit, ohne die wir uns nicht orientieren (konative Funktion der Intuition) können:

> Die Intuition des Wesentlichen ist objektiv wahr, obwohl sie als Empfinden einen subjektiven Zugang zur Welt darstellt.

In diesen Feststellungen sind drei zentrale Thesen enthalten, die in diesem Kapitel belegt werden sollen:

1. Selbst- und Welterkenntnis sind komplementär aufeinander bezogen.
2. Situatives Erleben ist eine Form der Erkenntnis.
3. Situatives Erleben ist als Intuition eine sichere Form der Erkenntnis.

10 Im Zwischenraum von Selbst und Welt

Zunächst werde ich Subjektseite (Selbst) und Objektseite (Welt) des Wesentlichen vorstellen, um anschließend am Zusammenhang von *Wirklichkeit* und *Eigentlichkeit* zu zeigen, dass sich beide Seiten aufeinander beziehen. In der *Wirklichkeit* und der *Eigentlichkeit* unserer intuitiven Erkenntnis ist auch deren Objektivität begründet. Um die Doppeldeutigkeit des Wesentlichen zu erfassen, sollten wir von den oben schon erwähnten Kernfragen ausgehen:

- *Worauf kommt es mir eigentlich an?* (Selbsterkenntnis)
- *Was ist etwas wirklich?* (Welterkenntnis)

Bevor wir uns nun diesen beiden Seiten des Wesentlichen zuwenden, möchte ich mit einem Gedankenspiel auf den Perspektivwechsel hinweisen, der nötig ist, um dieses Kapitel zu verstehen:

> Was ist das Wesentliche am Buchcover?
> ...
> Das Cover dieses Buches bleibt auch dann ein Cover, wenn es eine andere Farbe hätte. Das Blau des Umschlags ist also nicht wesentlich. Wenn das Cover dieses Buches aber die gebundenen Blätter nicht mehr bedecken würde, wäre es kein Cover. Es hätte sein Wesen verloren, wir würden es dann auch nicht mehr als Cover bezeichnen.

Wesentliches ist substantiell, Unwesentliches ist akzidentiell. Das, was einem Gegenstand akzidentiell zukommt, ist ein Produkt des Zufalls bzw. der Umwelteinflüsse, es entspringt nicht dem Gegenstand selbst. Akzidentielles kann man im Weglasstest entfernen oder ersetzen, ohne dass der Gegenstand aufhört, der zu sein, der er ist. Das Beispiel zeigt, dass wir das Wesen einer Sache nicht an bestimmten Eigenschaften, Merkmalen oder Zuständen festmachen, sondern in der Funktion, die es als diese Sache erfüllt. Die Funktion ergibt sich aber aus dem konkreten Lebensbezug. So beschreibt beispielsweise Martin Heidegger (1889–1976), dass das Wesen eines Hammers nicht etwa in seinem Stiel oder anderen Bestandteilen liegt. Das Wesentliche eines Hammers ist vielmehr, dass man mit ihm einen Nagel in die Wand klopfen kann.[1] So kann auch ein Holzpantoffel zum Hammer werden, wenn er entsprechend genutzt wird. Auch Ludwig Wittgenstein (1889–1951) vollzieht den Perspektivwechsel vom begriffsanalytischen Denken zum Lebensbezug, wenn er feststellt, dass „die Bedeutung eines Wortes sein Gebrauch [ist]."[2]

In der Art und Weise, wie wir uns auf etwas beziehen, wenn wir mit ihm in Kontakt treten, erkennen wir seine Funktion und damit das Wesen der Sache. Das ist etwas anderes als die Auswertung von Informationen über das zu Erkennende. Die Funktion, die etwas im Lebensbezug hat, ist auch nur aus der 1. Person-Perspektive festzustellen. So kann das Wesentliche eines Berufs vom Ausübenden ganz pragmatisch als Mittel, seine Familie zu ernähren, verstanden werden, während sein Kunde das Wesentliche in der von ihm zu erbringenden Dienstleistung sehen wird. Beide Perspektiven sind berechtigt und können nur vom authentischen Blick des Betroffenen aus, der sich mit der Frage „worauf es ihm in der Sache eigentlich ankommt" selbst ins Spiel bringt, überprüft werden. Für die Funktion gibt es immer einen Adressaten: Etwas hat eine Funktion für jemanden oder etwas. Unabhängig vom Adressaten lässt sich die Funktion nicht bestimmen. Aus der neutralen 3. Person-Perspektive ist die Funktion daher

---

[1]Vgl. Heidegger, Sein und Zeit, 1926, § 15.
[2]Wittgenstein, Philosophische Untersuchungen, 1953 (posthum), § 43.

nicht zu entdecken. Insofern müssen wir einen Perspektivwechsel vom „Man" (3. Person-Perspektive) zum „Ich" (1. Person-Perspektive) vollziehen: Wir orientieren uns nicht durch informationsbasiertes Kontrolldenken, sondern im konkreten Lebensvollzug.

Aus dieser Perspektive betrachten wir nun die oben genannten Fragen zur Selbst- und Welterkenntnis.

Selbsterkenntnis: Worauf es eigentlich ankommt

Die oben genannten Beispiele beziehen sich auf das Buchcover, einen Hammer und einen Beruf. Sie haben gezeigt, dass es bei der Bestimmung des Wesentlichen darauf ankommt, in welcher Erwartung jemand den Gegenstand erlebt. Lässt sich das auch auf Personen übertragen? Hat ein Mensch eine Funktion?

Um diese Fragen zu klären, möchte ich mit einem Gedankenexperiment beginnen:

> Nicht jeden Menschen bezeichnen wir als eine Persönlichkeit. Wir sprechen auch davon, dass jemand eine „Persönlichkeit" ist, wenn wir ausdrücken wollen, dass er sich von der Masse abhebt.
> Denken Sie jetzt bitte an eine Ihnen bekannte Persönlichkeit!
> ...
> Vor Ihrem geistigen Augen entsteht das Bild eines Bekannten, der auf seine eigene Art und Weise besonders ist und sich dadurch von anderen Menschen unterscheidet. Versuchen Sie nun, diese Einzigartigkeit mit drei Eigenschaften bzw. Merkmalen zu beschreiben!
> ...
> ...
> ...

> Nun bitte ich Sie, zu beurteilen, ob die vorgestellte Persönlichkeit einen inneren Konflikt auszutragen hat oder ob sie mit sich im Reinen ist!
> …
> Und abschließend sollten Sie bitte bewerten, ob diese Person glücklich ist!
> …

Unabhängig davon, ob die Eigenschaften der vorgestellten Person ausschließlich positiv sind, wird die Frage, ob die Beschreibung mit dem Merkmal „innere Zerrissenheit" zutreffend sein kann, von fast allen Teilnehmern an diesem Experiment verneint. Die meisten bestätigen auch, dass die imaginierte Persönlichkeit – aus der 1. Person-Perspektive – glücklich ist, d.h. sich glücklich fühlt.

Wenn Sie nun die drei Eigenschaften betrachten, die Sie sich gemerkt haben, werden wir feststellen, dass damit noch nicht erfasst wird, was diese Person einzigartig macht. Diese Kombination von Eigenschaften trifft sicherlich auch auf andere Menschen zu – vielleicht sogar, ohne dass diese glücklich sind.

Was veranlasst Sie aber dazu, die vorgestellte Person als Persönlichkeit zu bezeichnen?

Wahrscheinlich sind es weniger die Eigenschaften als die Tatsache, dass sie glücklich und „mit sich im Reinen" ist.

Die Bennenung von Eigenschaften ist nichts anderes als das Sammeln von Informationen über etwas bzw. jemanden. Aus Informationen lässt sich das Wesentliche aber nicht erkennen. Wir haben schon mehrfach festgestellt, dass die Erkenntnis des Wesentlichen eine erlebte Intuition sein muss. Insofern muss es zwischen der „Funktion" eines Menschen und seiner Intuition eine Verbindung geben. Diese Spur führt uns zurück in Kap. 3.

10 Im Zwischenraum von Selbst und Welt

Dort haben wir festgestellt, dass es uns eigentlich darum geht, ein gelingendes Leben zu führen. Glück und Sinn sind deshalb die höchsten Ziele, weil sie als Selbstzweck auf sich selbst bezogen sind. Wir wollen glücklich sein, um glücklich zu sein, und wir streben nach Sinn, weil wir nach Sinn streben. Als Selbstzwecke sind Glück und Sinn auch letztbegründet. Die „Funktion" eines Menschen ist also seine Instrumentalisierung für sich selbst. „Funktion" ist als Wesentliches auf den Menschen bezogen einer der beiden Selbstzwecke: die persönliche gelingende Lebensführung (Glück). Von einer Persönlichkeit nehmen wir an, dass sie ihrem eigenen Wesen gemäß lebt und somit ihre wesensgemäße „Aufgabe" erfüllt. Wenn es einer Person glückt, ein gelingendes Leben zu führen, bezeichnen wir sie als Persönlichkeit. Aristoteles bezeichnet die einer Person eigentümliche Leistung als *ergon* und benennt damit das Kriterium für Glück *(eudaimonia)* in seiner auf Selbstentfaltung *(entelecheia)* angelegten Ethik, in der es darum geht, das als eigenes Wesen in sich selbst angelegte Ziel *(telos)* im Leben zu verwirklichen.

Nun erklärt sich, warum Sie die vorgestellte Persönlichkeit höchstwahrscheinlich als „glücklich" bezeichnet haben: Sie erfüllt die uns allen aufgetragene, aber nach dem jeweiligen Wesen individuell spezifische „Funktion", mit der Welt in einem kohärenten Bezug zu leben.

Weil unser Glück am wesensgemäßen Leben hängt, fordert uns das delphische Orakel dazu auf, uns selbst zu erkennen: *gnothi seauton*. Wenn wir uns selbst kennen, sind wir auf unsere wesensgemäße Persönlichkeit orientiert und könnten ein gelingendes Leben führen, also glücklich werden und das Leben verstehen: Wir könnten werden, wer wir sind.

Was heißt es nun aber, eine Persönlichkeit zu werden?

Wie man eine Persönlichkeit wird

Die Auffassung, dass die Aufgabe einer Person darin besteht, durch die Harmonisierung ihrer Verhaltens- und Denkweisen zur Persönlichkeit zu reifen, begegnet uns schon in der hellenistischen Philosophie der Stoa. Cicero (106–43 v. Chr.) hat die Vier-Personae-Lehre des Philosophen Panaitios (185–110 v. Chr.) in seinem Werk *De officiis* zusammengefasst, ins Lateinische übersetzt und damit verbreitet, so dass sich alle folgenden Theorien zur Person auf diese Lehre beziehen konnten. Die lateinische Bezeichnung *persona* leitet sich vom griechischen Begriff *prosopon* ab, mit dem unter anderem die Maske bezeichnet wurde, die der Schauspieler im Theater vor sein Gesicht hält, um den Zuschauern eindeutig zu signalisieren, wen er gerade darstellt.

Je nachdem in welcher Lebenssituation wir sind, spielen wir verschiedene Rollen. Auf der Bühne des Lebens zeigen wir unterschiedliche Masken. Die verschiedenen Rollen dürfen aber nicht miteinander in Konflikt geraten. Nur wenn es uns gelingt, diese verschiedenen Rollen in Einklang zu bringen, werden wir von uns und anderen als Persönlichkeit wahrgenommen. Ein zerrissener Gesamtcharakter ist eben keine Persönlichkeit. Am Ende des Lebens richtet der sterbende Stoiker schließlich die Frage an die Nahestehenden, ob er seine Rollen gut gespielt habe. Sollte dies bestätigt werden, dann kann er getrost von der Lebensbühne abtreten, denn dann hat er eine gelungene Vorstellung gegeben und wird als Persönlichkeit in Erinnerung bleiben. Wenn das Publikum applaudiert, hat er seine Sache gut gemacht – er hat sein Leben richtig geführt, weil er allen Rollen, ohne in Rollenkonflikten stecken zu bleiben, gerecht geworden ist. Hier zeigt sich die oben angedeutete Verbindung zwischen geglücktem Leben und Persönlichkeit.

Welche Rollen haben wir nun nach den Stoikern in Einklang zu bringen?

Persönlichkeit als stimmiges Rollenspiel

Zunächst spricht Cicero von zwei Rollen, die dem Menschen durch seine Natur aufgetragen sind. Dabei unterscheidet er die allgemeine und die spezifische Natur. Die erste Rolle besteht also darin, sein Leben gemäß der Naturanlage, die jedem Menschen als Mensch zukommt, zu spielen. Gemeint ist damit die Vernunftbegabung, die den Menschen vor anderen Lebewesen auszeichnet. In der Teilhabe an der Vernunft liegt auch der Grund für die herausgehobene Stellung des Menschen im Naturganzen.

Diese erste Rolle wird durch die individuelle Natur eines jeden Menschen ergänzt. Gerade habe ich Sie aufgefordert, sich an eine Persönlichkeit zu erinnern und diese mit drei Merkmalen zu beschreiben. Diese Attribute, die Ihnen ein- bzw. aufgefallen sind, stellen Elemente der zweiten Rolle dar: Jeder Mensch ist mit einem individuellen Set an Eigenschaften, Talenten, Temperament, Charakter ausgestattet. Unsere Begabungen zu erkennen und auszubilden, ist uns als Entwicklungsaufgabe aufgetragen und Gegenstand der Persönlichkeitsbildung. Es gilt, das eigene natürliche Wesen zu erkennen, zu akzeptieren und zu entfalten.

Cicero unterscheidet fehlerhafte und charakteristische Eigenschaften. Nur gegen die ersten kann man angehen, denn gegen die Natur lässt sich nichts ausrichten. Außerdem empfiehlt Cicero, sich lieber darum zu bemühen, Fehler zu vermeiden als gute Eigenschaften, die einem nicht gegeben sind, zu erwerben. Schließlich kommt es ja auch nicht auf die Eigenschaften, sondern die Kunst an, alle Eigenschaften in ein harmonisches

Rollenset zu bringen und damit auch der 1. Rolle, der Vernunftnatur des Menschen, mit einer stimmigen Gesamtpersönlichkeit zu entsprechen.

Neben der Natur sehen die Stoiker noch den Zufall als Instanz an, die uns Rollen vorgibt, welche wir akzeptieren müssen. Dass Sie zu dieser Zeit leben, in Ihrer Familie auf die Welt gekommen und in einer bestimmten Kultur groß geworden sind, folgt keinem beabsichtigten Plan, sondern ist reiner Zufall. Wir werden in die Welt geworfen und müssen uns mit dem vorgefundenen Umfeld zunächst einmal arrangieren. Man kann zwar mit etwas Glück einzelne Umstände verändern, doch dies kostet Lebenszeit und Energie, die dann für anderes fehlen. Den Großteil der Umstände, die geschichtliche Zeit und biographischer Raum vorgeben, müssen wir annehmen. Sich mit Gegebenem anzufreunden, ist unsere dritte Rolle, die im Übrigen schon einen souveränen Umgang mit dem (hier noch maßvollen) Kontrollverlust fordert.

Es bleibt aber ein Freiraum zur eigenen Lebensgestaltung. Dieser wird mit der vierten Rolle ausgedrückt. Wenn wir zu einer Weichenstellungen in unserem Leben aufgefordert sind, begegnet uns diese vierte Rolle: Wir können selbst bestimmen, welchen Lebensweg wir bestreiten. Welche Ausbildung man wählt, welchen Beruf man ergreift, mit welchem Partner man zusammenlebt – all dies sind freie Entscheidungen, die man selbst trifft. Diese Festlegungen prägen unser Leben und liegen in unserer Hand. Die vierte Rolle auszufüllen, erscheint vielen als die schwierigste Aufgabe. Hierfür ist nämlich Orientierung notwendig.

Ein glückliches Leben zu führen, bedeutet, alle vier Rollen harmonisch zu spielen, so dass sie miteinander nicht in Konflikt geraten. Das Gelingen des Lebens hängt davon ab, wie man die Rollen seiner Lebenssituation miteinander vereint. Entscheidend ist das Gespür für die

10 Im Zwischenraum von Selbst und Welt

Stimmigkeit der Rollen. Wer dieses Gespür entdeckt, entfaltet und trainiert hat, wird es im Leben leichter haben. Insofern liegt das Glück wie auch die Entwicklung zur Persönlichkeit in der eigenen Hand. Wem die Einheit aller Rollen gelingt, der stellt als Persönlichkeit einen glücklichen Menschen dar und hat sich bei allen wichtigen Entscheidungen richtig orientiert.

Das Erkennen des eigenen Wesens wird somit zur Voraussetzung für ein gelingendes Leben und deshalb zum zentralen Orientierungspunkt. Mit dem *gnothi seauton*! (Erkenne dich selbst) beginnt der Weg zum Glück.

Das Ideal der harmonischen Integration aller Rollen findet sich auch in den stoischen Schlüsselbegriffen des „Kosmopolitismus" bzw. der *oikeiosis* (vgl. Lebensführung als „Haushaltsführung") wieder. Beide Ausdrücke bezeichnen die „Einwohnung" eines Einzelnen in ein größeres Ganzes bzw. einen vorgegebenen Rahmen. Der Mensch sollte so leben, dass er zum Einwohner seiner Umwelt wird. Damit ist ein als Kohärenzgefühl erlebbares harmonisches Verhältnis zwischen Subjekt und Welt gemeint. Wir sind dort „zuhause", wo es keine Dissonanzen zwischen dem Lauf der Dinge nach den Weltgesetzen und den persönlichen Entscheidungen aus Freiheit gibt.

Mit dem Wissen um die zentrale Bedeutung der Stimmigkeit in der Lebensführung können wir nun auch erklären, warum, eine Persönlichkeit zu sein, immer als eine positive Entwicklungsstufe bewertet wird. Eine unmoralisch lebende Person kann deshalb keine Persönlichkeit sein, weil sie mit ihrem Gewissen nicht im Einklang leben kann. Das Gewissen verkörpert die vernünftigen Pflichten gegenüber anderen Lebewesen. Damit sind innere Gesetze gemeint, die für jeden Menschen gelten. Der unmoralische Mensch verstößt gegen diese Weltordnung. Cicero würde dies als Versagen bezüglich der Anforderungen der ersten Rolle verstehen. Dem unmoralischen Menschen gelingt die harmonische Einheit aller Rollen nicht, also auch nicht die „Einwohnung" in die ihn umgebende Ordnung (*ordo*) der Welt. Deshalb kann er auch nicht glücklich werden.

Mit den vier Rollen, die im Zentrum der stoischen Theorien der Persönlichkeit und des gelingenden Lebens (*eudaimonia*) stehen, gewinnen wir auch eine Antwort auf die Frage, *worauf es eigentlich ankommt*. Eine erste Bestimmung des Wesentlichen in subjektiver Hinsicht ist nun möglich:

> Das Wesen einer Person besteht in ihrer Persönlichkeit, d. h. der Stimmigkeit der Rollen, die sie ausfüllt.

Im Laufe des Lebens wandeln sich Rollen und Rollenbilder. Damit ändert sich aber nicht die „Funktion" des Subjekts, die innere Stimmigkeit der ein- und angenommenen Rollen herzustellen. Das ist es, *worauf es eigentlich ankommt*.

Kann man seine Persönlichkeit ändern?

Wenn das Glück von der Kunstfertigkeit des Schauspielers auf der Bühne des Lebens abhängt, dann stellt sich auch die Frage, ob man nicht auch der Autor des Stücks sein kann, das man spielt.

Kann man die eigenen Rollen nach eigenen Vorstellungen schreiben? Kann ich der werden, der ich sein will?

Ich möchte zunächst mit einigen interessanten, aber widersprüchlichen Erkenntnissen der empirischen Wissenschaften antworten, bevor ich die philosophische Sicht darlege.

10 Im Zwischenraum von Selbst und Welt

Zunächst referiere ich die Ergebnisse, die gegen eine Veränderbarkeit der Persönlichkeit sprechen, und stelle dann die Gegenposition dar. Anschließend versuche ich eine Synthese herzustellen, in der beide Positionen zu ihrem Recht kommen. Dies leitet zu der philosophischen Betrachtung über, wobei hier im Unterschied zu den empirischen Wissenschaften die 1. Person-Perspektive eingenommen wird.

Was gegen die Veränderbarkeit der Persönlichkeit spricht

Evolutionsbiologische und persönlichkeitspsychologische Untersuchungen legen die Annahme nahe, dass es keinen Spielraum zur Veränderung gibt.

Evolutionsbiologische Überlegungen

Dass wir der oder die bleiben, der oder die wir sind, hat für die Orientierung große Bedeutung, denn Persönlichkeitsveränderung verunsichert das Umfeld. Weil Umwelt und Gene unsere Persönlichkeit prägen, bleibt für die willentlich gesteuerte Ausbildung unseres Selbst nur wenig Spielraum. Aus evolutionsbiologischer Sicht hat es durchaus einen Sinn, dass wir so bleiben, wie wir sind. Nur wenn man sich stabile Verhaltens- und Denkmuster angeeignet hat, wird man für die anderen berechenbar und verlässlich. Das ist aber die Voraussetzung für Kooperation, Paar- und Gruppenbildung. Man muss sich darauf verlassen können, dass der Partner am nächsten Tag noch die gleiche Person ist wie am Tag zuvor. Ohne diese Verlässlichkeit wären feste Bindungen kaum möglich. Stellen Sie sich vor, Sie wachen eines Morgens auf und

Ihr Partner ist ein anderer als am Abend… Um Gemeinschaften zu bilden, muss man sich an den Identitäten der Menschen im Lebensumfeld orientieren. Wenn sich die Identität einer Person nach Belieben oder Zufall ändern könnte, ist keine Orientierung in der Sozialbindung möglich. Evolutionstheoretisch betrachtet sind wir auf Partnerschaft und Gruppenbildung angewiesen, um als Individuum und in der Gattung zu überleben. Deshalb muss es Verlässlichkeit in den Bindungen und eben auch Stabilität in der Persönlichkeit geben.

Persönlichkeitspsychologische Überlegungen

Gegen die Veränderbarkeit der Persönlichkeit sprechen auch die seit den 1930er Jahren durchgeführten Langzeitbeobachtungen der Differentiellen Persönlichkeitspsychologie. Es gilt als gesichertes Ergebnis, dass sich einige Persönlichkeitsmerkmale auch im Lauf der Entwicklung eines Menschenlebens nicht verändern. Die sog. „Big Five" haben sich als feste Merkmale der Persönlichkeit herauskristallisiert. In vielen Studien wurden die frühen Forschungsarbeiten der amerikanischen Psychologen Louis Thurstone, Gordon Allport und Henry Sebastian Odbert weitergeführt und bestätigt. Die „Big Five" wurden so zu einer anerkannten Theorie, die besagt, dass über die Dauer der Persönlichkeitsentwicklung stabile Ausprägungen in fünf sozial-emotionalen Teilbereichen festgestellt werden können. Mit diesen sogenannten „Big Five" lässt sich für einen Probanden jeweils in der Spannbreite zwischen zwei Polen bestimmen:

1. ob er **intro- oder extrovertiert** ist.
2. ob er **aggressiv** oder **sozialverträglich** eingestellt ist.
3. ob er Probleme **gewissenhaft reflektiert** oder **pragmatisch-aktionistisch** angeht.

4. ob er kulturell **offen und interessiert** ist oder **eng und eingeschränkt** denkt.
5. ob er über ein **starkes Selbstwertgefühl** verfügt oder unter **Selbstzweifeln und Gefühlsschwankungen** leidet.

Langzeituntersuchungen ergaben, dass sich die einzelnen Positionen in diesen Kategorien im Laufe eines Lebens nicht verändern. Die Big Five benennen also stabile Persönlichkeitsmerkmale.

Was für eine Veränderbarkeit der Persönlichkeit spricht

Neurobiologische Überlegungen

Wenn wir davon ausgehen, dass sich unsere Persönlichkeitsmerkmale in der Struktur des Gehirns wiederfinden, und wir die Tatsache berücksichtigen, dass unser Gehirn sehr anpassungsfähig und flexibel ist, dann scheint auch die Gegenposition, dass wir auch unsere Persönlichkeit verändern können, plausibel zu sein. Immerhin macht man sich die Neuroplastizität des Gehirns auch in der Therapie von psychischen Leiden zunutze. Neurolinguistisches Programmieren und Verhaltenstherapie sind hier als bekannteste Beispiele zu nennen. Fehlentwicklungen der Persönlichkeit, die die Selbstwahrnehmung, die Wahrnehmung der Umwelt, die Kommunikation mit und die Bindung an andere Menschen betreffen, können mit der kognitiven Verhaltenstherapie, die z. B. eingeübte Schemata aufbricht, relativ erfolgreich behandelt werden. Wenn es gelingt, einen an seinen Eigenarten leidenden Patienten durch die Therapie zu verändern, dann sollte doch auch die Steuerung durch Selbstoptimierung prinzipiell möglich sein.

Entwicklungspsychologische Überlegungen

Auch in der Entwicklungspsychologie findet man Indizien, die für die Veränderbarkeit der Persönlichkeit sprechen.[8] Es ist ganz natürlich, dass der Mensch Lebensphasen durchläuft, in denen sich gewöhnlich ein Wandel der Persönlichkeit vollzieht. Frühe Kindheit (Angewiesenheit auf die Mutter), Pubertät (Selbstfindung durch Bestätigungen in verschiedenen Gruppen), Ausscheiden aus der Erwerbstätigkeit (Wegfall von Bestätigung bzw. Herausforderungen) sind solche Phasen, in denen sich die Persönlichkeit ändert. Das starke Empfinden von Angst und Liebe begleitet solche Ausnahmesituationen und ist wahrscheinlich auch der Anlass, mindestens aber ein Begleitphänomen für die Wandlung der Persönlichkeit in Krisenphasen.

Zudem hat die Altersforscherin Ursula Maria Staudinger eine kontinuierliche Persönlichkeitsveränderung bei Erwachsenen festgestellt.[9] Bis ins Alter von 40-50 Jahren gewinnen die Menschen an personaler Stabilität. Sie werden reifer, verlässlicher und zeigen zunehmend die Bereitschaft, soziale Verantwortung zu übernehmen. Ab diesem Alter zeigt sich aber auch eine zunehmende Verschlossenheit gegenüber Neuem. Laut Staudinger gibt es Möglichkeiten, mit denen diese Entwicklung aufgehalten bzw. verzögert werden kann.

Diese Ergebnisse sprechen also für eine entwicklungsbedingte und in Grenzen auch gelenkte Veränderbarkeit der Persönlichkeit.

Die philosophische Perspektive: „Werde der, der du bist!"

Die genannten evolutionsbiologischen und persönlichkeitspsychologischen Beobachtungen sprechen gegen eine Veränderbarkeit der Persönlichkeit, die angedeuteten neurobiologischen und entwicklungspsychologischen Aspekte dafür.

Wer hat nun Recht?

Natürlich erkennen die empirisch arbeitenden Wissenschaftler auch die logisch-semantische Mehrdeutigkeit in der Aussage: „Ein Mensch verändert sich."

Ein Widerspruch besteht darin, dass die Gegensätze „Wandel" und „Kontinuität" als Paar zusammengedacht werden und auf das Wesen eines Menschen bezogen werden. Der Mensch, der sich verändert, wird ja noch mit dem Menschen identifiziert, der er vor der Veränderung war, obwohl er sich nun verändert. Er bleibt der gleiche Mensch und ändert sich. Also ändert er sich und ändert sich zugleich auch nicht.

Das Gegensatzpaar Kontinuität und Wandel findet sich auch in den folgenden Versen Goethes, in denen er den *Daimon* thematisiert. Der Daimon/Dämon ist die innere (göttliche) Stimme, die einer Person den Weg weist:

Wie an dem Tag, der dich der Welt verliehen,
Die Sonne stand zum Gruße der Planeten,
Bist alsobald und fort und fort gediehen
Nach dem Gesetz, wonach du angetreten.
So musst du sein, dir kannst du nicht entfliehen,
So sagten schon Sibyllen, so Propheten;
Und keine Zeit und keine Macht zerstückelt
Geprägte Form, die lebend sich entwickelt.
(Goethe: Urworte, Orphisch)

Auch der Mensch stellt in einem naturkausal geordneten Ganzen keine Ausnahme dar. Veränderung ist nur im Rahmen der Entwicklung nach einer *„geprägten Form"* möglich. Für Kontinuität stehen hier *„Gesetz"* und *„geprägte Form"*, während *„lebendige Entwicklung"* auf den Wandel verweist. In den Versen klingt Goethes Begeisterung für ein dynamisch-organisches Naturverständnis an. Auch er scheint unentschlossen: Er spricht davon, dass man sich entwickelt, dem Naturgesetz aber nicht entfliehen kann. Diese Tatsache spricht dafür, dass bewusste und absichtliche Persönlichkeitsveränderung nicht möglich ist. Andererseits erwähnt Goethe aber auch das Fortgedeihen (*„fort und fort gediehen"*) und die Entwicklung des Menschen (*„Form, die lebend sich entwickelt"*), womit Veränderung *„nach dem Gesetz"* angezeigt wird.

Eine Möglichkeit, die Differenz von Wandel und Kontinuität angemessen zu berücksichtigen, stellt das ontogenetische Modell dar. Demnach sind Veränderungen der Persönlichkeit *„nach dem Gesetz"* als umweltbedingte Aktivierung bereits vorhandener Anlagen zu verstehen. Dahinter steckt die Annahme, dass der Mensch schon mit der Geburt (*„an dem Tag, der dich der Welt verliehen"*) komplett geprägt ist. In Goethes Worten wird dies mit dem *„Gesetz"* und der *„geprägte(n) Form"* bezeichnet. Was sich in späteren Lebensjahren an der Person verändert, sind lediglich graduelle Akzentuierungen ihrer an sich unveränderlichen Merkmale. Je nachdem welche Reize die Außenwelt sendet, werden verschiedene Charakterzüge, die aber bereits angelegt sind, entfaltet, verstärkt oder zurückgehalten. Dieses Konzept erlaubt es, Wandel und Kontinuität zusammenzudenken: Bei Goethe ist die Fortentwicklung der sichtbare Wandel (*„Bist alsobald und fort und fort gediehen"*), während das *„Gesetz"* und die *„geprägte Form"* die Kontinuität hinter dem Sichtbaren ausmachen. Die (äußerlich unsichtbare) Prägung eines

10 Im Zwischenraum von Selbst und Welt

Menschen bleibt bestehen, während sich die sichtbare Ausprägung der Merkmale verändert. Interessant ist an dieser Auflösung des Widerspruchs zwischen Kontinuität und Wandel, dass die identisch bleibende Prägung etwas ist, was wie die Intuition nicht in der Außenwelt zu finden ist. Dort begegnet uns nur die Ausprägung als fassbare Information. Die Prägung bleibt aber wie die Intuition etwas unsichtbares Inneres.

„Werde der, der du bist!" ist also die Aufforderung zur Entfaltung der vorgegebenen Anlagen. Die Unverfügbarkeit der Anlagen lässt uns keinen Gestaltungsraum, unsere Persönlichkeit nach Belieben oder Gelegenheiten zu modellieren. Ob wir unsere Anlagen ausleben oder zurückdrängen, bleibt allerdings unserer Lebensführung überlassen. Unser Selbst finden wir vor, wir gestalten es nicht. Wir gestalten aber unser Leben. Und dafür benötigen wir die Orientierung am Wesentlichen.

Das Ergebnis lautet also: Sein Wesen kann man nicht verändern, man kann es nur entdecken.

In diesem Sinne sollten wir die auf Pindar[3] zurückgehende Forderung Nietzsches[4]: *„Werde, der du bist!"* und Angelus Silesius'[5] Ermahnung *„Mensch, werde wesentlich!"* als Varianten der delphischen Aufforderung *„gnothi seauton!"* verstehen.

Der Zusammenhang von Persönlichkeit und gelingendem Leben eröffnet nun die Möglichkeit, die Wechselseitigkeit von Selbst- und Welterkenntnis als wechselseitigen Indikator zu nutzen und sich selbst am eigenen Glück zu erkennen. Das Selbst erkennt sich in der

---

[3]Pindar, II. Pythische Ode.
[4]Vgl. Nietzsche, Menschliches, Allzumenschliches, V, Aphorismus 263; Die fröhliche Wissenschaft, III, Aphorismus 270 und IV, Aphorismus 335 und den Untertitel von „Ecce Homo": *„Wie man wird, was man ist"*.
[5]Angelus Silesius (Johannes Scheffler), Der Cherubinische Wandersmann, II, 30.

Welt gespiegelt. Was wir im Spiegel sehen (Ausprägung), lässt sich beschreiben, aber nicht das, was gespiegelt wird (Prägung). Wenn man in bestimmten Situationen Glück erfährt bzw. Sinn erkennt, dann sind diese Situationen ein Spiegelbild des eigenen Wesens, aber eben nicht das eigene Wesen. Das Wesen ist eine Empfindung, die durch ihre Spiegelung bzw. Entäußerung in der Welt zu einer benennbaren Information wird. Wesen und Welt verhalten sich wie Prägung und Ausprägung oder wie Begreifen und Begriff. Der Begriff will benennen, was wir begreifen bzw. von was wir be-griffen werden. Analog dazu kann an der Ausprägung die Prägung erkannt werden.

Ohne Weltbezug sind weder Selbsterkenntnis noch Glückserlebnisse möglich. Denn nur wenn wir in der Welt Glück erfahren, empfinden wir die situative Stimmigkeit mit unserem Selbst als Kohärenzgefühl und entwickeln daran ein Gespür für unser Wesen. Bezüglich der Erkenntnis des Wesentlichen stehen Welt und Selbst in engem Zusammenhang:

> Wir müssen uns in der Glück und Sinn ermöglichenden Welt spiegeln, um in unserem eigenen Wesen sichtbar bzw. spürbar zu werden.

Worauf es uns eigentlich ankommt, ist das gelingende Leben. Wenn wir Momente des Glücks genießen, wollen wir diese Erfahrung wiederholen und suchen nach den entsprechenden Situationen. Wir orientieren uns dann an einem Wissen (epistemische Funktion der Intuition), das nicht auf Informationen, sondern auf Empfindung (emotive Funktion der Intuition) basiert. Weil wir die Stimmigkeit (Kohärenz) empfunden haben, wissen wir, was uns glücklich macht bzw. uns entspricht, und sind dementsprechend orientiert (konative Funktion der Intuition).

10 Im Zwischenraum von Selbst und Welt

Folgendes Beispiel illustriert, dass wir auch das Selbst anderer Personen mitempfinden können:

> Ein Ehepaar plant den Sommerurlaub. Beide Partner tendieren zunächst zu einem Strandurlaub am Meer. Sie haben schon viele Urlaube gemeinsam verbracht, aber am Meer waren sie noch nie. Nach kurzem Überlegen wendet sich die Frau an ihren Mann: „Das mit der Erholung am Strand lassen wir lieber. Ich kenne dich: Am zweiten Tag wird es dir sterbenslangweilig. Das Nichtstun ist nichts für dich!" Ihre Worte klingen bestimmend und entschlossen. Eine weitere Diskussion erübrigt sich…
> Aber woher will die Ehefrau das wissen? Sie waren doch noch nie am Strand.

Anders als die statistische Auswertung von belastbaren Erfahrungswerten aus der Vergangenheit, ist es der Ehefrau aufgrund ihrer Empathie möglich, aus der „stellvertretenden 1. Person-Perspektive" mit Gewissheit vorherzusehen, wie sich ihr Mann fühlen wird, obwohl es noch keine vergleichbare Situation in der Vergangenheit gegeben hat. Das intuitive Wissen ist offen für Neues und unterscheidet sich darin von der künstlichen Intelligenz, die sich auf die gesammelten Daten vergangener Situationen verlassen muss und deshalb in der Wiederholung der Vergangenheit (Narziss-Falle) und in der 3. Person-Perspektive stecken bleibt (Echo-Leere). Obwohl sie ihn in dieser oder einer ähnlichen Umgebung noch nie erlebt hat, weiß die Ehefrau, wie sich ihr Gatte fühlen wird. Die Fähigkeit, das (nicht offensichtliche) Wesen in verschiedenen Situationen sichtbar zu machen, entspringt dem Gespür fürs Wesentliche.

Intuitives Wissen konkretisiert sich in Situationen. Was wir erkennen, hängt von der jeweiligen Situation ab, die wir erleben oder vorstellen. Dass wir zu diesem Empfinden fähig sind, ist von äußeren Bedingungen unabhängig.

Wir erkennen das Wesentliche dank unserer Fähigkeit zur Intuition.

Welterkenntnis: Was etwas wirklich ist

In diesem Unterkapitel möchte ich den intuitiven Erkenntnisweg und -wert genauer vorstellen. Dabei wird sich zeigen, dass wir…

- nicht denken,
- nicht zählen,
- sondern schauen sollten,…

wenn wir wissen wollen, *was etwas wirklich ist*. Das Wesen der zu erkennenden Gegenstände zeigt sich nicht im Anwenden einer Methode der Informationsverarbeitung, sondern im Eindruck, den der Betrachter unmittelbar empfindet, wenn er mit „der Welt" konfrontiert ist. Dass wir Eindrücke nicht durch Denken und Zählen, sondern durch „Schauen" gewinnen, wird besonders in der *phänomenologischen* Erkenntnistheorie betont, die sich vom methodischen Wissensbegriff empirischer Forschung abgrenzt.

Empirische Forschung

Auch dieser Abschnitt soll wie die Ausführungen zur Theorie der Persönlichkeit mit dem Blick auf empirische Forschung beginnen, damit der Kontrast zur philosophischen Perspektive deutlicher ausfällt und gegebenenfalls auch gewürdigt werden kann.

10 Im Zwischenraum von Selbst und Welt

Betrachten wir also einen Naturwissenschaftler, wie er einen bisher unerforschten Gegenstand untersucht, um Erkenntnisse über ihn zu gewinnen:

> In seinem Labor hat der Forscher schon alles vorbereitet. Der Versuchsaufbau ist abgeschlossen und die Messinstrumente, die er an den Gegenstand anlegen wird, liegen griffbereit. Daran erkennen wir, dass der Wissenschaftler sich vor der Untersuchung schon einige Gedanken gemacht hat, wie er vorgehen wird und was er herausfinden möchte. Die Fachliteratur ist studiert, der Forschungsstand bekannt. Methode, Hypothese und Verfahren sind festgelegt. Schließlich hat er sich auch schon für ein wissenschaftliches Erklärungsmodell (Paradigma) entschieden, mit dem er die gewonnenen Daten auswerten wird. Erst wenn diese Rahmenbedingungen feststehen, macht er sich auf den Weg in die Natur, um den Gegenstand aus seiner Umgebung zu entfernen und ihn ins Labor zu bringen. Dort können dann die Messungen beginnen.

Hier wird deutlich, dass der Weltbezug des Naturwissenschaftlers viel Wissen voraussetzt. Er nähert sich dem Gegenstand mit Vorkenntnissen und theoretischen Festlegungen. Der Erkenntnisweg beginnt mit dem Denken am Schreibtisch und wird mit dem Zählen im Labor fortgesetzt. Es ist schon viel passiert, bis es zum tatsächlichen Kontakt mit dem Gegenüber kommt. Wie für das Kontrolldenken typisch, geht es um das „Ergreifen" der Welt, ohne Raum für „Ergriffenheit" durch die Welt zuzulassen. Wenn man die Welt nicht selbst sprechen lässt und sich mit angeeigneten Überzeugungen auf sie bezieht, besteht aber die Gefahr der Selbstspiegelung (Narziss-Falle).

Setzen wir nun die Beobachtung fort. Was geschieht im Labor?

> Der zu untersuchende Gegenstand wurde aus seiner natürlichen Umgebung gerissen und ins Labor verfrachtet, dort wird er festgeschraubt, mit Lichtstrahlen beschossen, in Einzelteile zerlegt, die dann zerbröselt in Flüssigkeiten aufgelöst oder zu Gasen verbrannt werden. Die Messinstrumente zeigen Werte, die der Forscher notiert. Am Ende bleibt nichts übrig von dem zu erforschenden Gegenstand. Dafür ist aber eine Datensammlung entstanden.

Das klingt eher nach Folter und Hinrichtung denn nach wissenschaftlicher Zugewandtheit zur Sache. Vielleicht haben Sie sogar Mitleid empfunden. Von der Entwurzelung des Gegenstandes am natürlichen Standort über das Malträtieren mit Messinstrumenten bis hin zur Vernichtung im Labor wird dem Gegenstand Gewalt angetan. Dem empirisch arbeitenden Wissenschaftler geht es nicht um den Gegenstand in seiner Ganzheit, sondern um die ihm mit Messungen abgerungenen Werte, aus denen sich Informationen ableiten lassen, die man nach ausreichender Überprüfung als Wissen über den Gegenstand zusammentragen kann. Man kann diese systematisch durchdachte und methodisch angeleitete Vorgehensweise begrüßen, denn sie verheißt zuverlässige Datenerhebung und -auswertung, so dass sicheres Wissen gewonnen werden kann. Fraglich ist aber, ob das Wesen einer Sache durch diesen Ansatz erkennbar wird.

Wagen wir nun den kritischen Blick: Wissenschaftliche Theorie und Methodik haben mit dem Gegenstand doch gar nichts zu tun. Sie werden vom erkennenden Subjekt an das zu erkennende Objekt herangetragen und verfälschen den Blick auf das wesensgemäße Dasein des Gegenstandes. Sowohl der Forscher als auch der Gegenstand werden dem Methodenzwang unterstellt.

Zumindest müssen wir eingestehen, dass der Wissenschaftler sich nicht unbefangen auf den Gegenstand, den es zu erkennen gilt, einlässt. Sein Wahrnehmen ist nicht nur auf den Gegenstand gerichtet. Messungen, Methoden und Modelle stehen als Absicht im Vordergrund und geben Regeln vor, die nicht verletzt werden dürfen. Der Gegenstand steht gar nicht im Zentrum.

Ist das sachgerecht? Könnte es nicht sein, dass wir aus einer solchen Untersuchung mehr über das wissenschaftliche Handwerk (Methoden, Verfahren, Messungen, Experimente, Statistik, Paradigmen) erfahren als über den Gegenstand? Handelt es sich hier nicht eher um Selbstspiegelung als um Welterkenntnis?

Wenn die Methode vorgibt, was wir als Ergebnis erhalten, sind wir wieder in die Narziss-Falle getappt.

Besser wäre es, den Gegenstand so zu belassen, wie er ist. Man müsste dann einen Zugang zum Objekt finden, in dem der Anteil des erkennenden Subjekts so gering ist, dass er das Objekt in seinem Wesen nicht verdeckt. Zudem müsste der zu erkennende Gegenstand so wahrgenommen werden, wie er ist – als Ganzes. Dieser Ansatz verbietet die zergliedernde Analyse zum Zweck der Datensammlung. Wenn Erkenntnisse ohne Vorbereitungen und ohne Vorüberlegungen des Forschers gewonnen werden sollen, ist ein ganz anderer Zugang zur Welt nötig. Wir müssen also wieder einen Perspektivwechsel wagen:

Philosophischer Perspektivwechsel: Wie die Dinge wirklich sind

Der empirische Weg zum Wissen beginnt damit, dass der Forscher mit dem Gegenstand etwas macht, ihn also ergreift. Der philosophische Weg beginnt damit, dass der Gegenstand etwas mit dem Forscher macht – der Forscher wird ergriffen. An der Wirkung des Gegenstandes auf den Beobachter kann dieser dessen Wirk-lichkeit erkennen.

Wie das geht, soll im Folgenden gezeigt werden:

Der philosophische Ansatz, den ich hier als Alternative vorschlage, geht auf den Freiburger Philosophen Edmund Husserl (1859–1938) zurück. Mit der *Phänomenologie* hat er ein Verfahren entwickelt, das den Vorteil hat, dass es den Untersuchungsgegenstand so belässt, wie er ist, und eben nicht den Zwängen einer Methode unterwirft, für die sich der Wissenschaftler aus seiner Überzeugung oder Gewohnheit heraus entschieden hat.

Husserl wusste, dass wesentliche Erkenntnis immer im Zwischenraum von erkennendem Subjekt und zu erkennendem Objekt verortet ist. Man kann auf das Subjekt also nicht verzichten, sollte dessen Einfluss aber so gering wie möglich halten, wenn man an objektiver Welterkenntnis interessiert ist. Dies gelingt ihm mit dem phänomenologischen Zugang, der ganz im Gegenteil zu der oben skizzierten Laborszene ohne ablenkende Vorüberlegungen, Voraussetzungen und Vorbedingungen auskommt.

Zurück zu den Sachen selbst!

Wer Wissenschaft gründlich betreiben möchte, muss den Erkenntnisweg vom Anfang bis zum Ende gehen. Die Phänomenologie kümmert sich zunächst um den Anfang, der von empirischen Wissenschaften meist unbemerkt übergangen wird: Wissenschaft muss auch erklären, wie der Forscher zum Gegenstand kommt.

Es bietet sich an, den Gegenstand als Beispiel heranzuziehen, den Sie gerade in den Händen halten: Wie sind Sie zu diesem Buch gekommen?

10 Im Zwischenraum von Selbst und Welt

> Vielleicht haben Sie einen Buchladen betreten und das
> ausliegende Angebot betrachtet. Dabei ist Ihnen das
> Cover aufgefallen. Bevor sich ein inhaltliches Interesse
> feststellen lässt, bemerken Sie einen Eindruck, den das
> Buch hinterlässt. Diese erste Empfindung umfasst sicherlich verschiedene Qualitäten der eigenen Betroffenheit.
> Insgesamt kann dieser Eindruck dazu führen, dass Sie sich
> angesprochen fühlen und das Buch näher betrachten. Dann
> erst werden Sie auch den Inhalt untersuchen, indem Sie
> darüber nachdenken.

Am Anfang steht der Eindruck. Die Art und Weise, wie der Betrachter angesprochen wird, prägt den weiteren Kontakt. So ist es nur konsequent, wenn Husserl feststellt, dass sich die Wissenschaft primär nicht mit dem, *„was uns gegeben ist"*, sondern damit, *„wie uns die Dinge gegeben sind"*, beschäftigt. Damit meint er den ersten Eindruck, den wir von etwas im Moment der Begegnung als eine Empfindung an uns empfangen. Nichts anderes bezeichnet der Begriff „Phänomen". Im strengen Sinne beginnt objektive Wissenschaft also mit dem Phänomen und nicht mit dem Gegenstand. Statt des *„Was"* steht nun das *„Wie"* im Zentrum der Erkenntnis – so vollzieht sich der Perspektivwechsel vom Denken und Zählen zum Schauen.

Objektive Wahrheit

Nun kann man natürlich einwenden, dass die Eindrücke von einer Sache subjektiv sind und es deshalb nicht möglich sein wird, aus Phänomenen eine objektive Welterkenntnis zu gewinnen.

Wie unterschiedlich zwei Personen sich auf den gleichen Gegenstand beziehen können, zeigt dieses Beispiel:

> Vielleicht wurde Ihnen ein Buch geschenkt und Sie fühlen sich jetzt verpflichtet, darin zu lesen, um sich beim Schenkenden zu bedanken. Mit einer Rückmeldung zum Inhalt können Sie Wertschätzung und Dank ausdrücken. Beim Lesen denken Sie also immer auch daran, worauf Sie sich in Ihrem Dank beziehen könnten.
>
> Ein anderer Leser hat sich das gleiche Buch aus Interesse gekauft. Für ihn bleibt es während der Lektüre beim Dialog zwischen Leser und Lektüre. An eine andere Person denkt er nicht, wenn er den Inhalt erfasst.

Beide Personen lesen das gleiche Buch, aber die Voraussetzungen sind verschieden. Es ist zu erwarten, dass sich dieser Unterschied auch auf das Verstehen des Buches auswirkt. Wie können wir ausschließen, dass unsere Einstellung den Eindruck vom Gegenstand beeinflusst?

Nach Husserl ist eine dreifache Reduktion nötig. Ähnlich wie die Skeptiker, die *epoché* als Urteilsenthaltung geübt haben, fordert Husserl dazu auf, subjektive Bewertung einzuklammern. In der phänomenologischen bzw. *eidetischen* Reduktion muss der Betrachter drei Faktoren ausblenden, die unsere Wahrnehmung immer mitbeeinflussen:

- Gedanken des erkennenden Subjekts zum Gegenstand (Reflexionen),
- erkenntnistheoretische Erwartungen (Hypothesen),
- bereits etablierte Erfahrungen (Tradition).

Mit einiger Übung gelingt die Reduktion. Besinnung auf den Eindruck als pure Empfindung hat meditativen

10 Im Zwischenraum von Selbst und Welt

Charakter und lässt sich wie Achtsamkeitspraxis trainieren. Als erkennendes Subjekt sind wir konstitutiver Bestandteil des Erkennens. Aber die Fähigkeit zur phänomenologischen Reduktion ermöglicht es uns, von uns selbst zu abstrahieren und die Dinge so zu erkennen, wie sie auf uns wirken. Die Vereinfachung des Erkennens auf das, was etwas wirklich ist, ist keine regelgeleitete Methode, sondern eine Haltung die der Phänomenologe einnimmt. Sie wird eine „Grundtechnik" des Sinns fürs Wesentliche werden.

Der Vorteil dieses Erkenntnisverfahrens liegt darin, dass die Anwesenheit des Subjekts immer vorausgesetzt werden kann. Sobald eine Frage im Raum steht, gibt es auch den Fragenden. Eine Wirkung kann es nur geben, wenn sie von etwas (Objekt) auf jemanden (Subjekt) einwirkt. Wie sich die Wirkung anfühlt, hängt immer auch von der Konstitution des Subjekts ab. Die Konstitution des Subjekts ist der Teil der Selbsterkenntnis, die sich aufgrund der Korrelation von Selbst- und Welterkenntnis zwangsläufig ergibt, wenn Ausschnitte der Welt (in ihrem Wesen) erkannt werden.

Die korrelative Konstellation kennen wir auch aus dem Zusammenspiel von Frage und Antwort: Die Frage weist immer schon auf die Antwort hin. Der Shruggie symbolisiert nicht nur das Problem, sondern auch den Lösungsweg. Mit der Fähigkeit zur phänomenologischen Reduktion sind wir aber in der Lage, vom Subjekt bzw. der Frage zu abstrahieren und die Sache selbst in den Blick zu nehmen.

Im phänomenologischen Zugang wird der Zwischenraum von Selbst und Welt nicht verlassen. Da der Begriff „Eindruck" immer die Relata *an jemandem* und *von etwas* beinhaltet, kann der Erkennende nicht übergangen werden und der Bezug zum Gegenstand nicht verloren gehen. Das Abdriften in die subjektlose Echo-Leere und das Festsitzen in der objektlosen Narziss-Falle sind ausgeschlossen, wenn wir uns in einer unsicheren Situation auf unser phänomenales Wahrnehmen (in *eidetischer* Reduktion) verlassen. Der Zwischenraum ist dann immer ausgefüllt.

Ursprünglichkeit

Dass im phänomenalen Wahrnehmen immer schon Selbst und Welt enthalten sind, zeigt sich auch an folgendem Experiment:

> Denken Sie bitte an einen rosa Elefanten!
> ...
> Wenn sich die Vorstellung eingestellt hat, lösen Sie sich bitte wieder von dem Bild: Bitte denken Sie den Elefanten jetzt weg!
> ...
> Was sehen Sie nun vor Ihrem geistigen Auge?

Wahrscheinlich ist der Elefant nicht aus Ihrem Bewusstsein verschwunden. Wir können ihn nicht aktiv wegdenken, wir können uns nur mit einem anderen Inhalt ablenken. Oder haben Sie die Leerstelle gesehen, die zuvor vom Elefanten ausgefüllt wurde? Mir kommt es nicht auf die Beobachtung an, dass eine Aufforderung immer zu einer Verstärkung der Inhalte führt. Den rosa Elefanten wird man nicht mehr los, wenn man sich einmal auf die Aufforderung eingelassen hat. Für uns ist vielmehr interessant, dass es keine Leerstellen im Bewusstsein geben kann.

Wenn das Bewusstsein aktiv ist, hat es auch einen Inhalt. Bewusstsein ist immer *intentional,* d. h. auf etwas gerichtet, was als Inhalt erscheint.

10 Im Zwischenraum von Selbst und Welt

Nun variieren wir das Gedankenexperiment:

> Denken Sie bitte an ein blaues Kaninchen!
>
> ...
>
> Wenn sich die Vorstellung eingestellt hat, lösen Sie sich bitte wieder von dem Bild: Bitte denken Sie das Kaninchen jetzt weg!
>
> ...
>
> Das geht jetzt viel einfacher, denn Sie sollen sich stattdessen bitte wieder den rosa Elefanten vorstellen! Sie brauchen also nicht versuchen, eine leere Vorstellung zu erzeugen.
>
> ...
>
> Wenn dies gelungen ist, sollen Sie sich auch wieder vom Elefanten lösen: Bitte rufen Sie stattdessen abschließend die Vorstellungen vom Kaninchen und vom Elefanten auf!
>
> ...
>
> Vor Ihrem geistigen Auge sollten nun zwei Bilder entstanden sein!

Ich nehme an, dass Ihnen alle Vorstellungen gelungen sind.

Aber was haben Sie bei der letzten Aufforderung gesehen?

Waren es tatsächlich die voneinander getrennten Bilder oder haben Sie Elefant und Kaninchen in einem Bild gesehen?

Das wäre dann aber eine dritte Vorstellung, die sich von den Einzelbildern unterscheidet.

Um uns zeitgleich zwei verschiedene Bilder vorzustellen, müsste die Einheit unseres Bewusstseins aufgehoben werden. Das ist aber nicht möglich, denn jeder Bewusstseinsakt hat nur einen Inhalt. Wir können verschiedene Bewusstseinsakte hintereinanderstellen, aber nicht nebeneinander.

Die Aktivität des Bewusstseins nennt Husserl *noesis*. Der Inhalt des Bewusstseins ist der Eindruck, den die Situation, in der sich jemand befindet, hinterlässt. Dies nennt Husserl *noema*. Für das Bewusstsein gilt: Ohne Aktivität *(noesis)* gibt es keinen Inhalt *(noema)* und immer, wenn ein Inhalt vorhanden ist, muss es Aktivität geben. Also sind Aktivität und Inhalt aufeinander bezogen. Die Aktivität kommt vom beobachtenden Subjekt, Inhalt vom beobachteten Objekt. Subjekt und Objekt, Selbst und Welt, Noesis und Noema sind immer miteinander verbunden.

Als komplementäre Bestandteile bilden sie zusammen ein Ganzes. Dabei ist das Eine aber nicht das Produkt des Anderen. Demnach muss und kann keine Synthese stattfinden, weil immer schon beides vorliegt, wenn eines gegeben ist. Ein Bewusstseinsakt *(noesis)* ist immer das Bewusstsein von etwas *(noema)*. Folglich sind Selbst (Aktivität des Bewusstseins) und Welt (Inhalt des Bewusstseins) gleichursprünglich. Sie bilden immer schon gemeinsam den Zwischenraum, in dem Erkenntnis möglich wird.

Wenn Selbst und Welt im Erkennen gleichursprünglich sind, kann das eine das andere nicht beeinflussen. Insofern liegt in der Phänomenologie der unverfälschte Anfang jedes Erkennens. Daraus lässt sich ein unbedingter Wahrheitsanspruch ableiten. In diesem Sinne ist der Erkenntnisprozess immer objektiv wahr.

Aber trifft das auch für das Erkannte zu?

Unverfälschtes Erkennen

Wer philosophiert, sucht nach wahrer Erkenntnis. Von Sokrates wissen wir, dass das Philosophieren mit dem Zweifeln beginnt. Nehmen wir an, Sie wollen ein Kind für Philosophie begeistern. Also müssen Sie das Kind dazu bringen, dass es an gewohnten Überzeugungen zweifelt.

10   Im Zwischenraum von Selbst und Welt

> Sie versuchen es mit einer visuellen Täuschung. Zunächst halten Sie einen Stock an einem Ende fest und tauchen die untere Hälfte in klares Wasser. Das Kind stellt fest, dass der Stock einen Knick hat. Anschließend ziehen Sie den Stock heraus, so dass das Kind seine gerade Form überprüfen kann. Daraufhin wird es die erste Beobachtung korrigieren und zugeben, dass es sich getäuscht hat.
>
> Jetzt können Sie mit dem Kind darüber diskutieren, wie die Welt wirklich ist und ob wir unseren Sinnen trauen können. Das Philosophieren beginnt...

Worin hat sich das Kind eigentlich getäuscht?

Wenn Sie die beiden Eindrücke vergleichen, ergibt sich kein Widerspruch. Die Intentionalität des Bewusstseins zeigt, dass wir keine leere Vorstellung ausbilden können. Sie zeigt aber auch, dass wir nicht mehrere voneinander unterscheidbare Vorstellungen gleichzeitig nebeneinander stellen können. Wir können zum gleichen Zeitpunkt nicht zwei Eindrücke haben. Deshalb ist auch kein Widerspruch zwischen Eindrücken möglich. Eindrücke folgen aufeinander. Eindrücke können nicht täuschen, denn es gibt zu ihnen kein zeitgleiches Korrektiv.

Der Widerspruch liegt woanders: Es sind die Beschreibungen, die zueinander im Widerspruch stehen. Die erste Beschreibung des Stocks als geknickter Stab widersprach der zweiten Beschreibung als gerade Form. Während Eindrücke situative Ereignisse sind, die sich nicht miteinander vergleichen lassen, sind Beschreibungen vergleichbare Aussagen über die Wirklichkeit. Die Beschreibungen sind auf Sachen, Zustände oder Personen bezogen, die Bestand haben. Beschreibungen sind Informationen über etwas, sie sind nicht die Sache selbst. Wenn es für eine Sache zwei unterschiedliche Beschreibungen gibt, dann besteht ein Widerspruch, der auf der Ebene der Informationen bzw. Begriffe aufgelöst werden muss. Auf Eindrücke trifft das nicht zu, sie sind prinzipiell widerspruchsfrei. Weil jeder Eindruck als Eindruck richtig ist, können wir uns auf diesen empfindenden, aber nicht informierenden Erkenntniszugang verlassen.

Der Phänomenologe betrachtet den Gegenstand im *Wie seines Gegebenseins*. Und es ist nun einmal zweifelsfrei wahr, dass uns der Stock im ersten Fall als geknickter und im zweiten Fall als gerader Stab gegeben ist. Eindrücke sind singulär und situativ. Sie werden im Kontakt mit einer Situation gewonnen. Damit erfüllen sie eine zentrale Anforderung an agiles Denken: es soll beweglich sein und sich permanent erneuern.

Die unverfälschte Wahrheit des ersten Eindrucks können wir dadurch erklären, dass es für einen Eindruck kein anderes Kriterium zur Prüfung gibt als ihn selbst. Eindrücke sind selbsterklärend und insofern Evidenzerfahrungen. Weil Eindrücke sichere Erkenntnisse sind, kann man sich an ihnen orientieren. *Was etwas wirklich ist*, zeigt sich im phänomenalen Erleben der Intuition.

Zusammenfassung: Die Objektivität der Intuition

Wir haben die Möglichkeiten erforscht, im Zwischenraum von Selbst und Welt das Wesentliche zu erkennen, um die anfangs genannten Thesen zu belegen, dass Selbst- und Welterkenntnis komplementär aufeinander bezogen sind (1), situatives Erleben eine Form der Erkenntnis ist (2) und situatives Erleben als Intuition eine sichere Form der Erkenntnis ist (3).

10 Im Zwischenraum von Selbst und Welt

Dabei konnten wir feststellen, dass Welt- und Selbsterkenntnis vielfältig zusammenspielen. Die Welt erkennen wir am Eindruck, den sie in uns hinterlässt, und das Selbst kann sich nicht selbst konstruieren, sondern nur im in der Welt gespiegelten Ausdruck entdecken. Damit konnte die These der Komplementarität (1) belegt werden. Das Wesentliche eines Objekts finden wir in der Funktion, die es für den Betrachter hat. Auch das Wesen einer Person lässt sich als Funktion umschreiben: Wesentlich lebt man als Person, wenn die Rollen, die man verkörpert, widerspruchsfrei zusammenstimmen.

Sowohl das Empfinden der Stimmigkeit im *role-set* einer Person als auch der Eindruck, den etwas am Erkennenden hinterlässt, sind Formen intuitiver Erkenntnis aus der 1. Person-Perspektive. Die Unverfälschbarkeit von Eindrücken, die Spontanität des Ausdrucks und die Unverfügbarkeit des Wesens einer Person sprechen dafür, dass objektive Erkenntnis auf der Basis von Intuition möglich ist. Dieses Ergebnis bestätigt die Annahme, dass Intuition eine Erkenntnisform ist (2).

Intuitive und zugleich objektive Erkenntnis ist nur phänomenal möglich: Was etwas ist, erfahren wir ursprünglich und unverfälscht in der Art und Weise, wie es uns gegeben ist. Die Korrelation von Selbst- und Welterkenntnis besagt also: Um uns selbst zu erkennen, müssen wir die Wirkung, die unser Denken und Tun als Ausdruck in der Welt hervorruft, auf uns als Eindruck zurückspiegeln lassen. Bezüglich der Welterkenntnis ist es ratsam, auf eine Methode zu verzichten und sich dem Gegenstand, den man erkennen will, ursprünglich auszuliefern. Dabei hilft die Technik der phänomenologischen *(eidetischen)* Reduktion. Die Art und Weise, wie er auf uns wirkt, zeigt an, was der Gegenstand *wirklich* ist.

In diesen phänomenalen Eindrücken von *Wirklichkeit* und *Ergriffenheit* können wir nicht irren. Damit ist dann auch die These der Glaubwürdigkeit intuitiven Erkennens (3) belegt.

Hinsichtlich unserer Leitfragen können wir nun folgende Ergebnisse festhalten:

- Unter welchen Bedingungen kann das subjektive „Fürwahrhalten" Wahrheit ersetzen?

  Der Eindruck, den wir durch phänomenale Wahrnehmung gewinnen, ist keine Information über die Außenwelt, aber intuitives Erfassen des Wesentlichen in Hinblick auf das, *was etwas wirklich ist*. Die Wirkung auf den Beobachter ist objektiv und zweifelsfrei wahr, obwohl sie primär keine Aussage über die Welt darstellt, sondern als Eindruck im bzw. am Selbst empfunden wird. Wenn wir von der Welt ergriffen werden, indem sie in uns einen Eindruck hinterlässt, handelt es sich um subjektives „Fürwahrhalten", das die Wahrheit von Beschreibungen (Informationen) über die Welt ersetzt.

- Können Orientierungspunkte in Leitlinien des Denkens übersetzt werden?

  Die Unterscheidung von wesenhafter Prägung und sichtbarer Ausprägung einer Person hat gezeigt, dass personale Identität kein statischer Zustand, sondern eine Leitlinie ist. Wir erkennen uns in unserem Wesen, wenn wir den Zustand der inneren Stimmigkeit aller Rollen, die wir erfüllen wollen, herstellen konnten. Die Leitlinie der „inneren Stimmigkeit" ist ein ästhetisches Gespür, das intuitiv wirksam wird. In der Selbsterkenntnis orientieren wir uns nicht an einem Punkt, sondern lassen uns von einer Intuition leiten.

11
Intuitive Orientierung als agiles Denken

In diesem Kapitel möchte ich drei Ansätze als Möglichkeiten des agilen Denkens vorstellen, mit dem wir uns am Wesentlichen orientieren können. Agiles Denken kann unter anderem in Form von Klugheit bzw. Besonnenheit, Authentizität oder Sinnverstehen angewandt werden. Alle drei Varianten basieren auf einem intuitiven Gespür für Angemessenheit bzw. Stimmigkeit und kommen ohne Informationen aus. Dadurch stellen sie besonders in komplexen Situationen eine vielversprechende Alternative zum Kontrolldenken dar.

In überschaubaren Situationen können wir uns mit dem Kontrolldenken an einem Gesamtüberblick über die Situation orientieren und aus verfügbaren Informationen Entscheidungen und Urteile ableiten. In der VUKA-Welt müssen wir uns mit der Tatsache arrangieren, dass Informationen veralten, irrelevant, falsch und mehrdeutig sein können. Der Shruggie auf dem Cover dieses Buches steht für die Verunsicherung in einer uneindeutigen Welt.

Alle Informationen unterliegen der Volatilität, Unsicherheit, Komplexität und Ambiguität. Ein auf Informiertheit gründender Überblick ist nicht mehr möglich. Die vielen Fake-News und Verschwörungstheorien in der Corona-Krise haben gezeigt, wie anfällig wir für Angst und Panik sind, wenn uns der Überblick fehlt. An der Menge und Häufigkeit der neuen Meldungen ist der Grad der Verunsicherung abzulesen. Obwohl wir wissen, dass es in VUKA-Situationen keine Vergleichsfälle, keine Studien und noch keine Testauswertungen gibt, verlangen wir umso mehr nach neuen Informationen. Mit dem Festhalten am Kontrolldenken unterstützen wir aber redundante Meldungen und erleichtern die Verbreitung von Fake-News und Verschwörungstheorien. Die Verunsicherung verstärkt sich also durch das Festhalten am Kontrolldenken in komplexen Situationen.

In den Bergen kann man aber nicht wie im Flachland mit Vollgas fahren. Weil wir nicht in der Lage sind, einen Gang zurückzuschalten, um in der besonderen Situation angemessen auf unseren Sinn fürs Wesentliche zu hören, werden wir immer unruhiger, stürzen uns auf erfundene Nachrichten und reagieren irrational. Hamsterkäufe, Misstrauen und Hysterie sind die bekannten Folgen. Diese Fehler entspringen einem falschen Verständnis von Agilität, das lediglich erhöhte Betriebsamkeit fordert, dabei aber die im Flachland erfolgreiche Orientierung an Information und Überblick beibehält. Wir benötigen in komplexen Situation aber agiles Denken, das auf Beweglichkeit setzt und die Orientierung an vernünftiger Intuition wagt.

Vernünftiger wäre es, den Kontrollverlust gelassen (vgl. Kap. 8: Mystik) hinzunehmen und den Schwebezustand (vgl. Kap. 8: Skepsis) auszuhalten, denn mit einem kühlen Kopf steigen die Chancen für vernünftige Entscheidungen. Wenn es noch aussagekräftiges Erfahrungswissen und überschaubare Kausalitäten gibt, dann

11 Intuitive Orientierung als agiles Denken

macht es Sinn, sich weiterhin am Kontrolldenken zu orientieren. Wenn es noch verlässliche Informationen gibt, sollten wir sie nutzen. Die prognostische Berechnung und die Einschätzung der Verzögerungswirkung durch physische Distanzierung („Social Distancing") sind wertvolle Informationen, mit denen in der Corona-Krise sinnvolle Strategien entwickelt werden konnten. Wenn Modellierung möglich ist, ist sie auch sinnvoll. Aber wenn wir keinerlei verlässliche Daten mehr haben, weil wir in einer disruptiv neuartigen Phase sind (neuartiges Virus mit gesteigerter Infektiosität/ sunvorhersehbarer Krankheitsverlauf von Covid-19), dann können wir uns im Umgang mit den Gegebenheiten – solange belastbare Daten noch nicht verfügbar sind – auf nichts anderes mehr verlassen als unser Gespür für die Sache. Die Alternativen wären Entscheidungsparalyse *(aoristia)* oder Manipulation durch irrationale Esoterik pseudowissenschaftlicher Experten bzw. Verschwörungstheoretiker. In solchen VUKA-Phasen ist die Orientierung an der Intuition die einzige Möglichkeit, sich vernünftig zu verhalten. Politiker müssen letztendlich aus einem Gespür für das, was zu tun wesentlich ist, handeln. Eine auf Informationen basierende Begründung ihrer Entscheidungen ist in den Phasen der Ungewissheit noch nicht möglich.

Der Perspektivwechsel vom rationalen zum intuitiven Denken ist keineswegs neu und auch nicht radikal. Im agilen Denken verlassen wir uns auf unsere Urteilskraft, die sich schon in allen rationalen Schlussfolgerungen und Abwägungsüberlegungen des Kontrolldenkens (unbemerkt) bewährt hat. Auch im Kontrolldenken sind wir mit dem Gespür für Stimmigkeit bzw. Angemessenheit in einfachen (Flachland) und komplizierten Situationen (Vorgebirge) erfolgreich. Dass wir mit dem datenbasierten Mustervergleich und den Algorithmen ein Ergebnis erzielt haben, an dem wir uns orientieren können, sagt uns nicht der Vergleich und auch nicht die Berechnung, sondern unser Gespür für Stimmigkeit. Da aber die Daten alle Aufmerksamkeit beanspruchen (vgl. langsames Denken/ Kahneman) bemerken wir im Flachland gar nicht, dass die Intuition auch hier schon Orientierung stiftet. Warum sollten wir uns also nicht ganz auf diese bewährte intuitive Vernunftbegabung verlassen, wenn uns in der komplexen Welt (Berglandschaft) verlässliche Informationen fehlen?

Das Vertrauen auf die eigene Urteilskraft ist die Quelle der Resilienz agil denkender Menschen. Sie lassen sich von der Uneindeutigkeit der VUKA-Welt nicht verunsichern, weil sie wissen, dass sie sich auf ihr Empfinden verlassen können. Sie verfallen nicht in Hysterie und Panik und bewahren damit Freiheit und Würde einer rationalen Lebensgestaltung. In der Verbindung aus Agilität, Resilienz und Salutogenese haben wir in Kap. 6 bereits die drei Säulen des „Sinn fürs Wesentliche" kennengelernt: Das Gespür für den Gesamtzusammenhang (*comprehensibility*), das Verstehen von Bedeutung aus dem situativen Kontext (*meaningfulness*) und unsere verlässliche Sensibilität für das Erkennen situativ richtiger Lösungen (*manageability*).

Klugheit bzw. Besonnenheit, Authentizität und Sinnverstehen sind nun agile Erscheinungsformen des „Sinn fürs Wesentliche", die das Gespür für Angemessenheit und Stimmigkeit als Vernunftkriterium einsetzen. Sie geben keine allgemeingültigen Lösungen vor, sondern zeigen uns in der jeweiligen Situation, was wesentlich ist.

Mit dem Hinweis auf die Grenzen der künstlichen Intelligenz möchte ich das Kapitel beginnen. Anschließend werde ich den Unterschied und den Zusammenhang von Intuition und Information umreißen, bevor dann die unterschiedlichen Varianten der Intuition des Wesentlichen als Besonnenheit, Authentizität und Verstehen vorgestellt werden.

Das Scheitern der KI

Im Folgenden werde ich nochmals darauf eingehen, dass für das intuitive Denken eine gewisse Sensibilität nötig ist, die wir in der 3.Säule des „Sinn fürs Wesentliche" als *manageability* bezeichnet haben. Damit ist eine besondere Form menschlicher Intelligenz gemeint: Wir können auf unsere Fähigkeit vertrauen, in konkreten Situationen aus einer intuitiven Erfahrung der Stimmigkeit Orientierung zu finden, ohne auf allgemeines Wissen und verlässliche Informationen angewiesen zu sein. Denn nur dort, wo man an sich selbst einen Eindruck (Selbstbezug) von der gegebenen Situation (Weltbezug) als Evidenzwahrnehmung empfindet, ist intuitive Orientierung am Wesentlichen möglich.

Agile Denker müssen den spezifischen Eindruck einer Situation in sich empfinden und die Stimmigkeit zwischen Selbst und Welt situativ erspüren. Ergriffenheit und Angemessenheit sind feinfühlige Wahrnehmungen, die man nicht datenbasiert abmessen kann. Die 3.Säule des "Sinn fürs Wesentliche" bezieht sich also auf eine Fähigkeit nicht auf Wissen.

Die Hoffnung, dass wir uns bei der Suche nach Orientierung auf die Hilfe künstlicher Intelligenz verlassen können, hat sich zerschlagen (vgl. Kap. 4). Der KI-Ansatz führt zu einem Konzept, das zur Simulation der Realität (vgl. Verdopplung der Welt/ Echo-Leere), aber nicht zur Erkenntnis des Wesentlichen fähig ist.

Wenn man mit KI-Methoden nach dem Wesentlichen suchen lässt, dann beginnt eine Maschine mit dem Vergleich von Datenmustern. Dabei ist ein festgelegtes Datenmuster der Maßstab für das Wesentliche. Die Suchmaschine muss dieses Muster in den situationsrelevanten Daten finden. Inhaltlich bedeutet dies, dass die Gedanken bzw. Handlungen, die ähnliche Personen (Pertinenz) in einer ähnlichen Situation (Relevanz) im Rückblick als richtig und klug bewertet haben, als Ergebnis vorgeschlagen werden. Was in der Vergangenheit erfolgreich war, wird nach bildlicher Ähnlichkeit aus einer Datensammlung herausgefiltert. Statt nach lebendigem Sinn fragt man nach äußerer Ähnlichkeit; statt auf das gegenwärtige Leben blickt man auf Daten aus der Vergangenheit.

Das Befolgen von Algorithmen und der Vergleich von Mustern führt nicht zum inhaltlichen Verstehen. Die künstliche Intelligenz hält etwas für richtig, weil es so aussieht wie Richtiges, nicht weil es richtig ist. KI kann die Richtigkeit selbst nicht feststellen, sondern benötigt Informationen über die Feststellung von Richtigkeit durch Menschen. Menschliche Intelligenzleistungen sollen dadurch kopiert bzw. simuliert werden, dass nach dem durchschnittlichen Datenmuster gesucht wird, das sich bislang eingestellt hat, wenn Menschen etwas als „richtig" bewertet haben. Aus der Statistik, also in der Vergangenheit des menschlichen Geistes als informationsverarbeitendes System, soll „das Aussehen von Richtigkeit" in Gegenwart und Zukunft erkannt werden. Veränderung, Neuartiges und Entwicklung sind nicht vorgesehen (vgl. Narziss-Falle). KI simuliert das Leben, es geht ihr nicht darum, was etwas ist, sondern wie es äußerlich bzw. bildlich aussieht. Dies zeigt auch das folgende Beispiel:

> In chinesischen Schriftzeichen geschriebene Fragen werden auf Zetteln von außen in ein Zimmer gereicht. Dort sitzt ein Mensch, der die chinesische Sprache und Schrift nicht beherrscht. Er verfügt aber über ein umfangreiches Handbuch, aus dem sich entnehmen lässt, mit welchen Schriftzeichen man auf die eingehenden Fragen reagieren muss. Der Mensch kopiert diese Schriftzeichen in der aus dem Regelbuch entnommenen Reihenfolge auf einen neuen Zettel. Diesen Zettel gibt er aus dem Zimmer heraus an den Fragesteller, der nun eine regelkonforme Antwort auf seine Frage erhält.

11 Intuitive Orientierung als agiles Denken

Dieses Beispiel veröffentlichte der Sprachphilosoph John Searle (geb. 1932) im Jahre 1980 als „Chinese Room Argument".

Entscheidend ist nun, wie Sie die Szenerie bewerten. Würden Sie behaupten, dass das Zimmer die chinesische Sprache beherrscht?

Tatsächlich scheiden sich diesbezüglich die Geister. Manch einer hält das Prozedere im Zimmer für eine rein mechanische Abfolge ohne jede inhaltliche Bedeutung. Andere sind der Meinung, dass sich die Fähigkeit, eine Sprache zu sprechen, in der korrekten Regelbefolgung erschöpft. Demnach kann das Zimmer Chinesisch. Die Kritiker bemängeln aber das Fehlen von Sinn. Die Befürworter sehen hingegen alle Anforderungen an Sprachbeherrschung erfüllt.

Meiner Meinung nach kann man Sprache nicht vom Gespräch isolieren. Ob man eine Sprache beherrscht, zeigt sich in der Kommunikation mit einem Gesprächspartner, auf den man eingeht, damit er das versteht, was man sagt. Dabei weicht man auch vom Regelwerk ab, wenn es für das Verständnis nötig sein sollte. Verstehen ist also mehr als Regelbefolgung. Erst wenn jemand spielerisch mit der Sprache bzw. den Regeln der Sprache umzugehen weiß, beherrscht er sie wirklich. Das spielerische Element fehlt dem Zimmer völlig.

Ich bin an dieser Stelle auf das Beispiel eingegangen, weil ich auf den Unterschied zwischen *„aussehen wie"* und *„gegeben sein"* hinweisen möchte. Nur weil etwas so aussieht, als ob es etwas kann, ist dieses Können noch nicht zwangsläufig gegeben. Als neutrale Beobachter blicken wir von außen auf das Zimmer. Dies entspricht der Perspektive der 3. Person. Ob man etwas versteht, kann man aber nur selbst feststellen. Von außen ist das Verstehen nicht sichtbar. Deshalb spricht man auch von der Notwendigkeit der Perspektive der 1. Person für das Verstehen.

Wer nur die Regeln befolgt, ohne zu verstehen, bleibt immer unbeteiligt. KI blickt aus der Perspektive der unbeteiligten 3. Person auf die Problemlage. Die Erkenntnis des Wesentlichen setzt aber Verstehen voraus und ist deshalb nur als Beteiligter möglich. Um die Bedeutung einer Situation zu erfassen ist menschliche Intelligenz in Form von comprehensibility erforderlich. Damit ist die erste Säule des „Sinn fürs Wesentliche" angesprochen, der den Perspektivwechsel zur 1. Person voraussetzt. Dazu ist das Zimmer (bzw. die Maschine) erst dann in der Lage, wenn es (bzw. sie) Bewusstsein von sich selbst hätte und sich nicht als Beobachter, sondern als Betroffener versteht.

Wie wir unser Denken ändern müssen

Man könnte die Absicht, sich in der Komplexität anhand von Informationen zu orientieren, als Versuch verstehen, wie ein Computer zu denken. Welche Folgen sich in der VUKA-Welt daraus ergeben, haben wir im ersten Kapitel gesehen, als ein Flachlandbewohner zum ersten Mal mit dem Auto in die Berge fuhr und versuchte, die Serpentinen zum Gipfel mit Vollgas zu bezwingen. Die angemessene Alternative zum informationsbasierten Kontrolldenken besteht darin, sich auf das zu besinnen, was menschliche Intelligenz von künstlicher Intelligenz unterscheidet: sich selbst ins Spiel bringend situationsspezifische Lösungen zu kreieren. Ich möchte mich diesbezüglich nur auf zwei Kompetenz-Faktoren menschlicher Intelligenz beschränken:

- Intuition: Wir können die Welt aus der 1. Person Perspektive wahrnehmen.
- Agilität: Wir können uns von einer Situation ergreifen lassen.

11 Intuitive Orientierung als agiles Denken

Folgendes Gedankenspiel soll zeigen, wie diese beiden Fähigkeiten zusammenspielen:

> Sie kennen sicherlich ein Gemälde, das sehr schön ist. Vielleicht haben Sie es im Original in einer Galerie gesehen und sind jedes Mal, wenn sie es betrachten, von seiner Schönheit ergriffen.
> Sie wissen also, dass es ein schönes Gemälde gibt.
> Aber wissen Sie auch, was ein schönes Gemälde ist?
> ...
> Noch anspruchsvoller: Wissen Sie, was Schönheit ist?

Ich gebe zu, dass die beiden Fragen rhetorisch sind. Es gibt kein definitives Wissen darüber, was Schönheit in einem Gemälde und Schönheit an sich ist. Das ist auch gar nicht nötig. Denn niemand muss erst eine Theorie des Schönen gelernt haben, um das Schöne in der Welt zu entdecken. Die Schönheit eines Objekts wird nicht aus Informationen und Wissen über das Schöne abgeleitet, sondern dank der emotiven Funktion der Intuition einfach nur empfunden. Es ist gar nicht notwendig, einen Begriff von Schönheit zu bilden, der unabhängig und losgelöst vom aktuellen Empfinden der Schönheit besteht. Wozu bräuchte man diesen Begriff? Begriffe benötigen wir für begriffliches Denken. Denk nicht, rechne nicht, sondern schau – lautet aber die Forderung, wenn es um das Wesentliche geht! Wenn wir etwas als schön empfinden, dann nutzen wir nicht die Intelligenz des begrifflichen Denkens, sondern unser intuitives Urteilsvermögen.

Was ist „intuitives Urteilsvermögen"?

Kant benutzt dafür den Ausdruck „Urteilskraft":

> „(Urteilskraft) *soll also selbst einen Begriff angeben, durch den eigentlich kein Ding erkannt wird, sondern der nur ihr selbst zur Regel dient, aber nicht zu einer objektiven, der sie*

ihr Urteil anpassen kann, weil dazu wiederum eine andere Urteilskraft erforderlich sein würde, um unterscheiden zu können, ob es der Fall der Regel sei oder nicht."

(Immanuel Kant, Kritik der Urteilskraft, Vorrede, B VII)

Urteilskraft ist nach Kant das Vermögen, „Lust und Unlust" an etwas zu empfinden. Diese Empfindungen sind ursprünglich, d. h. man kann ihr Auftreten nicht weiter erklären und auch nicht aus etwas Vorhergehendem ableiten. Man muss sie als das nehmen, was sie sind: Empfindungen. Insofern wir uns aber an einer Empfindung orientieren, nutzen wir sie wie eine geprüfte Information. Dabei müssen wir aber den Sonderstatus der Intuition bedenken:

Intuitives Empfinden ist als evidente Erkenntnis zu verstehen. Wenn Empfindung nach einer Regel gebildet würde, bräuchte es eine zweite Regel für die richtige Anwendung der ersten Regel. Auch für die Anwendung der zweiten Regel auf die erste müsste es eine dritte Regel geben usw. bis in den unendlichen Regress. Die regelgeleitete Kontrolle führt zu keinem Ende, deshalb macht eine Begründung der Empfindung keinen Sinn. Der eigenen phänomenalen Wahrnehmung entspricht es vielmehr, wenn wir Urteilskraft als eine Evidenzerfahrung verstehen. In Kap. 8 haben wir festgestellt, dass Evidenz keiner weiteren Begründung bedarf, weil sie aus sich selbst legitimiert ist.

Der Vergleich der Intuition des Wesentlichen mit dem Empfinden von Schönheit zeigt also, dass wir in der Intuition evidente Erkenntnis erleben (epistemische Funktion der Intuition): Wir können aus der 1. Person-Perspektive Gewissheit gewinnen, ohne auf Information angewiesen zu sein.

11 Intuitive Orientierung als agiles Denken

Am Beispiel des Galeriebesuchs lässt sich auch die Agilität intuitiven Erkennens zeigen:

> Wenn Sie ein Faible für schöne Bilder haben, aber nicht häufig genug Gelegenheit besteht, eine Ausstellung zu besuchen, dann könnten Sie doch auch Abbildungen bzw. Kopien der Kunstwerke betrachten. So wäre der Kunstgenuss an jedem Ort und zu jeder Zeit möglich.
> Ich nehme aber an, dass Sie diesem Vorschlag nicht zustimmen.
> Warum kann selbst ein qualitativ gutes Katalogbild den Galeriebesuch nicht ersetzen?
> ...

Als Information ist ein Bild eine Datensammlung. Die Pixel eines Bildes können als Daten festgehalten, gespeichert und abgerufen werden. Doch beim Betrachten eines Bildes stellt sich nicht der Kunstgenuss ein, den man beim Betrachten des Originals erfährt. Abgerufene Information reicht nicht aus. Hier zeigt sich, dass Schönheit keine Information, sondern Intuition ist. Schönheit ergibt sich nicht aus Eigenschaften des schönen Gegenstandes, sondern ist ein Ereignis, das sich einstellen kann, wenn beobachtendes Subjekt und beobachtetes Objekt in Beziehung stehen. Man sollte Schönheit nicht als Zustand oder Merkmal eines Objekts auffassen.

Intuition ist immer an die konkrete Situation, in der man sie erlebt, gebunden. Das entspricht dem Grundsatz des agilen Denkens, das sich immer auf die jeweilige Situation bezieht und deshalb beweglich sein muss, damit die sich ständig ändernden Situationen angemessen erfasst werden. Das intuitive Selbst bezieht sich in dreifacher Weise auf das, was ihm in der konkreten Situation begegnet: Es erspürt den Zusammenhang zwischen Ich und Welt (*comprehensibility*), es wird von der Situation ergriffen (*meaningfulness*) und es ergreift die Situation auf sinnvolle Weise für sein Denken und Handeln (*manageability*). Die drei Säulen des „Sinn fürs Wesentliche" werden auf intuitive Art und Weise zum tragfähigen Fundament für Orientierung am Wesentlichen. Dafür ist die konkrete Begegnung mit dem Gegebenen notwendig. Hier stellt sich die Frage, ob virtuelle Begegnungen, auf die wir im Social-Distancing angewiesen sind (Online-Meeting, Video-Konferenz, Streaming, Chat etc.) ein vergleichbares Potential für intuitive Erfahrung bieten wie die realen Situationen mit einem leibhaftigen Gegenüber. Dies lässt sich an unserem Beispiel beantworten:

Es ist durchaus möglich, beim Betrachten eines Katalogbildes Schönheit zu empfinden. Doch diese Empfindung bezieht sich dann auf das, was das Bild in dieser Situation ist: ein Katalogbild. Es geht dann um die Schönheit der Abbildung, nicht um die Schönheit des Abgebildeten. Intuition bezieht sich auf das Wesen einer begegnenden Sache selbst und ist deswegen immer original bzw. authentisch. Informationen verdoppeln die Welt (vgl. Echo-Leere), weil sie Stellvertreter für etwas anderes sind, was sie selbst nicht sind (das Katalogbild ist nicht das Original, der Begriff ist nicht das uns Ergreifende, das Wort ist nicht die Bedeutung etc.). Information bezieht sich nicht auf sich selbst, sondern ist ein Medium für Bedeutung, also das, worüber sie informiert: Das Katalogbild informiert über das Original. Ein virtuelles Gespräch, zu erleben, bedeutet nicht, die Teilnehmer zu erleben. Nur wenn Anlass, Form und Zweck des Aufeinandertreffens in den Hintergrund treten und man sich (virtuell) wie zufällig begegnet, zeigen sich die Teilnehmer wie sie sind. Wenn die Vermittlung ausgeblendet werden kann, erfährt man auch in der digitalen Begegnung Wesentliches.

11 Intuitive Orientierung als agiles Denken

Authentisches Erleben ist nur in der direkten Begegnung mit dem Gegenstand möglich. Man kann Schönheit bzw. Wesentliches nur erleben, nicht durch etwas anderes auf- bzw. abrufen.

Aus Informationen lässt sich das Schöne bzw. das Wesentliche nicht erkennen, Wir müssen uns der konkreten Situation aussetzen, damit sich Intuition ereignen kann. Damit ist die Forderung nach Agilität ausgesprochen: Was wesentlich ist, lässt sich nur situativ erkennen. Man kann das Wissen um das Wesentliche nicht vorwegnehmen und man kann es auch nicht festhalten. Jede neue Situation erfordert neue Wahrnehmung.

Die beiden Schlussfolgerungen, die nun mit Bezug auf die Ergebnisse aus den vorangehenden Kapiteln möglich sind, sollen nochmals zusammengefasst und auf unsere Leitfragen bezogen werden:

- **Leitfrage:** Welche Kriterien sind entscheidend, wenn Informationen keine Rolle spielen?
  Antwort: Da Informationen in der VUKA-Welt kein sicheres Wissen bieten, macht es Sinn, sich auf das Gespür für situative Angemessenheit zu verlassen. Der Sinn für „Stimmigkeit" ist eine intuitive Erkenntnis aus der 1. Person-Perspektive in einer konkreten Begegnung. Als Evidenzerfahrung bedarf sie keiner weiteren Begründung und ist deshalb als Kriterium für vernünftige Orientierung geeignet.
- **Leitfrage:** Können Orientierungspunkte in Leitlinien des Denkens übersetzt werden?
  Antwort: Ziele, Werte, Normen, Prinzipien sind Orientierungspunkte, die einem Theoriewissen entspringen, dessen Allgemeingültigkeit in der VUKA-Welt in Frage steht. Der Sinn fürs Wesentliche bezieht sich auf das Gespür für Angemessenheit, das wir nur in

der jeweiligen Situation empfinden. Wir müssen agil sein, um uns auf neue Situationen einzustellen. Der am Gespür für Angemessenheit orientierte Sinn fürs Wesentliche ist als Grundhaltung die Leitlinie, an der wir uns festhalten können, wenn wir aus der Situation heraus richtige Entscheidungen treffen.

Wir benötigen kein allgemeingültiges Wissen über das Wesentliche, um in einer Situation zu erkennen, *was etwas wirklich ist* (Relevanz) und *worauf es eigentlich ankommt* (Pertinenz). Das Wesentliche empfinden wir, wenn wir uns in einer konkreten Situation in Form von *comprehensibility, meaningfulness* und *manageability* auf unser Gespür für Stimmigkeit verlassen. Intuition und Agilität prägen die Haltung desjenigen, der sich situativ und beweglich auf die Veränderungen einlässt und dabei auf seinen Sinn fürs Wesentliche vertraut.

Das Gespür für Stimmigkeit ermöglicht es uns, das Angemessene, das Authentische und den zu verstehenden Sinn in einer konkreten Situation zu erkennen. Auf diese drei Erscheinungsformen des Wesentlichen möchte ich im Folgenden eingehen.

Besonnenheit und Klugheit

Tugend (griech. *areté*) ist die gute Verfassung einer Person, die sie trefflich handeln und gerecht urteilen lässt. In der philosophischen Tradition spricht man auch von der „Tüchtigkeit der Seelenteile", wenn sich Vernunft, Wille und Triebe in einem Menschen entfalten, ohne sich gegenseitig zu behindern. Der gute Seelenzustand bezieht sich eigentlich auf die innere Verfassung des Menschen, zeigt sich aber in der Qualität seiner Handlungen und seines Denkens als Folge der Tugendhaftigkeit.

11 Intuitive Orientierung als agiles Denken

Tugenden wirken orientierend, weil eine tugendhafte Person nur „in sich hineinhorchen" (1. Person-Perspektive) muss, um zu erspüren, welche Entscheidungen und Urteile richtig sind. Hier zeigt sich die konativ-normative Funktion der Intuition: Wir erkennen nicht nur etwas (epistemische Funktion), erleben nicht nur ein Gefühl (emotive Funktion), sondern folgen auch unseren Intuitionen. Sie motivieren uns zu etwas und zeigen uns als „Bauchgefühl", was stimmig bzw. richtig ist. Insofern sagt uns die Intuition, was wir tun sollen. Der tugendhafte Mensch muss sich nicht anstrengen, um eine Lösung zu finden. Es reicht vollkommen aus, wenn er sich von seinem Gespür leiten lässt: Wer in einer guten seelischen Verfassung ist, kann seinem Empfinden trauen, denn was sich für den tugendhaften Menschen gut anfühlt, ist auch richtig.

Bekannt sind neben den erst im Mittelalter formulierten christlichen Tugenden Glaube, Liebe, Hoffnung vor allem die auf Platon zurückgehenden Tugenden des gebildeten antiken Menschen: Weisheit, Tapferkeit, Mäßigung und Gerechtigkeit. Aristoteles teilt Tugenden nach den Kategorien Denken (*dianoetische* Tugenden) und Handeln (*ethische* Gewohnheiten) ein. Tugendhaftes Verhalten ist nach Aristoteles so strukturiert, dass ethische Tugenden die Ziele einer Handlung und dianoetische Tugenden die Mittel zum Erreichen des Ziels bestimmen. Besonders die ethischen Tugenden leiten das Handeln, sie haben also konativ-normative Funktion und geben dadurch Orientierung.

Für unsere Frage nach dem Wesentlichen sind nun die ethische Tugend der Besonnenheit (auch Mäßigung genannt) und die dianoetische Tugend der Klugheit von besonderer Bedeutung. Zwischen ihnen besteht ein enger Zusammenhang.

Besonnenheit als Maßhalten

Nach Aristoteles spielt Besonnenheit bei der Festlegung der Ziele und Zwecke, die wir verfolgen, eine entscheidende Rolle. Wer besonnen ist, lässt sich nicht von seinen Trieben vereinnahmen, sondern bleibt „Herr seiner Sinne". Mit der Tugend der Besonnenheit ist nun das Gespür gemeint, das uns das rechte Maß finden lässt. Angemessenheit ist also eine Folge von Besonnenheit. Deshalb können wir die Tugenden Besonnenheit und Mäßigung synonym verwenden. Gewöhnlich verstehen wir unter Mäßigung eine angebrachte Zurückhaltung in Angelegenheiten, in denen man versucht ist, ein Zuviel oder Zuwenig in Kauf zu nehmen. Der tugendhafte Mensch bleibt aber standhaft und findet das rechte Maß, zeigt sich also besonnen.

Passsenderweise bezeichnet der griechische Name für Besonnenheit *„sophrosyne"* in wörtlicher Bedeutung die „Gesundheit der Galle". Hier wird die Parallele zur Intuition körperlich spürbar: Wer intuitiv denkt, hört auf sein „Bauchgefühl". Die Säfte der Galle können Schmerzen im Magen verursachen. Wenn man kein gutes Bauchgefühl hat, dann ist dafür die Galle verantwortlich, die uns anzeigt, dass die Entscheidung falsch bzw. nicht angemessen ist. Wenn Bauchentscheidungen zum Maß des Urteilens werden, sprechen wir von der emotiv-affektiven Funktion von Intuition. Wir betrachten die Thematik aber auch hinsichtlich der kognitiv-epistemischen Funktion der Intuition, die uns Erkenntnisse liefert und dabei den Evidenzcharakter der Intuition in den Vordergrund stellt, weil er Gewissheit und Glaubwürdigkeit des Erkannten garantiert.

Angemessenheit liegt in der ausbalancierten Mitte. Ein Zuviel ist dann erreicht, wenn die anderen Seelenkräfte vom dominanten Impuls einer Seelenkraft unterdrückt werden, wenn also das Gleichgewicht verloren geht. Ein Zuwenig stellt sich ein, wenn die anderen Seelenkräfte den vorhandenen Impuls unterdrücken. Erst wenn sich ein ausgewogenes Verhältnis der Antriebskräfte Vernunft, Wille und Trieb einstellt, macht sich die innere Balance als „gutes Bauchgefühl" bemerkbar. Das rechte Maß liegt für Aristoteles immer in der Mitte aller beteiligten Kräfte (*mesotes*-Lehre), die den Menschen wesentlich ausmachen.

Klugheit gehört mit Weisheit, Vernunft und Anwendungswissen in den Bereich der (dianoetischen) Tugenden des Denkens. Besonnenheit können wir als alternative Bezeichnung für Mäßigung auffassen und in den Bereich der Handlungstugenden (ethischen Tugenden) einordnen.

Wer tugendhaft ist, findet das rechte Maß, weil er sich nicht blind und willenlos verhält, sondern sich an seiner Seelenverfassung orientiert. Diesen Moment des Innehaltens bezeichnen wir auch als Besinnung. Wer „Herr seiner Sinne" ist vernimmt noch die Stimme der Vernunft mit ihrem Anspruch auf Gerechtigkeit. Besonnenheit meint also die Fähigkeit, „über-trieben" dominant auftretenden Triebe zu zügeln. Einzelne Antriebskräfte dürfen andere nicht unterdrücken. Wer besonnen ist, vernimmt mit klaren Sinnen alle Seelenkräfte und findet aus seinem vernünftigen Gespür für „situative Stimmigkeit" das rechte Maß. Dem Tugendhaften fällt die Besinnung leicht.

Klugheit in der VUKA-Welt

Nach Aristoteles ist Klugheit (griech. *phronesis*) die Fähigkeit, in einer Situation die angemessenen Mittel für einen bereits vorgegeben Zweck zu wählen. Klug ist also die Person, die weiß, wie sie unter den jeweils gegebenen Umständen ein Ziel erreicht. So ist es beispielsweise unklug, einem Patienten ein Medikament zu verschreiben, dessen Nebenwirkungen schädlicher sind als der Heilungseffekt. Klugheit betrifft also die Stimmigkeit zwischen Mittel und Zweck. Ob das Verhältnis stimmig ist, sagt uns ein Gespür, das man als intuitive Urteilskraft verstehen kann.

Der kluge Mensch achtet auch darauf, ob es in der konkreten Situation noch sinnvoll ist, das vorgegebene Ziel weiterhin anzustreben. So ist es beispielsweise unklug, einen Patienten heilen zu wollen, der sich im Endstadium einer tödlichen Krankheit befindet. Mit der Tugend der Klugheit prüfen wir die situative Angemessenheit von Mittel und Zweck im Handeln, aber auch die situative Berechtigung der Ziele und Zwecke, die wir uns gesetzt haben. Auch bei der Überprüfung der Handlungsziele geht es um ein stimmiges Verhältnis: Wir vergleichen nicht nur Mittel und Zweck, sondern auch das Verhältnis der Zwecke untereinander. Bei der Allokation von Medikamenten sind beispielsweise Gleichberechtigung aller Patienten und die jeweiligen Heilungschancen einzelner Patienten Zwecke, die miteinander vermittelt werden müssen. Wir überprüfen die Zwecke hinsichtlich der Stimmigkeit im Gesamtbild aller Ziele. Es geht darum Kohärenz in der Zweck-Mittel-Relation und der Zweck-Zweck-Relation zu wahren.[1]

Klugheit ist aufgrund der situativen Bedeutungskomponente eine wichtige Tugend für agiles Denken. Weise ist, wer in großem Umfang über allgemeines Wissen verfügt und die Zusammenhänge kennt. Klug ist aber, wer sein Wissen situativ angemessen anwenden kann. Dabei sind durchaus auch unkonventionelle Lösungen gefordert.

---

[1]Vgl. dazu meine Ausführungen zur holistisch-kohärentistischen Struktur der Rationalität in: Linjis Weg zum Glück. Wie Rationalität und Achtsamkeit zur Lebenskunst verbinden, Heidelberg 2018.

11 Intuitive Orientierung als agiles Denken

Klugheit meint also auch die Bereitschaft zum Abweichen vom Plan und zum Außerkraftsetzen der Berechnung, um intuitiv ein besseres Ergebnis für den Einzelfall zu erzielen. Insofern steht Klugheit im Gegensatz zum Kontrolldenken. Immer dann, wenn der Geltungsbereich von Regeln und Gewohnheiten überschritten wird, müssen wir uns auf unsere Klugheit verlassen. Klugheit ist die Kunst der situativen Ausnahmen. Gerade deshalb ist diese Tugend in der VUKA-Welt unverzichtbar.

Am Beispiel des klugen Richters lässt sich nachvollziehen, wie wichtig agiles Denken ist, das sich über Regeln und Gewohnheiten hinwegzusetzen traut:

> Im Strafgesetzbuch ist festgehalten, welche Strafe auf welche Straftat folgt. Wenn ein bestimmter Tatbestand gegeben ist, wird der Täter mit der dafür vorgesehenen Sanktion belegt. Er kommt dann beispielsweise für eine gesetzlich vorgegebene Zeit ins Gefängnis.
>
> Richter A vergleicht den im Gesetzbuch beschriebenen Tatbestand mit dem Sachverhalt des konkreten Falls. Wenn beides übereinstimmt, verurteilt er den Angeklagten zu der festgelegten Strafe.
>
> Richter B handelt anders: Er lässt sich die Lebensgeschichte des Angeklagten schildern, fragt nach seinen Empfindungen und Gedanken vor, bei und nach der Tat. Er verlangt eine Stellungnahme zu seinem Vergehen.
>
> Daraus gewinnt Richter B Eindrücke, die ihn dazu veranlassen, die Strafe individuell anzupassen, also vom vorgegebenen Strafmaß abzuweichen.
>
> Welcher Richter urteilt besser?

Mit dem intuitiven Verfahren von Richter B wird die Gerechtigkeit nicht beschädigt, sondern ganz im Gegenteil verbessert: Situative Billigkeit korrigiert das allgemeine Recht, das den Einzelfall nicht kennen und auch nicht berücksichtigen kann. Entscheidend ist, dass wir dem intuitiven Urteil des Richters vertrauen, weil er als erfahrener Richter ein Gefühl für die Stimmigkeit von Sachverhalt und Strafmaß hat. Den Sinn, mit dem es gelingt, einen konkreten Sachverhalt auf die verallgemeinernde Beschreibung eines Tatbestands zu beziehen, bezeichnet Kant als Urteilskraft. Für Aristoteles ist Epikie *(epieikeia)* die allgemeines Recht korrigierende Billigkeit bzw. Gütigkeit, mit der das Gesetz auf Einzelfälle angewendet wird.[2]

Dieses Gespür ist bei beiden Philosophen ein intuitives Empfinden, das sich in der direkten Auseinandersetzung mit der Sache einstellt – sofern man Urteilskraft bzw. die Tugend der Klugheit und Mäßigung ausgebildet hat.

Sicherlich ist Ihnen der Zusammenhang zwischen den beiden Tugenden nicht entgangen: Während Klugheit die Angemessenheit von Mittel und Zweck bzw. Zweck und Zweck zum Entscheidungskriterium erhebt, liefert Besonnenheit als Fähigkeit zur Mäßigung die Erkenntnis, welches Maß in der jeweiligen Situation angemessen ist. Beide Tugenden geben Orientierung hinsichtlich der Angemessenheit, die ich auch als „situative Stimmigkeit" bezeichne und als Grundprinzip des agilen Denkens ansehe. Die eigene Stimme (Selbst) und die Stimme der Dinge (Welt) sollen vernommen werden. Wenn beide Stimmen zur Stimmigkeit geführt werden, haben wir das Wesentliche an der Sache und in uns selbst erkannt (vgl. Korrelation von Selbst- und Welterkenntnis). Klugheit bezieht sich auf die Stimmigkeit im Denken (*dianoetische* Tugend), Besonnenheit meint die Stimmigkeit im Handeln (*ethische* Tugend).

---

[2]Aristoteles, Nikomachische Ethik, V.Buch, Kap. 14.

Für die Tugenden der Besonnenheit und Klugheit kann man keine Methode, kein Maß und auch keine Regel angeben. Es ist auch nicht möglich, die Festsetzung des Maßes aus gegebenen Informationen abzuleiten. Die „Intuition des Wesentlichen" widersetzt sich als agiles Denken dem Methodenzwang und zeigt sich als situativ anzuwendendes Gespür für die Stimmigkeit im Verhältnis der Teile zueinander.

Das intuitive Kriterium der „Stimmigkeit" ist auch für eine gelingende Lebensführung entscheidend. Man muss sich selbst kennen, um glücklich zu werden. Übereinstimmung mit sich selbst bezeichnen wir als Authentizität. Auch „Selbstübereinstimmung" ist eine Intuition, wie im Folgenden gezeigt wird:

Authentizität

Ein authentischer Mensch steht zu dem, was ihm wichtig ist. Der französische Philosoph Michel Foucault (1926–1984) drückt dies so aus:

„Das Thema der Authentizität verweist explizit oder nicht auf eine Seinsweise des durch seine Übereinstimmung mit sich selbst bestimmten Subjekts."[3]

Authentizität wird also auch mit dem Gespür für „Stimmigkeit" festgestellt. Aber was soll denn hier „übereinstimmen"?

Wir können diesbezüglich auf die erstmals von William James (1842–1910) eingeführte Unterscheidung zwischen „I" und „Me" zurückgreifen.[4] Das Selbst

---

[3]Michel Foucault, Schriften IV, 1980–1988, S. 758.
[4]William James, Principles of Psychology, 1890, Vol. I, Chapter 10.

gliedert sich demnach in ein veräußertes Selbst, das in der Welt zu beobachten ist, und ein inneres Selbst, das zur phänomenalen Betrachtung der Welt fähig ist. „Me" ist das Selbst, das man aus der 3. Person-Perspektive betrachtet, während „I" das Selbst meint, das aus der 1. Person-Perspektive in der Lage ist, (die Qualia von Wahrnehmungen und Handlungsimpulsen) zu empfinden. Authentisch ist demnach die Person, die sich selbst annimmt, wie sie ist, weil zwischen Bewusstsein des Wesens („I") und Bewusstsein des Seins („Me") kein Widerspruch besteht. Umgangssprachlich – aber nicht weniger treffend – ausgedrückt: „Authentisch ist, wer mit sich im Reinen ist."

Foucault spricht vom Zusammenhang zwischen „Übereinstimmung" und „Bestimmung". *Bestimmung* meint einerseits eine handlungsleitende Vorgabe, der entsprochen werden muss, und andererseits auch die beschreibende Definition als das, was etwas ist bzw. welche Merkmale und Kategorien zur Identifikation herangezogen werden können. Authentizität ist als (bestimmende) Vorgabe die Aufforderung, dem eigenen Wesen entsprechend zu leben (Seinsweise des „Me"). Zugleich ist Authentizität auch eine Bedingung für gelingende Erkenntnis. Wir können etwas nur dann als das erkennen, was es ist, wenn es sich so gibt („Me"), wie es ist („I"), also mit sich übereinstimmt. Hier zeigt sich, dass Bestimmung und Authentizität eine *normativ-präskriptive* (vorschreibende) und eine *deskriptive* (beschreibende) Bedeutung haben. Wir sind dazu aufgefordert, so zu leben, dass wir sein können, wie wir sind, und wir können uns als uns selbst nur dann erkennen, wenn wir so sind, wie wir wesensgemäß sein sollten. In beiden Perspektiven geht es um die Übereinstimmung von innerlich empfundenem „I" und äußerlich wahrnehmbarem „Me".

Wir können festhalten, dass Authentizität eine vom Subjekt selbst als *stimmig* empfundene Art und Weise zu leben darstellt, zu der es sich aufgefordert fühlt und an der sein Wesen erkannt werden kann. Wenn wir das Bemerken von Authentizität als ein intuitives Wahrnehmen verstehen, dann entspricht die Aufforderung der konativen und die Erkenntnis der epistemischen Funktion der Intuition des Wesentlichen.

Authentizität und Selbstentfaltung

Übereinstimmung mit uns selbst erleben wir in Situationen, also im Kontakt mit der Welt. Platon hat uns im Alkibiades-Dialog darauf aufmerksam gemacht, dass sich unsere Seele in der Außenwelt spiegelt, wenn wir eine andere Seele anblicken. Demnach gehen wir davon aus, dass die Erkenntnis des Wesens von Welt und Selbst zusammenfallen (Korrelation von Selbst- und Welterkenntnis). Momente, in denen wir in einer Sache vollständig aufgehen, sind nicht nur in Bezug auf uns selbst authentisch. Wir erkennen in dieser Situation zugleich auch das, was diese Sache *wirklich* ausmacht, wenn wir uns in ihr erkennen. In diesem Moment der wesensmäßigen Ergriffenheit erkennen wir auch das Wesen der Sache, das wir durch unser Erkennen ergreifen.

Folgendes Beispiel soll die Übereinstimmung von Wesenserkenntnis im Selbst und in der Welt veranschaulichen:

> Stellen Sie sich einen Musiker vor, der sich im Konzert in Bestform präsentiert. Er selbst ist ganz im Hier und Jetzt. Wenn die Aufführung gelingt, spielt er die Musik und "sie ihn". Der Künstler drückt sich durch die Musik aus und die Musik drückt sich durch ihn aus. Selbst

> und Welt korrelieren in wechselseitigem Ergreifen und Ergriffenwerden. Musik und Künstler entfalten sich, ohne den jeweiligen Gegenpart zu dominieren.
> Als Zuhörer bemerken wir dies unter anderem daran, dass das Instrument und der Musiker zu einer Einheit verschmelzen. Diese Stimmigkeit bewegt den Musiker, fasziniert aber auch das Publikum, das die Intensität der Musik und die Authentizität von Musik und Musiker spürt. Alle Beteiligten erleben in dieser Begegnung erfüllte Zeit.

Auch hier gilt, dass die Übereinstimmung von Welt und Selbst als Glück empfunden wird. Der US-Psychologe Mihály Csíkszentmihályi (geb. 1934) hat dieses Glückserleben schon in den 70er Jahren als „Flow-Zustand" beschrieben. Die Flow-Theorie besagt, dass wir dann Glück empfinden, wenn wir einer Beschäftigung nachgehen, in der das Anforderungsniveau der Aufgabe sich mit unserer maximalen Leistungsfähigkeit deckt. In solchen Glücksmomenten gelingt uns eine an sich schwierige Aufgabe, ohne dass wir die Schwierigkeiten als solche empfinden. Ganz im Gegenteil besteht das Glück in den Flow-Momenten im leichten Fließen der Tätigkeit. Wir spüren keinen Widerstand und meistern die Herausforderung in müheloser Perfektion, weil uns die Freude über das Gelingen und über unsere Selbstwirksamkeit zusätzlich motivieren. Die Stimmigkeit zwischen Welt und Selbst besteht darin, dass wir in dieser Situation unsere Fähigkeiten maximal entfalten, ohne über- oder unterfordert zu sein.

Der Moment des Flow-Zustands ist ein glücklicher Augenblick, in dem wir uns selbst und die Situation, die wir meistern, intensiv spüren. Diese Intensität betrifft zugleich unsere Selbstwahrnehmung und den Weltbezug.

Resonanz

Der Soziologe Hartmut Rosa (geb.1965) bezeichnet diese Momente des Glücks einer „gelingenden Weltbeziehung" als „Resonanz".

Er geht von der Problemdiagnose aus, dass wir in der heutigen Gesellschaft unter dem Druck der Beschleunigung durch Wachstum und der zunehmenden Entfremdung von uns selbst, den Anderen und der Welt leiden. Angetrieben vom zeittypischen Optimierungsdiktat wollen wir immer mehr und immer schneller (er-)leben. Doch gerade diese Einstellung verhindert erfüllende Begegnungen. Dinge, Menschen und Zustände bleiben uns fremd, weil wir nicht zum Wesentlichen vordringen und weil sie uns in unserem Wesen nicht anrühren. Gegen diese Entfremdung soll nach Rosas Theorie ein Weltverhältnis helfen, dass sich vom Maximierungsgebot der Moderne löst und einen eher intuitiven Weltbezug findet: Selbst und Welt sollen sich gegenseitig in Eigenschwingung versetzen. Dabei bezieht sich Rosa auf eine Metapher aus der Physik: Die akustischen Schwingungen eines Körpers können einen im selben Raum befindlichen Fremdkörper zur Schwingung in seiner Eigenfrequenz anregen. In der für uns relevanten Übertragung auf die Kunst der Lebensführung bedeutet dies, dass Resonanz aus der Begegnung zweier authentischer Selbst entsteht, die sich zugleich gegenseitig berührend ergreifen. Resonanz ist in unserem Gedankengang also auch als ein Bild für die Korrelation von Ergriffenheit und Ergreifen zu interpretieren.

„Stumme" Weltverhältnisse, in denen es zwischen Selbst und Welt kein gegenseitiges Einschwingen gibt, entstehen, wenn man Objekte, Personen und Situationen kontrollieren möchte. Dann lässt man dem Fremdkörper keinen Freiraum, seine Eigenschwingung zu entfalten. Wenn der Musiker beim Spiel an seine Gage denkt, wird er die Übereinstimmung nicht erleben, denn dann instrumentalisiert er die Musik für seine Zwecke. Wie Narziss spiegelt er dann nur seine Interessen in der Welt wider, aber nichts Wesentliches. Die Musik wird dann nicht als Musik gespielt, weil das Subjekt das Objekt kontrolliert. In dieser Situation fehlt dem Subjekt der Mut zum „Loslassen und Schweben", das wir von den antiken Skeptikern und den mittelalterlichen Mystikern kennengelernt haben. Wenn das Subjekt die Situation mit fremder Zweckabsicht dominiert, kann sich die Welt nicht authentisch zeigen und das Subjekt auch nicht als es selbst gespiegelt werden. „Klingende Weltverhältnisse" setzen voraus, dass das Subjekt die „Unverfügbarkeit" der Welt akzeptiert, sie also nicht für eigene Zwecke nutzen möchte. Das ist eine Voraussetzung für die eigene „Ergriffenheit". In unserem Beispiel bedeutet dies, dass die Musik nicht dem eigenen Interessen unterworfen werden darf, sondern als sie selbst gespielt werden sollte. Sowohl das Subjekt als auch das Objekt sollen mit je eigener Stimme sprechen. Sie brauchen sich dafür aber gegenseitig als Medium: Resonanz ist eine Form der Weltbeziehung, in der *„durch die Schwingung des einen Körpers die Eigenfrequenz des anderen angeregt wird."*[10] Im Beispielfall ist dies die gelungene Interpretation eines Musikstücks, in der sich die Musik und zugleich der Künstler wesensgemäß entfalten. Wenn dabei das Wesentliche erfahren wird, dann sprechen Subjekt und Objekt nicht nur die gleiche Sprache (ein Medium, das den Anderen erreicht), sondern haben eine Stimme (Wesen, das sich selbst meint).

Hartmut Rosa verfolgt mit seiner soziologischen Theorie der Resonanz die Idee einer „gelingenden Weltbeziehung". In der praktischen Philosophie der griechischen Antike wurde die gelingende Lebensführung *(eudaimonia)* als Aufgabe verstanden, ein harmonisches Verhältnis zwischen Ich und Welt herzustellen.

Gelingende Lebensführung

„Übereinstimmung" ist ein Weltverhältnis, das nach Foucault Authentizität charakterisiert, zugleich aber auch die Idee eines gelingenden Lebens beschreibt. So haben wir schon die bei den Stoikern bekannte Vier-Personae-Lehre des Panaitios kennengelernt, die ein gelingendes Leben mit der Aufgabe verknüpft, unsere Rollen miteinander in Einklang zu bringen. Als Natur-, Charakter-, Gesellschafts-, und Vernunftwesen haben wir gegenüber verschiedenen Bezugsgruppen verschiedenen Erwartungen gerecht zu werden. Das ist nicht immer einfach, oftmals widersprüchlich und gelegentlich auch unlösbar. Wenn es uns aber gelingt, die Stimmigkeit aller unserer Rollen im Ganzen herzustellen, dann sind wir glücklich. Rollen geben Erwartungen vor, lassen aber auch Raum zur Improvisation und Interpretation (bis hin zur Neudefinition der jeweiligen Rolle). Die Empfindung (emotive Funktion der Intuition), dass sich unser *role-set* zu einem harmonischen Ganzen fügt, wird letztendlich zu einem ästhetischen Urteil des Erkennens (epistemische Funktion der Intuition) und des bejahenden Annehmens (konative Funktion der Intuition). Entscheidendes Kriterium ist auch hier die empfundene Stimmigkeit des Verhältnisses der Teile im Ganzen, die wir in Anlehnung an das Konzept der Salutogenese als erste Säule des „Sinn fürs Wesentliche" bezeichnet haben (*comprehensibility*).

Einen ähnlichen Gedankenweg schlägt Aristoteles mit seiner Erklärung des gelingenden Lebens *(eudaimonia)* ein. Auch sein Konzept läuft auf Übereinstimmung hinaus, setzt aber bei der Natur des Menschen an. Für Aristoteles verfolgen alle Wesen von Natur aus ein Ziel bzw. einen Zweck *(telos)*, worin ihre wesensgemäße Eigenart ausgedrückt ist (Entelechie). Wir können das Wesen des Lebewesens, das wir hier an Aristoteles angelehnt als Disposition verstehen, auch mit der „Funktion" vergleichen, mit der wir in Kap. 10 in Bezugnahme auf Heidegger bereits das Wesen einer Sache umschrieben haben. Wem es gelingt, nach dem eigenen *telos* zu leben, der ist glücklich.

Dies lässt sich am Beispiel eines Apfelbaums veranschaulichen:

> Ein Apfelbaum ist von Natur aus darauf angelegt, Früchte zu bilden. Zu seinem wesensgemäßen Zweck gehört die Entwicklung der im Spätsommer reif werdenden Äpfel. Wenn der Baum alle Entwicklungsschritte von der Knospenbildung, Blüte, Belaubung, Fruchtbildung bis zur Reife vollziehen kann, lebt er seinem Wesen gemäß. Dafür sind beispielsweise nährstoffhaltiger Boden, ausreichende Bewässerung, die Befruchtung der Blüten und viele Sonnenstunden nötig. Trockenheit, Stürme, Bienensterben, anhaltende Schlechtwetterperioden oder der falsche Baumschnitt können dies verhindern.

Egal ob es sich um eine Wildpflanze oder eine Züchtung handelt, entscheidend ist die Übereinstimmung der Lebensweise mit den Anlagen. Dieses Beispiel zeigt, dass das wesensgemäße Leben auch von Umweltfaktoren abhängt. Einflüsse von außen können die freie Entfaltung ermöglichen oder verhindern. Wenn der Baum Früchte bilden kann, erbringt er die mit seinem Wesen übereinstimmende Leistung (griech. *ergon*). Im wesensgemäßen Leben liegen Freiheit, Authentizität und Glück.

Zusammenfassung

Authentizität kann als Selbstentfaltung in der Welt verstanden werden. Wer authentisch ist, orientiert sich am eigenen Selbst. Die Übereinstimmung mit der Welt führt zur beidseitigen Resonanz und die Übereinstimmung von „I" und „Me" lässt Selbsterkenntnis *(gnothi seauton)* gelingen. Wer sich selbst erkannt hat, kann die Frage, *worauf es eigentlich ankommt*, beantworten. Leitendes Kriterium ist dabei das Empfinden der Stimmigkeit bzw. Nicht-Stimmigkeit. Situationen, in denen die Stimmigkeit gegeben ist, erleben wir als erfüllend (emotive Funktion der Intuition) und auf die Sache (epistemische Funktion der Intuition) und sich selbst (konative Funktion der Intuition) bezogen als authentisch.

Resonanz und Glück können das Ergebnis erfolgreicher Orientierung (konative Funktion der Intuition) am Wesentlichen sein, sie können aber auch als Indikator für die Erkenntnis des Wesentlichen dienen (epistemische Funktion der Intuition).

Authentizität als Evidenz

Im Folgenden möchte ich noch auf Heideggers Gedanken zur Identität eingehen. Er will uns darauf hinweisen, dass wir einen Perspektivwechsel vollziehen müssen, wenn wir die Dinge in ihrem Wesen erkennen wollen. Die reflektierende Betrachtung aus der Perspektive der 3. Person kommt für ihn nicht in Frage. Er wirft dem modernen Denken „Seinsvergessenheit" vor und fordert damit, dass wir die Perspektive der 1. Person einnehmen, um die Welt tiefer zu durchdringen. Nur im Erleben (emotive Funktion der Intuition) wird die Intuition in ihrer epistemischen Funktion wirksam, die uns zeigt, was wesentlich ist.

Während die vorangegangenen Ausführungen zur Resonanz, zur Persönlichkeit und zum gelingenden Leben eher der Selbsterkenntnis zuzuordnen sind, rückt mit Heidegger nun die Objektseite in den Vordergrund.

Martin Heidegger (1889– 1976) geht es darum, mit einem Perspektivwechsel eine neue Form der Weltbeziehung zu ermöglichen, die sich stark vom Kontrolldenken unterscheidet. Ich möchte seinen Zugang mit einer an Franz Brentano (1838–1917) angelehnten Definition als „Evidenz" bezeichnen. Brentano meint, dass Evidenz eine Form der Einsicht ist, die durch nichts Hinzutretendes gerechtfertigt wird, sondern ihre Geltung aus der „*innere*(n) *Eigentümlichkeit in dem Akte des Einsehens selber*" zieht.[5] Evidenz ist also dadurch charakterisiert, dass sie aus der Sache heraus – ohne weitere Erklärung – unmittelbar einleuchtet und somit selbsterklärend ist.

Während *Intuition* häufig als selbstbezogene Eingebung verstanden wird, meint man mit *Evidenz* sachbezogenes Erkennen, das stärker auf die Welt als auf das Selbst gerichtet ist. Beide Erkenntnisformen sind aber nur im Zwischenraum von Selbst und Welt wirksam.

In seinem Vortrag „Der Satz der Identität" aus dem Jahr 1957 unterscheidet Heidegger das „Gleiche" vom „Selben". Diese Differenzierung eröffnet eine interessante Perspektive auf das Wesentliche. Wer Identität als Gleichheit versteht, wird dem Identischen nicht gerecht. Das Identische ist nicht das Gleiche, sondern das Selbe. Das Selbe lässt sich aber nicht mit Gleichartigem vergleichen, weil es einzigartig ist. Dementsprechend kann das Identische auch nicht in einer definierenden Gleichung der Art „A = B" ausgedrückt werden. Genau

---

[5]Franz Brentano, Wahrheit und Evidenz, postum 1930, S. 62.

das versuchen wir aber, wenn wir Informationen über etwas sammeln. Die Informationen B sind etwas anderes als der Gegenstand A, der in seinem Wesen erfasst werden soll. Jeder Definitionsversuch erscheint paradox: Wie soll das, was über etwas informiert, das darstellen, über das es informiert?

Eine Evidenzerfahrung liegt dann vor, wenn wir A wahrnehmen und für unser Verstehen keiner weiteren Erklärung bzw. Definition bedürfen. A spricht dann selbsterklärend aus sich und für sich. Formal ausgedrückt: „A=A" bzw. noch genauer: „A!"

Identität ist nach Heidegger nichts Zusammengesetztes und auch nichts, was durch etwas anderes erklärt werden könnte. Es entsteht und besteht aus sich heraus und kann mit nichts anderem verglichen werden. Das Selbe ist als Unikat bzw. Original nur aus sich selbst zu verstehen. Insofern muss Heidegger auf Evidenz zurückgreifen, um die Erkenntnis des Wesens zu erklären. Er spricht in diesem Zusammenhang dann nicht mehr vom Erkennen durch das Subjekt, sondern vom „Ereignis" des Objekts. Authentische Identität wird demnach nicht erkannt, sondern *ereignet* sich. Unter Berücksichtigung der Tatsache, dass wir Ereignisse erleben, können wir an dieser Stelle beobachten, dass Heidegger die epistemische Funktion der Intuition, also das Erkennen der Sache, in die emotive Funktion, also das Erleben unserer Befindlichkeit, überführt. Es scheint so, dass er den Schwerpunkt wieder auf die Seite des Selbst setzt. Doch dazu gibt es ein Korrektiv zu entdecken: An anderer Stelle spricht Heidegger von der „Erschlossenheit"[6] der Welt, um den seiner Meinung nach noch zu stark am Subjekt positionierten Begriff des „Erkennens" zu vermeiden.

---

[6]Martin Heidegger: Sein und Zeit, 1927, § 29.

Erschlossenheit bezieht sich dabei nicht auf das logische Erschließen wie es im Kontrolldenken praktiziert wird, sondern auf das abgeschlossene Schloss, das im Fall der Erschlossenheit geöffnet ist, so dass sich die Welt offen und unverborgen *(a-letheia)* zeigt. In der Erschlossenheit hat man also den unmittelbaren Zugang zur Welt, wie wir ihn benötigen, um das verborgene Wesen des Dings als das, was es ist (authentisch) zu erfassen.

Die Dinge der Welt zeigen sich also von sich aus als ein Ereignis. Das Subjekt ist dann kein erkennendes Subjekt mehr, sondern ein von diesem Ereignis ergriffenes Objekt. In diesem Zusammenhang spricht Heidegger von „Befindlichkeit" und „Stimmung". Damit sind die ursprünglichen und unverfälschten Zugänge zur Welt bezeichnet. Die Welt versetzt uns in eine *Stimmung*. *Stimmung* ist *Befindlichkeit,* in der wir uns vor-*finden*. Man macht nicht seine eigene *Stimmung*, sondern erkennt in ihr das Wirken der Welt an sich selbst. Das Wesen der Sache, mit der wir es in einer Situation zu tun haben, zeigt sich uns in der Wirkung, die sie an uns als *Befindlichkeit* bzw. *Stimmung* bewirkt. So zeigt sich die *Wirk*-lichkeit an uns selbst.

Heidegger formuliert dies in seinem extravagantem Sprachduktus:

> „*Die Stimmung hat je schon das In-der-Welt-sein als Ganzes erschlossen und macht ein Sichrichten auf … allererst möglich.*" (Heidegger, Sein und Zeit, § 29)

Mit dem Ausdruck *In-der-Welt-sein* bezeichnet er den Zwischenraum zwischen Selbst und Welt. Das *Sichrichten-auf* meint die Zuwendung auf etwas, was man erkennen oder handelnd umsetzen möchte. Damit gibt er die Lösung für die Orientierung in einer komplexen Welt:

11 Intuitive Orientierung als agiles Denken

- Wir sind immer in einer *Stimmung*, die von dem herrührt, was uns jeweils umgibt. In der *Stimmung* zeigt sich das Wirken der Welt auf das Subjekt. Im Bezug der Welt auf uns erkennen wir, was etwas *wirklich* ist. Hier erfahren wir das Wesen der Sache in objektiver Hinsicht (Relevanz).
- Aus der *Stimmung* folgt der Impuls des *Sich-Richtens* auf etwas. Der Weltkontakt provoziert eine Stellungnahme des Selbst, an der wir das Selbst erkennen können. Hier erfahren wir, *worauf es uns eigentlich ankommt*. Das ist das Wesentliche in subjektiver Hinsicht (Pertinenz).

Welterkenntnis deckt *Wirklichkeit*, Selbsterkenntnis *Eigentlichkeit* auf. Relevanz und Pertinenz erhellen sich gegenseitig im Zwischenraum von Selbst und Welt.

Worauf es für unseren Gedankengang ankommt, ist Heideggers Hinweis, dass es eine Alternative zum Kontrolldenken gibt:

Mit *Befindlichkeit* und *Stimmung* bietet er intuitive Erkenntnisformen an, die Welt und Selbst schon so dicht aufeinander beziehen, dass der Zwischenraum viel kleiner geworden ist. Man kann das Subjekt noch als dasjenige erkennen, das von der Welt in eine *Stimmung* gebracht wird. Das Objekt lässt sich als *Ereignis* erahnen. Das Wesentliche wird in subjektiver Hinsicht (emotive Funktion) zur *Stimmung* und in objektiver Hinsicht (epistemische Funktion) zum *Ereignis*.

Heideggers Bemühen um Eintritt in den Zwischenraum von Selbst und Welt ist von der Absicht getragen, der Welt die Erkenntnis auslösende Rolle zuzuweisen. Dieser Ansatz ist nachvollziehbar und als philosophischer Perspektivwechsel auch eine Bereicherung. Heidegger rückt das Wesen der Dinge zwar in den Fokus, doch sein

Bemühen bleibt tendenziell dadurch motiviert, die Welt aus dem Abseits zu befreien, in das die zeitgenössische subjektzentrierte Philosophie sie manövriert hat. Deshalb beklagt Heidegger ja immer wieder die *„Seinsvergessenheit"* der Philosophen. Er bemüht sich, die Welt als Lebenswelt wieder ins Spiel zurückzubringen. Das macht seine Gedanken für unsere Fragestellung interessant. Im Zwischenraum von Subjekt und Objekt gilt Heideggers Hauptinteresse aber erkennbar der objektiven Seite der Lebenswelt. Mit der epistemische Funktion der Intuition wählt er einen Schwerpunkt auf der Weltseite. Insofern ist die Selbst-Welt-Beziehung in seiner Konzeption noch nicht ausbalanciert. Wir werden uns im Zwischenraum an anderer Stelle positionieren müssen.

So verwundert es auch nicht, dass einer seiner Schüler hier korrigierend eingreift und mit seiner eigenen Philosophie wieder die Bedeutung des Subjekts betont. Er möchte das Selbst aus der Einseitigkeit der durch Heidegger definierten passiven Rolle des *Ergriffenseins* durch eine *Stimmung* befreien. Die unverzichtbare Aktivität des Subjekts zeigt sich in der Kunst, die Welt zu verstehen.

Die Kunst des Verstehens

Für Hans Georg Gadamer (1900–2002) ist Verstehen eine aktive Tätigkeit des Subjekts. In seiner Theorie des Verstehens (Hermeneutik) spielt das Subjekt eine wichtigere Rolle als bei Heidegger. Die ausbalancierte Mitte im Zwischenraum zwischen erkennendem Subjekt und erkanntem Objekt ist das angestrebte Ziel im Prozess der Verständigung. Sinnverstehen wird weder vom erkannten

Objekt noch vom erkennenden Subjekt dominiert, sondern muss als eine Bewegung zwischen beiden Seiten aufgefasst werden, zu der wir in jeder Situation aufs Neue aufgefordert sind. Gadamer setzt auf den dynamischen Wandel und plädiert für prinzipielle Offenheit. Damit nimmt er bereits den Gedanken der Agilität vorweg. Das hermeneutische Verfahren ist ein passendes Bild für die Orientierung am Wesentlichen in der VUKA-Welt, weil es agil, situativ und intuitiv ist.

Orientierung ist Bewegung

Husserl, Heidegger und Gadamer gelingt es, sowohl die Narziss-Falle zu umgehen als auch die Echo-Leere zu vermeiden, indem sie Selbst- und Welterkenntnis im Zwischenraum von Selbst und Welt verorten. Für Husserl ist der phänomenale Eindruck, den ein Objekt im erkennenden Subjekt hinterlässt, von zentraler Bedeutung. Heidegger lenkt die Aufmerksamkeit auf die Ergriffenheit des Erkennenden durch das Objekt. Zudem bevorzugen Husserl und Heidegger intuitives Erkennen, um sich vom Methodenzwang der modernen Wissenschaft abzugrenzen. Gadamer setzt nun in seiner philosophischen Hermeneutik auf das Wechselspiel der gegenseitigen Beeinflussung von Selbst und Welt und betont dadurch den Aspekt der Agilität besonders stark, ohne den intuitiven und situativen Charakter des Verstehens zu vernachlässigen. In Gadamers feinsinniger Konzeption des Verstehens wandeln sich sowohl das erkennende Subjekt als auch das zu erkennende Objekt durch ihre Begegnung. Als veranschaulichendes Beispiel für diesen *hermeneutischen Zirkel* bietet sich die Situation an, in der Sie sich als Leser dieses Buches gerade befinden:

> Ob Sie den Text, den Sie in diesem Moment lesen, genauso auslegen, wie ich ihn als Autor gedacht habe, ist fraglich (und auch nicht wesentlich!). Aufgrund Ihrer persönlichen Geschichte und Situation verstehen Sie bestimmte Begriffe anders, als ich sie gemeint habe. Sie stellen Zusammenhänge zu Ihrer eigenen Biografie und Gegenwart her, die ich nicht vorhersehen konnte. Andererseits wird dieses Buch nun auch Teil Ihrer Lebensgeschichte. Wie auch immer Sie mit den hier entfalteten Gedanken umgehen – ob Sie sie ablehnen, annehmen, weiterdenken, modifizieren – eine mehr oder weniger große Wirkung wird die hier entfaltete Philosophie auf Sie ausüben. Und deshalb werden auch Sie sich durch dieses Buch ändern.

Wir sehen an diesem Beispiel, dass sich Subjekt und Objekt durch das Verstehen gegenseitig beeinflussen. Das Buch wird durch den Leser in einem bislang noch nicht entdeckten Sinn interpretiert, der als Möglichkeit schon immer enthalten, aber noch nicht entfaltet war, und der Leser zieht aus dem Buch Erkenntnisse, die seinen Horizont erweitern. Buch und Leser werden durch das Verstehen bewegt, sie sind danach nicht mehr die gleichen wie zuvor.

Diese gegenseitige Beeinflussung von Subjekt und Objekt vollzieht sich bei jeder Begegnung von Selbst und Welt: Als Sinn- und Glückssucher müssen wir offen für die Welt und bereit zur eigenen Veränderung sein.

Offenheit für Korrektur

Während Husserl und Heidegger nach einem Anfangspunkt des Erkennens gesucht haben, der mit Gewissheit wahr und richtig ist, vollzieht Gadamer auch hier einen Perspektivwechsel. Husserl verlangt die Ausklammerung aller Urteile über einen gegebenen Gegenstand *(epoché)*, um die Reinheit des ersten Eindrucks zu wahren. Heidegger fordert mutige Entschlossenheit, um der Wahrheit entgegenzutreten, die darin besteht, was die Welt mit uns als Ergriffenen anstellt. Orientierung beginnt bei beiden an einem Punkt, der sich durch Reinheit, Ehrlichkeit, Wahrhaftigkeit auszeichnet. Anders bei Gadamer: Er setzt den Anfang im Unvollkommenen, Defizitären, Unzureichenden – und ist damit näher an der Lebenswirklichkeit.

Die ursprüngliche Begegnung von Selbst und Welt, die den Ausgangspunkt des Verstehens vor aller Reflexion darstellt, ist unsere *Lebenswelt*. Die Reinigung der Lebenswelt durch Ausklammerung *(epoché)* von subjektiven Einstellungen, vorgefertigten Erwartungen und erlernten Erfahrungen lehnt Gadamer ab. Für ihn ist dies eine unnatürliche und deshalb überflüssige Forderung. Sie ist nicht notwendig, um die Welt und sich selbst zu verstehen. Statt der nachträglichen Reinigung von allen Voraussetzungen, mit denen wir auf die Welt zugehen, wenn wir sie erkennen und verstehen wollen, reicht es nach Gadamer völlig aus, wenn wir bereit sind, diese Voraussetzungen im Verstehensprozess zu verändern – eben dann, wenn es situativ angebracht und angemessen ist. Ein agiler Denker wie Gadamer ist dazu in der Lage und davon überzeugt, weil er weiß, dass man die Welt ohne Vorannahmen gar nicht verstehen kann. Wenn man nämlich in der Begegnung mit den Objekten nicht auf Kategorien und Vorwissen zurückgreift, wird man gar nichts begreifen. Wir können etwas Neues nur verstehen, wenn es uns gelingt, das Neue in unser bereits vorhandenes Wissen zu integrieren. Das geschieht dadurch, dass wir Vergleiche mit dem anstellen, was wir schon als etabliertes Wissen mitbringen, und Zusammenhänge herstellen. Verknüpfungen und Verbindungen bilden das kohärente Netz, dessen Teile durch den Zusammenhang untereinander erst sinnvoll werden. Hinzukommendes Wissen muss sich mit Bestehendem verbinden, indem es sich ihm anschließt oder es verändert.

Objektive Erkenntnis wird nach Gadamer nicht durch methodische Genauigkeit im Erkennen, sondern durch die Bereitschaft abgesichert, unser Wissen zu korrigieren. Allerdings nur, wenn dazu Anlass besteht. Insofern sollten wir, wenn wir eine Situation verstehen wollen, unsere subjektive Einstellung, unsere Erwartungen und auch unsere bisherigen Erfahrungen zulassen, sie aber auch einer Überprüfung durch die Situation unterziehen. Wenn sich die Situation wandelt, wandeln sich auch unsere (Vor-)Urteile. Agilität ist situative Angemessenheit.

Wahrscheinlich erinnern Sie sich jetzt an die Einklammerung *(epoché)* der Wahrheit durch die Skeptiker. Tatsächlich besteht zwischen Gadamer und Sextus Empiricus die Parallele, dass beide immer mit der Möglichkeit rechnen, dass unser vermeintliches Wissen durch unvorhergesehen auftauchende Gründe aufgehoben wird. Gadamer fordert diesbezüglich vom verstehenden Subjekt Gesprächsbereitschaft: „Der andere könnte recht haben". Für die Skeptiker bleibt das Misstrauen gegenüber jeder Erkenntnis generell bestehen, während Gadamer nur die Offenheit verlangt, jede Erkenntnis situativ anzupassen. Das sind zwei unterschiedliche Haltungen, die zwei unterschiedliche Deutungen des auf dem Cover dieses Buches abgebildeten Shruggies erfordern: Während die Skeptiker die schulterzuckende Figur als Ausdruck prinzipieller Unwissenheit auf sich beziehen *("Ich weiß, dass ich nichts weiß")*, sieht der Hermeneutiker darin eher ein Symbol für Weltzugewandtheit: Die geöffneten Arme zeigen an, dass er bereit ist, neue Eindrücke zu empfangen und seine Überzeugungen der Situation anzupassen.

In Gadamers Konzeption führen neue Eindrücke zu Veränderung bzw. Aktualisierung. Man muss sich im

Denken und Handeln nur dann neu orientieren, wenn die Eindrücke dazu Anlass geben. Darin unterscheidet sich die Hermeneutik vom dogmatischen Zweifel der Skeptiker, die auch dann zweifeln, wenn sie verstehen könnten.

Woran erkennt man, dass ein Anlass zum Zweifeln besteht?

Orientierung an der Stimmigkeit: der hermeneutische Zirkel

Der *hermeneutische Zirkel* beschreibt Verstehen als ein Wechselspiel zwischen Selbst und Welt. Ausgangspunkt des hermeneutischen Zirkels sind die Vorurteile, mit denen der Verstehende auf die Welt zugeht. Daran ist nichts negativ, denn der Verstehende tritt der Welt mit offenen Augen und geöffneten Armen entgegen. Das bedeutet, dass er bereit ist, Eindrücke zu empfangen, die auch den Anlass dazu darstellen könnten, dass er seine Vorurteile revidieren muss. Der Indikator für eine notwendige Neuorientierung ist das Gespür dafür, dass das Wechselspiel zwischen Welt und Selbst nicht (mehr) harmonisch verläuft. Kognitive Dissonanzen werden primär als „gestörte Stimmigkeit" empfunden. Der Impuls zur Überprüfung der gewohnten Überzeugungen kommt dann von einer Störung im Gefühl für Angemessenheit: Das Spiel zwischen Welt und Selbst gelingt nicht mehr.

In diesem Fall öffnet der agile Denker seine Arme, weil er bereit ist, den Ball, den die Welt ihm zuwirft, aufs Neue zu fangen. Um die Balance zwischen Selbst und Welt wiederherzustellen, muss er dabei seine Position und Fangtechnik anpassen. Im Geben und Nehmen, das dem Hin und Her zwischen Werfer und Fänger beim Ballspiel gleicht, zeigt sich die Zirkelstruktur des Verstehens:

Wir werfen unsere Vorurteile wie einen Ball in die jeweilige Situation, die wir verstehen wollen. Dann versuchen wir, den zurückgeworfenen Ball zu fangen. Damit uns dies gelingt, müssen wir bereit sein, unsere Position zu verlassen. Wir müssen agil sein und uns der Situation anpassen. Gadamer stellt die erste Hälfte des folgenden Gedichts von Rilke gleichsam als Motto an den Anfang seines Hauptwerks „Wahrheit und Methode" aus dem Jahr 1960:

> *Solang du Selbstgeworfnes fängst, ist alles*
> *Geschicklichkeit und lässlicher Gewinn -;*
> *erst wenn du plötzlich Fänger wirst des Balles,*
> *den eine ewige Mit-Spielerin*
> *dir zuwarf, deiner Mitte, in genau*
> *gekonntem Schwung, in einem jener Bögen*
> *aus Gottes großem Brücken-Bau:*
> *erst dann ist Fangen-Können ein Vermögen, –*
> *nicht deines, einer Welt. Und wenn du gar*
> *zurückzuwerfen Kraft und Mut besäßest,*
> *nein, wunderbarer: Mut und Kraft vergäßest*
> *und schon geworfen hättest... (wie das Jahr*
> *die Vögel wirft, die Wandervogelschwärme,*
> *die eine ältre einer jungen Wärme*
> *hinüberschleudert über Meere -) erst*
> *in diesem Wagnis spielst du gültig mit.*
> *Erleichterst dir den Wurf nicht mehr; erschwerst*
> *dir ihn nicht mehr. Aus deinen Händen tritt*
> *das Meteor und rast in seine Räume...*
> (Rilke, Die Gedichte 1922 bis 1926, Muzot, 31. Januar 1922)

Anhand dieser poetischen Darstellung unseres Weltbezugs als Ballspiel, das wir als Bild für den hermeneutischen Zirkel auffassen dürfen, möchte ich erklären, was es mit dem Wesentlichen aus hermeneutischer Perspektive auf sich hat, und zeigen, an welchem Kriterium wir uns orientieren sollten:

11 Intuitive Orientierung als agiles Denken

Rilke spielt auf die Narziss-Falle an, wenn er feststellt, dass es wertlos ist *(„lässlicher Gewinn")*, sich nur selbst zu spiegeln *(Selbstgeworfnes fangen)*. Wertvoll wird die Weltbeziehung erst, wenn die Welt zur *„ewigen Mitspielerin"* wird und uns die Bälle zuwirft. Damit ist der Perspektivwechsel gemeint, dass die Erkenntnis des Wesentlichen nicht vom Kontrolldenken des Subjekts ausgeht, sondern vom Objekt, das uns *ergreift* (Heidegger) bzw. uns in *Schwingung* versetzt (Rosa). Das bedeutet aber, dass das Subjekt empfänglich bleibt, statt kontrollieren zu wollen. Es sollte ohne Erwartungen abwarten, was „mit ihm geschieht". Diese Haltung haben wir in Anlehnung an christliche Mystik und antike Skepsis als „Schweben und Loslassen" bezeichnet. Die Kontrolle abzugeben und auf die Intuition zu vertrauen, braucht Mut: *„erst in diesem Wagnis spielst du gültig mit"*.

Mit der Narziss-Falle und der Echo-Leere sind zwei Extreme bezeichnet, zu denen wir tendieren, wenn es uns nicht gelingt, die Balance zwischen Selbst und Welt herzustellen. Werfen (Ergreifen) und Fangen (Ergriffenheit) gelingen von diesen Positionen aus nicht. Nur wer das rechte Maß in der Mitte findet, ist spielbereit. Aus dieser Position kann er an seinem Wirken auf die Welt (Ergreifen) erkennen, was ihn bewegt *(worauf es ihm eigentlich ankommt)* und empfangen (Ergriffenheit), *was die Dinge wirklich sind*. Erst wenn wir die Positionen an den Rändern des Zwischenraums verlassen und uns von unserem Gespür für Angemessenheit geleitet in die Mitte begeben, gelingt das Spiel des Werfens und Fangens: *„Erleichterst dir den Wurf nicht mehr; erschwerst dir ihn nicht mehr."* Wer sich den Wurf erleichtert tendiert zu stark zum Selbst/ Subjekt (Narziss-Falle), wer ihn sich erschwert, verliert sich selbst in der Welt/ im Objekt (Echo-Leere).

Wenn wir die Balance im Spiel finden, sind wir bereit, von der Welt zu empfangen: *„wenn du plötzlich Fänger wirst des Balles, den eine ewige Mit-Spielerin dir zuwarf".* Zugleich wirken wir aus unserem Wesen heraus in die Welt, indem wir den Ball werfen: *„Aus deinen Händen tritt das Meteor und rast in seine Räume…".*

Wenn wir *„in der Mitte"* bleiben (Rilke setzt die Worte im fünften Vers passender Weise in die Mitte der Zeile), also zur Besinnung (Besonnenheit und Mäßigung) kommen und auf unseren intuitiven Sinn für Stimmigkeit hören, sind wir orientiert. Dann richten wir unser Erkennen (Ball fangen) und Handeln (Ball werfen) auf das Wesentliche.

In diese Fähigkeit setzen wir die Hoffnung auf ein gelingendes Leben, in dem Sinn erkannt wird (Fangen) und Handeln glückt (Werfen).

Die Mitte zwischen Narziss und Echo, zwischen Subjekt und Objekt, zwischen Ergreifen und Ergriffenheit, zwischen Selbst und Welt zu finden, macht die Kunst der Orientierung in einer komplexen Welt aus. Dazu braucht es den Mut, das Kontrolldenken aufzugeben und sich auf die Begegnung mit der Welt einzulassen. Die Mitte zu finden, wird zum Kriterium, welches das Ballspiel zwischen uns und der Welt gelingen lässt. Ich möchte es als *situative Stimmigkeit* bezeichnen.

Wir können den hermeneutischen Zirkel, den wir am Ballspiel veranschaulicht haben, auch mit der Theorie kognitiver Entwicklung von Jean Piaget (1896–1980) vergleichen:

Piaget beschreibt den Wissenserwerb des Menschen als einen *adaptiven* Prozess, in dem es darum geht, Gleichgewicht *(Äquilibration)* zwischen den gelernten Mustern *(Schemata)* und der Wirklichkeit herzustellen. Wenn der Mensch etwas Neues erfährt, dann versucht er, es in

11 Intuitive Orientierung als agiles Denken

die Muster, die er bereits erlernt hat, einzuordnen und gegebenenfalls auch einzupassen *(Assimilation)*. Wenn dies nicht gelingt, dann muss er das Schema ändern und sein Vorwissen der Wirklichkeit anpassen *(Akkommodation)*.

Orientierung ist immer dann gewonnen, wenn der Zustand der *Äquilibration* bzw. Stimmigkeit zwischen Wirklichkeit (Welt) und Wissen (Subjekt/*Schema*) hergestellt ist.

> Man hat in Europa lange Zeit die Vorstellung *(Schema)* gehabt, dass alle Schwäne weiß sind. Als die Europäer dann aber im 18. Jahrhundert Australien entdeckten, konnten sie die bislang unbekannten Trauerschwäne mit schwarzem Gefieder beobachten. Alle Merkmale eines Schwans wurden eindeutig erfüllt – nur die Farbe passte nicht. Um die Stimmigkeit zwischen den Vorannahmen des Subjekts *(Schema)* und den Eindrücken aus der Wirklichkeit wiederherzustellen, musste das Vorurteil, dass alle Schwäne weiß sind, korrigiert werden *(Akkommodation)*.

Damit man den Ball, den die Welt uns zuwirft, fangen kann, muss man seine Position verändern *(Agilität)*. Aus der neuen Position wirft man den Ball dann mit der Hoffnung in die Welt, dass er dort wieder aufgefangen wird. Wir müssen unser Fangen *(Akkommodation)* und Werfen *(Assimilation)* situativ anpassen, damit das Hin und Her des hermeneutischen Zirkels gelingt *(Äquilibration)*.

Das Wesentliche haben wir dann erkannt, wenn wir mit der Welt so kooperieren, dass wir die Welt fangen und uns selbst in die Welt „werfen" können, weil sie uns fängt.

Unsere höchsten Lebensziele Glück und Sinn erreichen wir, wenn wir eine Position im Zwischenraum von Selbst und Welt eingenommen haben, von der aus das Spiel gelingt. Die Welt ist in Bewegung, deshalb müssen wir unsere Position verändern und immer wieder nach dem angemessenen Standpunkt suchen. Wir bleiben nicht an festen Orientierungspunkten stehen (vgl. Leitfrage 4), sondern begleiten die sich verändernde Lebenswirklichkeit, so dass eine agile Leitlinie entsteht. Woran wir uns in der Kunst des Verstehens, in der gelingenden Lebensführung und in der Erkenntnis des Wesentlichen orientieren, ist unser Gespür für die situative Stimmigkeit zwischen Selbst und Welt.

12

Fazit: Orientierung am Wesentlichen

Im Folgenden werde ich den Gedankengang des Buches in Kurzform wiedergeben und abschließend auf die Leitfragen eingehen.

Die Corona-Krise hat uns darauf aufmerksam gemacht, dass Wachstum und Beschleunigung nicht die entscheidenden Werte eines gelingenden Lebens sind. Es kommt gar nicht darauf an, zu wissen, welche Ziele im Leben erreicht werden müssen. Wichtiger ist es, zu erkennen, worauf es in jener Lebenslage, in der man sich gerade befindet, wirklich ankommt. Nicht ein allgemein gültiger Orientierungspunkt, sondern die Fähigkeit, sich zu orientieren, ist entscheidend.

In diesem Buch wurde das agile Denken als die Intelligenz, mit der wir uns in der komplexen Welt orientieren können, vorgestellt.

Alles in allem ging es um den Perspektivwechsel vom Kontrolldenken zum agilen Denken. Wenn wir in komplexen Situationen am Kontrolldenken festhalten, verstärken wir die Verunsicherung. Im dichten Nebel ein fernes Ziel anzusteuern, ist nicht sinnvoll. Agiles Denken bedeutet, die Kontrolle über das Gesamtgeschehen (vorübergehend) abzugeben und auf Sicht zu fahren. Das bislang bewährte Kontrolldenken hingegen basiert auf zwei Prinzipien, die wir überwinden sollten:

a) Dominanz: Man möchte seine Interessen durchsetzen.
b) Verantwortungslosigkeit: Die Verantwortung für meine Entscheidungen liegt bei den Fakten.

Für den Perspektivwechsel zum agilen Denken ist es nötig, dass man die Orientierungslosigkeit als Wirklichkeit unserer komplexen Welt akzeptiert und dieses Ausgeliefertsein erträgt. Dann sollte man auch die Konsequenzen ziehen und den Mut aufbringen, aus sich selbst zu entscheiden. Die beiden Prinzipien des Kontrolldenkens werden dadurch in ihr Gegenteil verkehrt:

a) Kontingenz: Man muss sich auf die Welt einlassen.
b) Verantwortungsübernahme: Die Verantwortung für die Entscheidungen liegt bei mir selbst.

Der Perspektivwechsel vom Kontrolldenken zum agilen Denken besteht also darin, sich auf Situationen einzulassen, um für die Intuition, die das Wesentliche anzeigt, bereit zu sein. Wenn wir uns an unserem Gespür für situative Stimmigkeit bzw. Angemessenheit orientieren, können wir die Balance zwischen Selbst und Welt halten. Das Balancieren ist kein Kraftakt, sondern feinfühliges Geben und Nehmen von Impulsen. Wer in der Balance ist, kämpft nicht gegen die Welt an, sondern spielt mit. Diese Haltung („Mindset") zeigt sich im Denken darin, dass wir uns von der Welt ergreifen lassen, und im Handeln darin, dass wir das Leben selbst ergreifen:

a) Ergriffenheit: Wir müssen uns auf die Welt einlassen.
b) Ergreifen: Wir dürfen uns nicht hinter den (nicht mehr eindeutigen) Fakten verstecken, sondern müssen uns selbst ins Spiel bringen.

Der Wechsel vom Kontrolldenken zum agilen Denken erfordert Mut und den Willen zur selbstbestimmten Lebensgestaltung.

Der Gedankengang: Intuition und Information

Verunsicherung und Orientierungslosigkeit wurden in den ersten Kapiteln als Herausforderungen unserer Zeit diagnostiziert. Daraus ergab sich die Frage, ob es angesichts der Vielzahl und der Unzuverlässigkeit von Informationen eine alternative Orientierungsmöglichkeit gibt. Im dritten Kapitel konnten wir feststellen, dass wir im Allgemeinen schon immer wissen, worauf wir orientiert sind: Glück und Sinn sind die höchsten Ziele eines gelingenden Lebens. Die Schwierigkeit besteht aber darin, abzuschätzen, was Glück und Sinn in einer konkreten Situation bedeuten. Durch die zunehmende Komplexität der VUKA-Welt, die in Kap. 1 lebensweltlich beschrieben und in Kap. 5 strukturell reflektiert wurde, verschärft sich die Orientierungslosigkeit.

Bisher waren wir mit dem analytischen Kontrolldenken erfolgreich. Die für das faktenbasierte Kontrolldenken typische Orientierung an Informationen muss erweitert bzw. überwunden werden, denn in der VUKA-Welt können wir die Verlässlichkeit von Information nicht mehr garantieren. Antike Skepsis und philosophische Mystik geben Anregungen für die Überwindung des Kontrolldenkens. Beide Richtungen bieten Orientierung, ohne auf Informationen zurückzugreifen: Der Skeptiker empfindet Orientierungslosigkeit als Erleichterung, während der Mystiker darauf hoffen kann, dass die Welt sich selbst zu erkennen gibt. Kap. 8 hat aber auch gezeigt, dass diese Ansätze noch nicht ausreichen.

Aus der Abhängigkeit von Daten lösen wir uns, indem wir den Zwischenraum zwischen Selbst und Welt in den Blick nehmen. Kap. 9 und 10 konnten zeigen, dass wir das Wesentliche nur in konkreten Situationen erleben, wenn also Welt und Selbst in Beziehung treten.

Ohne Subjektbezug kann Orientierung nicht gelingen. Immer wieder konnten wir an verschiedenen Spielarten des Gespürs für Stimmigkeit und Angemessenheit (z. B. Klugheit, authentische Erkenntnis, Schönheitsempfinden, Sinnverstehen, Urteilskraft) feststellen, dass wir die Welt aus der 1. Person-Perspektive wahrnehmen müssen, um das Wesentliche zu erkennen: Nur das „Ich", nicht das „Man" kennt das Wesentliche.

Unsere Einstellung sollte sich also dahingehend ändern, dass wir auch in der Komplexität auf die Lebendigkeit der Situation vertrauen, die sich darin zeigt, dass sich in jeder Situation etwas mit uns ereignet. Dabei hilft die im 6. Kapitel vorgestellte Kombination aus agiler Anpassung, Resilienzbewusstsein und dem für Salutogenese erforderlichen Kohärenzgefühl. Agiles Denken setzt auf situative Angemessenheit, während Resilienz und Kohärenzgefühl aus dem Vertrauen in die Vernünftigkeit der Intuition die Kraft gewinnen, den Kontrollverlust auszuhalten: Mit Selbstvertrauen in unsere intuitive Urteilsfähigkeit gewinnen wir aus situativen Evidenzerfahrungen sicheres Wissen über das Wesentliche.

Der „Sinn fürs Wesentliche" steht auf folgenden drei Säulen: Um komplexe Situationen zu verstehen, müssen wir keine Regeln befolgen, sondern uns auf unser hermeneutisches Feingefühl verlassen *(comprehensibility)*. Aus der Tatsache, dass intuitives Denken vernünftig ist

12 Fazit: Orientierung am Wesentlichen

(vgl. z. B. Aristoteles' *phronesis* und Kants *Urteilskraft*), ziehen wir die Gewissheit, dass wir auch in der VUKA-Welt ein sinnvolles Leben führen können (*meaningfulness*). Unsere verlässliche Sensibilität für Angemessenheit ermöglicht uns das Erkennen situativ richtiger Lösungen und kluge Urteilsfindung (*manageability*). Demnach verfügen wir über die Kompetenzen, mit denen Orientierung in einer komplexen Welt gelingt: Verstehen, Vernunft und Gespür.

Von der künstlichen Intelligenz ist keine Orientierungshilfe zu erwarten, weil sie konkrete Situationen nicht aus der 1. Person-Perspektive des betroffenen Selbst wahrnehmen kann. Das haben wir schon in Kap. 4 festgestellt. In Kap. 11 ist dann deutlich geworden, dass informationsbasierte Simulation das empfindende Erleben der Wirklichkeit nicht ersetzen kann.

Das Wesentliche zeigt sich situativ in einem gelassenen Bezug zur Lebenswirklichkeit. Wir müssen uns von der Welt ergreifen lassen und in der Welt das ergreifen, was unserem Selbst entspricht.

Die Methode: Perspektivwechsel

Orientierung in der Komplexität verlangt die doppelte Bereitschaft, sich auf neue Situationen einzulassen und sich selbst ins Spiel zu bringen. Da Übersicht, Eindeutigkeit und feste Spielregeln fehlen, erfordert es Mut, sich auf die Veränderungen einzulassen. Das Gespür für *situative Stimmigkeit* ist das einzige Kriterium, mit dem wir uns am Wesentlichen orientieren können.

Agiles Denken ist darauf ausgerichtet, das rechte Maß zu finden und zu halten. Wenn der Weltbezug vernachlässigt wird, verlieren wir den klaren Blick fürs Wesentliche. In Kap. 9 wurde vor dieser „Narziss-Falle" gewarnt. Dagegen führt reine Datensammlung in die Bedeutungslosigkeit, was wir im gleichen Kapitel als „Echo-Leere" bezeichnet haben. Um die Balance zwischen Selbst und Welt zu wahren, ist ein Gespür notwendig, das in Kap. 8 als wechselseitige Erkenntnis von Selbst und Welt, in Kap. 10 als harmonisches *role-set* einer Persönlichkeit und als *phänomenaler Eindruck* der Wirklichkeit umschrieben wurde. Bei diesen Überlegungen ist uns der enge Zusammenhang von Glücksempfinden und Selbsterkenntnis aufgefallen: Glück ist ein Indikator für das, was für eine Person wesentlich ist.

Die Anwendung: Angemessenheit spüren

Die wechselseitige Erkenntnis von Selbst und Welt ließ das Grundprinzip des agilen Denkens sichtbar werden: *situative Stimmigkeit*. Kap. 11 stellte mehrere Anwendungsformen dieses intuitiven Gespürs vor. So wird die Erkenntnis des Wesentlichen nicht nur in den Tugenden Klugheit und Besonnenheit, sondern auch in Authentizität und der Kunst des Verstehens durch den Sinn für Angemessenheit ermöglicht. Dabei wurde immer wieder deutlich, dass zwei Anforderungen erfüllt sein müssen:

- Welterkenntnis: Die notwendige Bereitschaft für Überraschungen zeigen wir, indem wir uns in konkreten Situationen von etwas *ergreifen* lassen.
- Selbsterkenntnis: Die Bereitschaft, sich selbst *etwas ergreifend* ins Spiel zu bringen, ermöglicht es uns, dass wir uns in neuen Situationen selbst entdecken.

Der Erfolg: Das Glück erfüllter Lebenszeit

Mit der agilen und intuitiven Ausrichtung gelingt es uns, die „Stimmigkeit" in sich verändernden Situationen als Indikator für das Wesentliche einzusetzen. Indem wir intuitiv erfassen, *worum es uns eigentlich geht* und *was die Dinge wirklich sind,* konkretisieren wir unsere allgemeine Ausrichtung auf Glück und Sinn. Unser Bezug zur Welt wird durch die Orientierung am Wesentlichen intensiver, denn wir verschwenden dann keine Lebenszeit mit Unwesentlichem.

Die Empfehlung: Sich selbst ins Spiel bringen

Wir sollten uns auch weiterhin an Informationen orientieren. Die Frage, ob Intuitionen oder Informationen die bessere Orientierung bieten, stellt sich nicht. In diesem Buch konnte gezeigt werden, dass wir Intuitionen nutzen, um aus der Informationsflut diejenigen Nachrichten auszusuchen, die Wesentliches enthalten. Das bedeutet, dass wir uns auch im auf Information basierenden Kontrolldenken immer schon auf unseren Sinn fürs Wesentliche verlassen. In jeder Abwägungsentscheidung, die mehrere Ansprüche vergleicht, und in jedem Urteil, das allgemein Geltendes und konkret Gegebenes verbindet, verlassen wir uns bereits auf den intuitiven Sinn fürs Wesentliche. Rationales Begründen und Abwägen auf der Basis von Information hat also immer schon einen entscheidenden intuitiven Anteil.

Außerdem benutzen wir Intuition als Information: Wir nutzen die Information, dass etwas für uns wesentlich ist, als starkes Argument für unsere rationale Lebensführung. Intuitionen fließen als Informationen in unsere Überlegungen ein und werden zu einem starken Grund, sich für oder gegen etwas zu entscheiden. Rationale Denker geben auch ihrem Bauchgefühl einen Wert, wenn sie überlegen, was richtig ist.

Letztendlich treffen wir Entscheidungen und Urteile, wenn sich im Nachdenken ein Überlegungsgleichgewicht *(reflective equilibrium)* eingestellt hat. Unser rationales Überlegen zielt darauf ab, festzustellen, dass etwas „stimmt". Hier zeigt sich, dass rationales Denken mit dem intuitiven Gespür für Stimmigkeit beginnt und endet: Wenn „etwas nicht stimmt", denken wir so lange darüber nach, bis wir eine „stimmige" Lösung gefunden haben. Unsere Reflexionen werden vom Gespür für Stimmigkeit eingerahmt. Wir sollten zwischen Rationalität (Denken nach System 2) und Intuition (Denken nach System 1) also keinen einander ausschließenden Widerspruch konstruieren. Tatsächlich arbeiten die von Kahneman und Tversky identifizierten und differenzierten Denksysteme zusammen.

In diesem Buch konnte gezeigt werden, dass die intuitive Erkenntnis des Wesentlichen nichts anderes ist als Empfinden von Angemessenheit. Wenn wir Überlegungen anstellen, mit denen wir kluge Entscheidungen, angemessene Urteile, authentische Erkenntnisse und die Einsicht in sinnvolle Zusammenhänge gewinnen, dann verlassen wir uns auf unser intuitives Gespür für Stimmigkeit. All diese Orientierungsleistungen haben wir in Kap. 11 ausführlich analysiert, um festzustellen, dass Intuition und Rationalität keine einander ausschließenden Alternativen, sondern die Einheit unserer Vernunft sind.

In Zeiten, in denen es immer schwieriger wird, wertvolle und verlässliche Informationen zu selektieren, wird der intuitive Anteil unseres Denkens aber immer

12 Fazit: Orientierung am Wesentlichen

wichtiger. Gerade in der Corona-Krise haben wir erlebt, wie schwer es uns fällt, mit Unsicherheit umzugehen. In der VUKA-Welt gehört es zur Normalität, dass wir Informationen nicht trauen können und Informationsdefizite mit unserer Vernunft kompensieren müssen. Fehler, Irrtümer und blinde Flecken müssen intelligent bewältigt werden. Mit dem bislang erfolgreichen Kontrolldenken in einer gut informierten Wissensgesellschaft haben wir es uns abgewöhnt, bewusst auf uns selbst Bezug zu nehmen. Vernünftiges Denken und Handeln schien den Selbstbezug auszuschließen. Das hat sich nun geändert. Es ist Zeit, uns selbst wieder ins Spiel zu bringen. Das nur aus der 1. Person-Perspektive wahrnehmbare Gespür für Stimmigkeit ist ein verlässliches Kriterium der Orientierung. Zur subjektiven Konstruktion von Wirklichkeit, unkontrollierten Willkür oder affektiven Manipulation wird Intuition nur demjenigen, der in die Narziss-Falle (vgl. Kap. 9) tappt. Die in diesem Buch vorgestellte Intuition des Wesentlichen muss hingegen den Ansprüchen des Gespürs für Stimmigkeit genügen. Dabei ist der unverzichtbare Weltbezug (Eindruck und Ergriffenheit) eine strenge Absicherung gegen jede Form von Subjektivismus. Mit dem feinsinnigen Gespür für Stimmigkeit im Zwischenraum von Welt und Selbst wird das agile Denken zu einer verlässlichen Intelligenzform, mit der wir auch der zunehmenden Gefährdung durch Lüge, Täuschung und Manipulation begegnen sollten.

Als Sinn fürs Wesentliche bietet agiles Denken Orientierung in einer komplexen Welt. Da das Konzept auf den drei Säulen *comprehensibility*, *meaningfulness* und *manageability* ruht, sind Vernunft, Verstehen und Anwendbarkeit garantiert.

Die Rationalität des intuitiven Denkens

Gewöhnlich werden rationales und intuitives Denken als gegensätzliche Strategien angesehen (vgl. System 1 und System 2 bei Kahneman/Tversky). Dass diese Gegenüberstellung nicht gerechtfertigt ist und dass beide Ansätze vielmehr eine Einheit bilden, konnte in diesem Buch mehrfach gezeigt werden. Abgesehen davon, dass Rationalität von Intuition eingerahmt wird, wenn es um Abwägen und Angemessenheitsbestimmung geht, und dass Klugheit und Sinnverstehen Formen intuitiver Intelligenz sind, möchte ich an dieser Stelle ein noch verbleibendes Vorurteil widerlegen:

Die Einschätzung, dass rationales Denken sich an Fakten und allgemeingültigen Wahrheiten orientiert, während Intuition auf Empfindung und subjektive Überzeugung ausgerichtet ist, hat sich durchgesetzt. Dabei wird vor allem die Allgemeingültigkeit der rationalen Urteile als Vorteil gegenüber der Intuition unterstellt. Aber was ist damit eigentlich gemeint?

Der besondere Nutzen der Rationalität liegt scheinbar darin, dass bekannte allgemeine Wahrheiten in jeder Problemsituation gültige Aussagen liefern und uns die Orientierung dadurch erleichtern, dass wir auf sie jederzeit zurückgreifen können, ohne in jeder Situation aufs Neue Beweise und Begründungen heranziehen zu müssen.

Die Vorteile der Rationalität liegen also in…

a) ihrer Verlässlichkeit in jeder Situation und

b) der Erleichterung der Entscheidungsfindung.

Diese Annahmen sind keinesfalls unproblematisch, sollen hier aber nicht angezweifelt werden, da wir ja nicht auf eine Kritik, sondern einen Vergleich aus sind. Was kann das intuitive Denken diesen Vorteilen entgegenhalten?

12 Fazit: Orientierung am Wesentlichen

Das intuitive Denken kann keine festen Orientierungspunkte benennen, sondern muss immer wieder neu empfinden. Im intuitiven Denken gibt es keine allgemeingültigen Wahrheiten. Das leitende Kriterium ist das Gespür für Stimmigkeit bzw. Angemessenheit. Während rationales Denken sich auf Gründe bezieht, die prinzipiell richtig sein müssen, beschränkt sich die Methode des empfindenden Denkens auf Intuition und Agilität, die scheinbar nur subjektive und situative Ergebnisse liefern. Doch diese Einschätzung ist falsch:

a) Verlässlichkeit: Mit dem Bekenntnis zur Agilität ist die Aufforderung verbunden, situativ zu entscheiden. Für jede Situation wird die passende Lösung gefunden, indem wir uns situativ orientieren (konative Funktion der Intuition).

b) Erleichterung: Das Gespür für Stimmigkeit stellt sich als intuitives Empfinden (emotive Funktion der Intuition) in dem Moment ein, in dem wir mit der jeweiligen Situation konfrontiert sind. Es gibt keinerlei Verzögerung und auch kein anstrengendes Abwägen und Schlussfolgern. Wenn wir etwas verstehen, geschieht das in einem Moment, in dem uns etwas blitzartig aufgeht. Nicht die langwierige Analyse, sondern der spontane Augenblick der Klarheit ist der Zeitpunkt der Intuition. Intuition ist also eine Erleichterung.

Auch das intuitive Denken liefert in jeder Situation (Agilität) und ohne Anstrengung (Intuition) Antworten auf unsere Fragen. Verlässlichkeit und Erleichterung sind keine exklusiven Vorteile rationalen Denkens.

Wer in der komplexen Welt, in der es nur unsichere Informationen und sich immer weiter verzweigende

Begründungsketten gibt, an allgemeingültigen Wahrheiten festhält, erkauft sich die Vorteile, die auch mit der Gelassenheit des agilen Denkers garantiert werden, zu einem zu hohen Preis. So wie ein Autofahrer den Motor überlastet, wenn er einen Berg im hohen Gang bezwingen will, scheitert der Kontrolldenker beim Versuch, komplexe Situationen durch das Sammeln von Informationen und das Kämpfen um den Überblick zu bewältigen.

Wer sich im Handeln und Denken am Wesentlichen orientiert, vertraut seiner Intuition. Das heißt aber nicht, dass sein Verhalten ausschließlich affektgetrieben und rein impulsiv ist. Keineswegs wird er dadurch zum Spielball seiner Neigungen. Push- und Pull-Prinzip sind hier deutlich unterscheidbar. Das intuitive Denken, wie es in diesem Buch konzipiert wurde, wird von einem entscheidenden Moment der Selbstbestimmung getragen: Man folgt nicht einem spontanen Drang, weil man sich nicht dagegen wehren kann, sondern man wählt aus freien Stücken das intuitiv Erkannte, weil die Intuition darin Wesentliches markiert. Unfrei ist, wer nicht reflektiert und nur noch von Affekten getrieben wird. Das ist nicht mit der Intuition des Wesentlichen gemeint. Frei ist derjenige, der nach dem Pull-Prinzip das als Ziel wählt, was er als das Vernünftige erkannt hat – auch wenn diese Erkenntnis intuitiv gewonnen wurde.

Dass es gute Gründe gibt, sich in der komplexen Welt an der Intuition des Wesentlichen zu orientieren, wollte dieses Buch zeigen: Unserem Gespür für Stimmigkeit und Angemessenheit zu folgen, bedeutet…

- Freiheit und Würde in einer unberechenbaren Welt zu wahren, indem wir unser Leben im Vertrauen auf die eigene Vernunft gestalten.

12 Fazit: Orientierung am Wesentlichen

- die höchsten Ziele des gelingenden Lebens als das Wesentliche in einer konkreten Situation zu erfahren: Glück und Sinn.

In diesem Buch habe ich rational argumentiert und an intuitives Empfinden appelliert. Wenn es darum geht, das Leben zu verstehen, müssen wir aus der 1. Person-Perspektive wahrnehmen, was etwas für uns ist. Wenn es aber darum geht, Sinn zu erkennen, müssen wir Konsequenzen ziehen und Widersprüche aufdecken.

Das in diesem Buch vorgestellte Konzept setzt sich aus drei Schritten zusammen: Zunächst öffnen wir uns in Gelassenheit und Selbstsicherheit für intuitives Empfinden (emotive Funktion der Intuition). So erkennen wir intuitiv, was aufgrund der empfundenen Stimmigkeit in Selbst- und Welterkenntnis wesentlich ist (epistemische Funktion der Intuition). Anschließend orientieren wir uns in unserem Denken und Handeln am Wesentlichen (konative Funktion der Intuition). Das Buch hat argumentierend gezeigt (Rationalität), dass wir unserer Intuition trauen können, weil sie auf den drei salutogenetischen Säulen *comprehensibility*, *meaningfulness* und *manageability* beruht. Aus philosophischer Sicht können wir das Fazit ziehen, dass die intuitive Orientierung am Wesentlichen vernünftig ist: Sie trägt zu einem gelingenden Leben bei.

Antworten auf die Leitfragen

Von der Wiederholung der in den einzelnen Kapiteln bereits festgehaltenen Antworten auf die vier Leitfragen möchte ich absehen. An geeigneten Stellen habe ich bereits Teilergebnisse zu den jeweiligen Fragen zusammengefasst. Über das Stichwortregister können Sie unter dem

Schlagwort „Leitfragen" auf die betreffenden Textstellen zugreifen. Die folgenden Gedanken sind deshalb nur als pointierter Abschluss des Gedankengangs zu verstehen.

1. *Ist es möglich, sich ohne Überblick richtig zu entscheiden?*
   Niemand wird bestreiten, dass eine Entscheidung für das Wesentliche richtig ist. Eine Entscheidung für das Wesentliche basiert aber grundsätzlich nicht auf dem Überblick über die Situation. Da das Wesentliche sich nicht als Information **über** eine Situation zeigt, sondern „etwas **in** einer Situation zu erleben" bedeutet, steht man direkt mit der zu verstehenden Sache bzw. Angelegenheit in Kontakt. Das Erleben aus der 1. Person-Perspektive ist der distanzierten 3. Person-Perspektive vorzuziehen, weil sie uns unmittelbar empfinden lässt, worauf es uns eigentlich ankommt, wenn wir uns in dieser Situation befinden.

2. *Welche Kriterien sind entscheidend, wenn Informationen keine Rolle spielen?*
   Dieses Buch hat Sie mit Argumenten darüber informiert, dass es vernünftig ist, sich in komplexen Situationen am intuitiven Sinn fürs Wesentliche zu orientieren. Wir erkennen intuitiv und begründen rational.
   Dessen unbenommen bleibt die Intuition des Wesentlichen eine Empfindung des erkennenden Selbst, die als Evidenzerfahrung selbsterklärend ist, keiner Begründung bedarf und keinem Kriterium außer sich selbst genügen muss. Wir müssen also zwischen Intuition und der Orientierung an der Intuition unterscheiden. Intuition ist durch kein hinzutretendes Kriterium legitimiert. Dass wir uns aber an dieser Intuition orientieren sollten, ist durch dieses Buch begründet. Insofern stellt die Argumentation des

12 Fazit: Orientierung am Wesentlichen

Buches das rationale Kriterium dar. Wichtiger ist aber der folgende zweite Teil der Antwort auf Leitfrage 2: Auch im Kontrolldenken ist das Gespür für Angemessenheit bzw. Stimmigkeit das ausschlaggebende Kriterium. Das rationale Begründen, das Auswerten von Daten und die begriffslogische Ableitung enden immer dann erfolgreich, wenn wir feststellen, dass wir nicht weiter argumentieren, analysieren, prüfen, rechnen und zählen müssen. Wie stellen wir aber fest, dass unsere rationalen Bemühungen ausreichen? Letztendlich ist es das Gespür für Angemessenheit, das uns sagt, dass wir in dieser Situation ausführlich und gründlich genug nachgedacht haben, so dass wir dem Ergebnis unseres rationalen Kontrolldenkens trauen können und uns daran orientieren sollten. Aufgrund dieser Intuition orientieren wir uns – auch im Kontrolldenken. Das Gespür für Angemessenheit bzw. Stimmigkeit ist das entscheidende Kriterium für unser Denken in System 1 und in System 2 (vgl. Kahneman).

3. *Unter welchen Bedingungen kann das subjektive „Fürwahrhalten" Wahrheit ersetzen?*
Das Wesentliche unterscheidet sich vom Wahren. Während „Wahrheit" ein (deskriptives) Qualitätskriterium für Aussagen über die Welt darstellt, hat das Wesentliche die (konativ-normative) Funktion, uns in unserer Lebensführung zu orientieren. Der Unterschied zwischen Erkenntnis der Wahrheit und Orientierung am Wesentlichen fällt kaum noch auf, da in der Intuition epistemische und konative Funktion immer zusammen wirksam sind: Wir erkennen das Wesentliche und streben zugleich danach. Zudem wird Wahrheit im „Sinn fürs Wesentliche" zum „Fürwahrhalten", da wir uns immer *selbst ins Spiel bringen* müssen, wenn wir das Wesentliche erkennen wollen. Das, worauf

wir uns orientieren, muss also „für uns wahr" sein. Wenn wir aber Wahrheit in der Welt erkennen wollen, sollten wir auf den Selbstbezug bewusst verzichten und die Perspektive der 3.Person wählen. Hier geht es dann um das, was „an sich wahr" ist. Das subjektive „Führwahrhalten" ist also angebracht, wenn es um Orientierung geht. Also immer dann, wenn wir uns darum bemühen, unser Leben richtig zu gestalten.

4. *Können Orientierungspunkte in Leitlinien des Denkens übersetzt werden?*
Orientierungspunkte entdeckt man, wenn man sich aus der Entfernung einen Überblick verschafft. Als Beobachter bleibt man distanziert, als Betroffener befindet man sich in der Situation. Wie oben bereits erwähnt ist es ein Unterschied, ob man sich **über** eine Situation informiert oder seine Betroffenheit **in** der Situation erlebt. Intuitionen sind nur im Erleben möglich, Informationen kann man festhalten und weitergeben. Ich möchte Intuitionen als Linien und Informationen als Punkte ansehen. Während ein Punkt eine abgrenzbare Einheit darstellt, läuft die Linie immer weiter. Nichts anderes fordert das agile Denken: Wir benötigen keine punktuellen Festsetzungen, die man archivieren, weiter- oder vorgeben kann, sondern wir bleiben der Linie der situativen Angemessenheit treu, die man im Lebenslauf fortsetzt und in jeder neuen Lebenslage weiterzeichnen sollte. Das Gespür für Stimmigkeit und Angemessenheit bleibt die sich selbst zeichnende Leitlinie für jede Veränderung.

13

Praxis: Strategien für den Umgang mit Komplexität

In diesem Anwendungskapitel geht es um Tipps für die Umsetzung des Konzepts des agilen Denkens. In der komplexen Welt werden wir immer wieder in Situationen geraten, in denen das Kontrolldenken nicht mehr möglich ist, weil verlässliche Informationen fehlen. Wenn es (noch) keine validen und reliablen Daten gibt, um Erkenntnisse abzuleiten und Orientierung zu gewinnen, sollten wir unserer Fähigkeit vertrauen, durch agiles Denken das Wesentliche zu erkennen. Wir haben drei Säulen des „Sinn fürs Wesentliche" und drei Funktionen des intuitiven Denkens kennengelernt. Wie müssen wir uns verhalten, damit wir diese Ressourcen optimal nutzen?

Das Konzept der intuitiven Orientierung am Wesentlichen besteht darin, aus einer Empfindung der Stimmigkeit die Erkenntnis des Wesentlichen und die Orientierung auf das Wesentliche zu gewinnen. Damit wären die drei Funktionen der Intuition erfüllt: emotive Empfindung, epistemische Erkenntnis und konative Orientierung.

Der Prozess der Orientierung beginnt mit einer intuitiven Empfindungn (emotive Funktion). Da wir das Kontrolldenken gewöhnt sind, besteht für uns die größte Herausforderung in der Besinnung, die für den Perspektivwechsel von der Information zur Intuition erforderlich ist: Wenn wir die Orientierung verloren haben müssen wir die Kontrollabsicht loslassen (vgl. Skepsis und Mystik), damit die Gegebenheiten in der Begegnung mit der Situation auf uns wirken können (Eindruck, Ergriffenheit). Wenn es uns gelingt diese empfindsame Denkhaltung einzunehmen, kann der Prozess des schnellen Denkens (Kahneman, System1) beginnen, in dem es dann darauf ankommt, sich selbst ins Spiel zu bringen (Selbsterkenntnis, Persönlichkeitsbildung, *gnothi seauton*). Dabei nutzen wir unser hermeneutisches Feingefühl, um die jeweilige Situation zu verstehen (1. Säule des „Sinn fürs Wesentliche": *comprehensibility*), vertrauen der Vernunft unserer Urteilskraft, die als Kohärenzempfinden Angemessenheit bzw. Stimmigkeit feststellen kann (2. Säule des „Sinn fürs Wesentliche": *meaningfulness*), und kultivieren die Sensibilität für situative Eindrücke, auf die wir uns immer verlassen können, wenn wir komplexen Situationen begegnen (3. Säule des „Sinn fürs Wesentliche": *manageability*).

Dieses Vorgehen möchte ich gleich am Beispiel eines Politikers in der Corona-Krise veranschaulichen. Zuvor sollen aber drei Schritte zum Perspektivwechsel und drei Prinzipien zur praktischen Anwendung des Konzepts vorgestellt werden. Dabei werde ich mich immer wieder auf die Ergebnisse dieses Buches beziehen. An den betreffenden Stellen gebe ich Schlagwörter und Namen an, damit Sie bei Bedarf über das Register die entsprechenden Textstellen zur Wiederholung und Vergewisserung nachschlagen können.

Der erste Schritt: Mut zum Perspektivwechsel

Eine natürliche bzw. kulturell etablierte Reaktion auf Verunsicherung ist das verstärkte Bemühen um Information. Wenn wir uns unsicher fühlen, kämpfen wir gegen die Unklarheit an, indem wir besonders aufmerksam nach verwertbaren Hinweisen suchen. Mit mehr Information wollen wir den Kontrollverlust ausgleichen. Das ist nachvollziehbar und auch die richtige Strategie, wenn berechtigte Hoffnung auf verlässliche Daten besteht. Im Flachland der linearen bis hin zur komplizierten Umgebung sind wir mit dieser Strategie erfolgreich. Dort können wir Foglerungen vertrauen, wenn sie aus einer ausreichenden und gesicherten Informationsmenge abgleitet wurden. So schnell wie möglich, wollen wir nun auch in komplexen Situationen der VUKA-Welt die Verunsicherung überwinden und in den kontrollierbaren Normalzustand zurückkehren. Deshalb treiben wir Datensuche, Studien und Erhebungen voran. Doch dadurch geraten wir zusätzlich in Kontrollstress. Bis das Unbekannte erforscht und das Kontrolldenken wieder möglich ist, sollten wir eine andere Strategie wählen: In der Übergangsphase, wenn noch keine verlässlichen Informationen verfügbar sind, hilft das agile Denken. Im disruptiven Wandel der Welt wird es immer wieder Phasen der Unsicherheit geben, in denen dieser Perspektivwechsel angebracht ist.

Wer die Komplexität der Übergangsphase kontrollieren möchte, läuft zudem Gefahr, einzelne Informationen zu hoch einzuschätzen. Dies war beispielsweise zu Beginn der Corona-Krise der Fall, als der Eindruck entstand, dass einzelne Virologen durch ihre tägliche Präsenz in den Medien, Politik bis hin zur Aufhebung von Bürgerrechten gestalten konnten. Man war über das Wissen von Experten froh und dankbar. Weil es scheinbar den einzigen verlässlichen Orientierungspunkt darstellte, war man bereit, daraus verbindliche Verhaltensregeln abzuleiten. Eine Diskussion von Gegenmeinungen aus anderer Perspektive und die Kontrolle mit Vergleichsdaten aus der gleichen Perspektive mussten ausbleiben – weil beides in dieser neuartigen Situation noch nicht vorhanden war. Dennoch gilt: Wissenschaftler sollten Politiker bei der Orientierungssuche beraten, aber keine Autorität für politische Orientierung sein. Bei der Suche nach dem Überblick tendieren wir dazu, uns an einzelnen Aussagen festzuhalten, obwohl sie für einen Überblick über die Lage nicht ausreichen. Wenn wir uns nur an einem einzigen Strohhalm festklammern, besteht die Gefahr der Überbewertung von Einzelinformationen.

In Phasen des Informationsdefizits kann das Festhalten am Kontrolldenken die Gefahr von Manipulation verstärken. Im Stadium der Ungewissheit sind wir auch für Hysterie und Panik anfällig. Fake-News und Verschwörungstheorien haben in Zeiten großer Verunsicherung Konjunktur. Wo es keine verlässlichen Daten gibt, werden Deutungen erfunden, um das Bedürfnis nach Überblick und Kontrolle der Situation zu befriedigen. In solchen Situationen ist es vernünftiger, vom Kontrolldenken abzusehen und den Perspektivwechsel zum agilen Denken zu wagen.

Die Alternative, die in diesem Buch vorgeschlagen wurde, besteht darin,…

1. zu akzeptieren, dass wir in VUKA-Situationen keine verlässlichen Informationen finden,

2. dementsprechend die Suche nach weiteren Informationen zur aktuellen Entscheidungsfindung aufzugeben,

3. stattdessen Gewissheit über sein Verhältnis zur Welt in sich selbst zu finden.

Wer die ersten beiden Schritte vollzogen hat, überwindet in der Denkhaltung des *Loslassens* (Mystik/Meister Eckhart) und des *Schwebezustands* (Skepsis/Sextus Empiricus) die Perspektive des Kontrolldenkens. Um in komplexen Situationen Orientierung zu finden, müssen wir aber noch einen Schritt weitergehen und den Mut aufbringen, uns auf unseren Sinn fürs Wesentliche zu verlassen. Dass wir über diese Begabung verfügen und sie auch im rationalen Urteilen (Angemessenheit, Urteilskraft, *reflective equilibrium* etc.) immer schon anwenden, hat dieses Buch dargelegt. Wenn wir – auch durch die Lektüre dieses Buches – die Vernunft im intuitiven Denken erkannt haben (2. Säule des „Sinn fürs Wesentliche": *meaningfulness*), können wir uns auf das feinsinnige Gespür für Angemessenheit bewusst einlassen (3. Säule des „Sinn fürs Wesentliche": *manageability*). Dass wir uns an ihm schon immer orientiert haben, auch wenn wir rational denken, ist uns nicht bewusst, weil die Denkleistung des System 2 (Rationalität/ Kontrolldenken) viel mehr Aufmerksamkeit vereinnahmt als die spontane „innere Stimme" des System 1 (Intuition), die wir spielerisch leicht zugleich als Erkenntnis (epistemische Funktion), Gefühl (emotive Funktion) und Motivation (konative Funktion) erleben.

Es ist nachvollziehbar, dass viele Leser kritisch bleiben und weitere Beweise für die Vernünftigkeit des agilen Denkens verlangen. Das entspricht der Gewohnheit des rationalen Kontrolldenkens. Wir akzeptieren einen Vorschlag erst dann, wenn es dafür eindeutige Belege gibt. Wer in komplexen Situationen Belege aus empirischen Studien oder logischen Prinzipienableitungen verlangt, fällt aber hinter den ersten Schritt zurück. Man kann das

Konzept des agilen Denkens nur verstehen, wenn man zum Perspektivwechsel von der 3. Person zur 1. Person bereit ist. Erst wenn man es wagt, sich selbst ins Spiel zu bringen, wird man sich des Sinns fürs Wesentliche bewusst. Man wird in einer *Evidenz*-Erfahrung feststellen, dass Vernunft mehr ist als die distanzierte Beobachtung gesetzmäßiger Vorgänge in der Welt. Ohne das Gespür für Stimmigkeit und Angemessenheit wären wir gar nicht in der Lage, empirische Erkenntnisse zu verstehen und auszuwerten (1. Säule des „Sinn fürs Wesentliche": *comprehensibility*).

Der Wechsel vom distanzierten Überblick aus der 3. Person-Perspektive zum unmittelbaren Erleben der Offenheit der Situation aus der 1. Person-Perspektive ist kein Vorschlag, den wir annehmen oder ablehnen könnten. Da der Überblick aufgrund der Unverfügbarkeit verlässlicher Information gar nicht mehr möglich ist, haben wir keine Wahl. Wir sind auf uns selbst zurückgeworfen – das ist die Ausgangslage. Es ist schlicht unsinnig, in dieser Situation nach Datenabsicherung für das agile Denken zu fragen. Weil es nicht genug gesicherte Daten gibt, sind wir gezwungen agil zu denken. Die Vernünftigkeit der Intuition (2. Säule des „Sinn fürs Wesentliche": *meaningfulness*) lässt sich nicht mit empirischen Daten und begriffslogischen Ableitungen beweisen. Man kann sie nur verstehen, wenn man sie philosophisch durchdenkt. Dazu sollte die phänomenologische, tugendethische, lebensphilosophische und hermeneutische Annäherung in diesem Buch einen Beitrag leisten.

Letztendlich gibt es aber gar keinen einander ausschließenden Gegensatz zwischen rationalem und agilem Denken. Auch wenn wir meinen, ausschließlich rational zu denken, sind wir immer auf unseren Sinn für das Wesentliche angewiesen: Innerhalb des rationalen Denkens verbinden wir im Begründen das Zu-Begründende mit Gründen. Wie stark ein Grund aber ist bzw. sein muss, ist eine Frage der empfindenden Urteilskraft (*Urteilskraft*/ Kant). Wir haben ein Gespür, das uns anzeigt, welche rationale Begründung wann der Situation angemessen ist (*reflective equilibrium*/ Rawls). Und wenn wir erkennen, dass etwas sinnvoll ist, ist dieses Ergebnis aus einer hermeneutischen Denkbewegung hervorgegangen, die sich nur mit dem Gespür für Stimmigkeit und Angemessenheit zum Kreis schließen lässt (*hermeneutischer Zirkel*/ Gadamer).

Insofern stellt die Intuition des Wesentlichen den Rahmen für eine rationale Lebensführung in der einfachen und der komplexen Welt dar. Wenn in komplexen Situationen die Möglichkeiten für rationale Begründungen beschränkt oder gar verschwunden sind, bleibt uns immer noch der Sinn fürs Wesentliche. Sich daran zu orientieren, ist vernünftig.

Drei Prinzipien: Situation, Selbst und Sinn

Sie wundern sich wahrscheinlich, wieso ich am Ende des Buches Prinzipien für das intuitive Denken benennen, wo ich doch durchgängig immer wieder betont habe, dass das Festhalten an Vorgaben nur dem Kontrolldenken entspricht, das auf Agilität und Intuition basierende situationsbezogene Denken aber verhindert. Tatsächlich sind folgende drei Prinzipien nicht als methodische Anleitung zur Problemlösung zu verstehen. Es handelt sich nicht um Grundsätze, mit denen wir das Wesentliche erkennen, sondern um Grundsätze, die uns in die Denkhaltung bringen, aus der heraus wir das Wesentliche erkennen können. Es geht also um das „Mindset" für Problemlösungen.

Die Denkhaltung, aus der heraus wir das Wesentliche einer Situation erkennen können, ist dadurch gekennzeichnet, dass wir…

1) …uns eines allgemeinen Urteils enthalten und die Dinge auf uns wirken lassen.

2) …darauf achten, uns in der Situation unserem Wesen gemäß einzubringen.

3) …dem Gespür für Stimmigkeit und Angemessenheit folgen.

Im ersten Schritt geht es darum, den Zustand des Loslassens (philosophische Mystik) und Schwebens (antike Skepsis) zuzulassen. Alle Aufmerksamkeit ist dann auf die Selbstwahrnehmung gerichtet, mit der wir erkennen, wie die Situation auf uns wirkt. Damit ist gefordert, dass wir uns auf die phänomenologische Wahrnehmung *(eidetische Reduktion)* konzentrieren, die Husserl vorgeschlagen hat, und uns den Gegebenheiten aussetzen, wie es Heidegger mit dem Zustand der *Ergriffenheit* umschrieben hat. Was wir mit diesem Schritt gewinnen, ist die authentische Erfahrung des Wesens der Dinge im objektiven Modus dessen, *was etwas wirklich ist.* Der Eindruck, den wir aus der Situation gewinnen, ist die Ausgangssituation für Orientierung am Wesentlichen. Die Wirkung der Situation auf uns zeigt uns die Wirklichkeit, auf die wir uns einstellen müssen, um mit ihr zu kooperieren. Gegen diese objektive Weltbeschaffenheit anzukämpfen, macht keinen Sinn. Welterkenntnis bedeutet, die Situation in ihrer Gegebenheit anzunehmen, aber auch eine Möglichkeit in der Vielfalt des Gegebenen zu entdecken, in der wir uns im Prozess der Adaption (Piaget) einbringen können. Damit ist das Prinzip, das ich hier mit dem Schlagwort **„Situation"** bezeichne, umschrieben.

Der nächste Schritt besteht wie schon angedeutet darin, dass wir uns selbst ins Spiel bringen. Das zugrundeliegende Orientierungsprinzip ist nun das **„Selbst"**. Es geht darum, sich durch eine Reaktion auf die Situation authentisch auszudrücken. Indem wir etwas in der uns eigenen Art und Weise *ergreifen*, machen wir es uns zu eigen. An dem, was wir aus uns selbst in der Welt bewirken, erkennen wir uns selbst (Spiegelung bei Platon/ Resonanz bei Rosa). Nicht das Befolgen von Vorgaben, Erwartungen oder Verpflichtungen, sondern der innere Impuls (Ausdruck/ Ergreifen) ist in diesem Schritt entscheidend. Das Entfalten des eigenen Wesens, das sich nach Aristoteles im „eigentümlichen" Werk eines Menschen *(ergon)* ausdrückt, ist etwas ganz anderes als die kontrollierte Ausrichtung auf ein vorgegebenes Ziel. Ersteres folgt aus eigenem Antrieb dem organischen Push-, das Letztere dem fremdbestimmenden Pull-Prinzip. Auch Abwarten ist eine Form des Reagierens und kann authentisch sein. Das Selbst spiegelt sich durch den authentischen Ausdruck in der Welt, wodurch Selbstkenntnis möglich wird.

In einem dritten Schritt versuchen wir nun die Balance zwischen Eindruck und Ausdruck, *Ergreifen* und *Ergriffenheit*, Selbst und Welt herzustellen. Die Spontanität des Impulses aus dem Selbst und die Faktizität des Eindrucks aus der Welt werden nun in Hinblick auf Kohärenz und Konvergenz korrigiert. Leitlinie ist dabei das Gespür für Stimmigkeit bzw. Angemessenheit. Unsere Vernunft weist uns mit Klugheit, Besonnenheit bzw. Mäßigung und Sinnverstehen den Weg. Das Gespür für Stimmigkeit kann nicht reflektierend berechnet, sondern muss aus der 1. Person-Perspektive intuitiv empfunden werden. Urteilskraft ist als subjektives „Fürwahrhalten" (Kant) eine **sinn-**

liche Erfahrung an uns selbst. Deshalb bezeichne ich das Orientierungsorgan des Ausgleichs zwischen Selbst und Welt als **„Sinn"**.

Wir sollten uns also…

- auf *Situationen* einlassen,
- *selbst* ins Spiel bringen und…
- für situative Stimmigkeit *sensibilisieren*.

Die Prinzipien **Situation**, **Selbst** und **Sinn** sollten unser Orientieren in dieser Reihenfolge leiten, damit wir das Wesentliche in subjektiver *(das, worauf es eigentlich ankommt)* und objektiver *(das, was etwas wirklich ist)* Hinsicht erkennen. Wenn wir in einer Situation unser Selbst authentisch spüren, haben wir auch das erfasst, was diese Situation wesentlich ausmacht. Die Erfahrung des Wesentlichen ist eine Form des Weltbezugs und vollzieht sich zugleich als Selbst- und Welterkenntnis.

Rationales und intuitives Entscheiden in der Corona-Krise

Im März 2020 verbreitete sich das im November 2019 in Wuhan/China aufgetretene Corona-Virus weltweit. Obwohl mit neuartigen Infektionskrankheiten auch in Folge von Virusmutationen und aufgrund der Konnektivität der Weltgesellschaft mit deren weltweiter Ausbreitung immer zu rechnen ist, traf die Pandemie alle Staaten weitgehend unvorbereitet. Das Ausbruch einer Pandemie kam zwar nicht völlig überraschend, aber der Verlauf wurde als „schwarzer Schwan" wahrgenommen: Ein außergewöhnliches, unerwartetes Ereignis führt zu umfassenden und nicht beherrschbaren Veränderungen der bisherigen Lebensweise. So waren die Regierungen vor schwierige Entscheidungen gestellt. Kontrolle war nicht möglich, da es keinen Impfstoff und keine Medikamente gab. Der spezifische Krankheitsverlauf und die Infektiosität waren noch nicht erforscht. Begrenzte Handlungsmöglichkeiten und schwache Informationsbasis führten zum Gefühl der Ohnmacht gegenüber den Ereignissen. Diese Situation entspricht insofern den unkontrollierbaren VUKA-Szenarien für disruptiven Wandel, als wir der Entwicklung in allen Bereichen der Gesellschaft (Gesundheit, Sozialleben, Bildung, Wirtschaft etc.) ausgeliefert waren.

Wie kann man als Regierungspolitiker in dieser komplexen Situation vernünftig reagieren?

Am Anfang der Pandemie im März 2020 galt es, sowohl die Gesundheit der Bevölkerung zu schützen als auch das öffentliche Leben und die Wirtschaft zu sichern. Beides ist in dieser Situation im Prinzip nicht miteinander vereinbar. An diesem Dilemma möchte ich skizzieren, wie eine politische Entscheidung gefällt werden kann, die sich nicht an Informationen, sondern durch agiles Denken an der Intuition des Wesentlichen orientiert.

Politik ist die Kunst des Machbaren und orientiert sich in der Regel an den Ergebnissen von Interessen- und Prinzipienabwägung. Social-Distancing ist kein probates Mittel, das dauerhaft eingesetzt werden sollte, weil die Zumutungen für die Bevölkerung und die Folgekosten für Gesellschaft, Kultur und Wirtschaft zu hoch sind. Im Umgang mit Epidemien ist das langfristige Ziel jedes Staates die sog. Herdenimmunität gegen die jeweilige Krankheit (2020: Covid-19). Das bedeutet, dass die deutliche Mehrheit der Bevölkerung (60–70 %) gegen eine weitere Infektionswelle immunisiert sein muss, so dass keine flächendeckende Ausbreitung mehr möglich ist. Dies kann entweder durch Impfungen oder durch körpereigene Antikörper nach überstandener Infektion erreicht werden. Da es aber noch keinen Impfstoff gab, musste zunächst zwischen zwei Geschwindigkeitsvarianten der Ausbreitung des Virus entschieden werden:

A) Schnelle Infektion des Großteils der Bevölkerung bei Unterlassung von Schutzmaßnahmen.
B) Langsame Ausbreitung durch Kontaktverbote, Ausgangsbeschränkung, Betriebsschließungen. Hier kann noch zwischen Suppression für Risikogruppen (Unterdrückung) und Mitigation für Normalbetroffene (Milderung) unterschieden werden.

Die Vorteile der Alternative A liegen in der relativ schnellen Immunisierung der Mehrheit der Bevölkerung nach überstandener Krankheit. Die Nachteile sind in der Überforderung der medizinischen Notversorgung bedürftiger Patienten und der Inkaufnahme vieler Todesfälle in den Risikogruppen (Alte und Vorerkrankte) zu sehen. Für die Alternative B spricht der Zeitgewinn, der sich im Gesundheitssystem so auswirkt, dass bei längerer Dauer der Pandemie zum gleichen Zeitpunkt weniger Patienten zu behandeln sind. Auf den Intensivstationen deutscher Krankenhäuser konnte der Zeitgewinn dazu genutzt werden, die Anzahl der Betten mit Beatmungsgerät bis April von 28.000 auf 40.000 zu erhöhen. Der Nachteil liegt aber im Shutdown des öffentlichen Lebens, dem Eingriff in bürgerliche Freiheiten und in einer zu erwartenden Wirtschaftskrise. Massenarbeitslosigkeit, wirtschaftlicher Bankrott, zivile Unruhen und Familientragödien sind zu verantwortende mögliche Folgen. Die im Bundestag am 27.3.2020 beschlossenen Änderungen am Paragraphen 28 des Infektionsschutzgesetzes (IfSG) schränken Art.2 (Freiheit der Person), Art.8 (Versammlungsfreiheit), Art.11 (Freizügigkeit) und Art.13 (Unverletzlichkeit der Wohnung) des Grundgesetzes ein.

Auch die rechtlichen Nachteile und die Beschränkung demokratischer Freiheiten sind der Alternative B zuzurechnen.

Großbritannien, Schweden und die Niederlande verfolgten anfangs Alternative A. Ansonsten wurde in Europa die Verzögerungsstrategie (Alternative B) gewählt. Wie ist diese Entscheidung aus der Sicht des agilen Denkens zu bewerten?

Ich beziehe mich nun auf die Variante des „Sinns fürs Wesentliche", wie er im Persönlichkeitskonzepts des *role-set* (Panaitios/Dahrendorf) zur Anwendung kommt. Wir müssen also die Perspektive des Politikers einnehmen und uns fragen, was zu tun für einen Politiker in dieser Situation wesentlich ist.

Vergegenwärtigen wir uns vorab, was mit dem Gespür für Stimmigkeit bzw. Angemessenheit in Bezug auf die eigene Persönlichkeit im Allgemeinen gemeint ist:

Das Wesen einer Person- das, was sie eigentlich ausmacht- zeigt sich als Ausprägung in der Stimmigkeit aller Rollen, die sie angenommen hat. Mit dem Gespür für eine angemessene Berücksichtigung aller berechtigten Rollenerwartungen finden wir zum authentischen Handeln, das unserem Wesen bzw. unserer Persönlichkeit und den legitimen Ansprüchen der Betroffenen entspricht. Da Selbst- und Welterkenntnis korrelieren, müssen wir auch darauf eingehen, dass man das Wesentliche der Sache, mit der man es zu tun hat, zugleich erfasst, wenn man authentisch, d. h. dem eigenen Wesen gemäß handelt. Denn im Nebensächlichen kann man nicht authentisch sein. Das Wesentliche zeigt sich zugleich in dem, *was etwas wirklich ist* (Welt), und in dem, *worauf es uns eigentlich ankommt* (Selbst). Gemäß der Korrelation von Selbst- und Welterkenntnis zeigt sich in der Vermittlung von situativem Eindruck (Welt) und intuitivem Ausdruck (Selbst), was richtig und zu tun ist.

Wenn wir uns der Orientierung am Wesentlichen aus der Konzeptvariante der Persönlichkeit bzw. Authentizität nähern, müssen wir die Handlungsmöglichkeit wählen, die mit einem stimmigen *role-set* vereinbar ist (Panaitios/ Dahrendorf).[1]

Wie gestaltet sich dies nun für den Politiker, der zwischen den Alternativen A und B entscheiden muss?

Als Politiker gilt es in diesem Fall, zwischen den Werten Freiheit und Wohlstand der Gesamtbevölkerung (Alternative A) auf der einen Seite gegen Gesundheit der Risikogruppe (Alternative B) auf der anderen Seite abzuwägen. Wenn man im Kontrolldenken bleibt, würde man im Rückgriff auf eine allgemeingültige Werteskala feststellen, welche Prinzipien höher zu bemessen sind. Zudem würde man utilitaristisch argumentieren und aufgrund von möglichst sicheren Prognosen feststellen, welche Handlungsalternative geringere Kosten und höheren Nutzen für die Allgemeinheit zur Folge haben wird. Für diese Prognosen nutzt man Modelle, die im Idealfall aus der Erfahrung mit den bisher bekannten Epidemien konstruiert wurden. Modellierungen sind datenverarbeitende Simulationen der *koinzidierenden* und *korrelativen* Ereignisse in verschiedenen Szenarien. Die Forscher müssen bekannte oder zu erwartende Daten eingeben, um dann in mehreren variierten Durchläufen medizinische, soziale und wirtschaftliche Resultate zu erhalten. Güter- bzw. Werteabwägung und Modellierung sind aber nur möglich, wenn auf sicheres Werte-Wissen und verlässliche Ausgangsdaten für die Modellierung zurückgegriffen werden kann. Zudem muss im Modell die Figuration des Zusammenspiels der Faktoren realistisch sein.

---

[1] Zur Anwendung der Rollentheorie im Rahmen kohärentistischer Rationalität: J. Wimmers: Zur Rehabilitierung der Verantwortungsethik, 2015.

Das war aber nicht die Ausgangssituation im März 2020. Es gab keine Ausgangs- oder Vergleichsdaten. Sowohl fachkundige Virologen und Epidemiologen als auch die entscheidungsbevollmächtigten Politiker wollten sich nicht grundsätzlich festlegen. Staatliche Prinzipien lassen sich nicht gegeneinander ausspielen und die Datenbasis war so unsicher, dass man sich z. B. nicht einig war, mit welchem Faktor die Ergebnisse auf die Gesamtbevölkerung hochgerechnet werden müssten (3- oder bis zu 300fache Multiplikation der Anzahl der Testergebnisse). Außerdem ist die Verlässlichkeit der verschiedenen Modellierungen unklar, vor allem wenn im Fall von Covid-19 neuartige Krankheitsverläufe und Interaktionsmuster möglich sind. Das Auftreten neuer „Mitspieler" kann in Modellen nicht berücksichtigt werden – in komplexen Situationen ist damit aber zu rechnen. Der Pandemieverlauf war in Krankheitsintensität und Geschwindigkeit nicht mit den Erfahrungen aus Ebola-Epidemie (2014–16), sog. Schweinegrippe H1N1 (2009/10) und SARS-Infektionen (2002/03) zu vergleichen. Erste Forschungsergebnisse aus China, wie die Immunisierung von vier Affen nach überstandener Krankheit, waren zum Entscheidungszeitpunkt noch keine verlässlichen Informationen, zumal es auch ungeprüfte Hinweise auf Zweitinfektionen gab. Die Corona-Krise zeigte also VUKA-Merkmale und damit die Grenzen des Kontrolldenkens auf. Wenn Informationen unsicher und keine Prognosen möglich sind, kann das Kontrolldenken keine Ergebnisse liefern. Auch deshalb wählten viele Politiker Variante B: Variante A ist eine definitive Festlegung, die kein Eingreifen mehr zulässt. In Variante B bleibt aber ein gewisser Entscheidungsspielraum, um auf neue Entwicklungen situativ zu reagieren. Das entspricht der Strategie des agilen Denkens. Die Entscheidungen der reagierenden Beobachter bleiben im *Schwebe-*

zustand, die situative Korrektur ist möglich. Weil man angemessen (agil) und nicht planmäßig (kontrollierend) handeln wollte, verkündeten die Regierungen auch keine definitiven Regelungen, sondern korrigierbare Anordnungen. Deshalb konnte u. a. auch die Dauer der Ausgangsbeschränkungen nicht festgelegt werden. Hier orientierte man sich nicht an der rechtsstaatlich einklagbaren Forderung nach Transparenz (zeitliche Befristung von „Notverordnungen"), sondern am Selbstbild des Politikers: Die Fähigkeit, auf Entwicklungen zu reagieren und veränderte Gegenwart zu gestalten ist seine wesentliche Aufgabe bzw. Funktion (*ergon*/Aristoteles/Heidegger).

Betrachten wir nun etwas genauer, wie der Entscheidungsprozess aus Sicht der Orientierung am Wesentlichen aussieht:

Der Unterschied zum Kontrolldenken fällt alleine schon dadurch auf, dass es demokratisch legitimierte Politiker sein sollen, die die Entscheidungsgewalt haben, nicht die fachkundigen Natur-, Sozial- und Wirtschaftswissenschaftler (wie z. B. das beratende Gremium der Leopoldina-Akademie). Das Expertenwissen der Forscher ist ein wichtiger Beitrag, aber die Entscheidungen fällt die Politik, die verschiedene Perspektiven zur Kenntnis nimmt, um dann nicht berechnend, sondern mit Gespür für Angemessenheit in Hinblick auf die Gemeinschaft und die eigene Rolle entscheidet. Der Politiker entscheidet nicht auf der Basis eines gesicherten Überblicks über alle Details (vgl. chinesischer Perlenschnurhut, Abb. 13.1).

Die Frage des Politikers an sich selbst (Selbsterkenntnis) lautet also: Worauf kommt es mir in der Gemeinschaft eigentlich an? Lobby- und Eigeninteressen sind bei der Suche nach dem Wesentlichen aus der Rollen-Perspektive des Politikers ausgeschlossen bzw. sekundär. Gemäß der Forderung der Gelassenheit *(Loslassen)* werden alle Präferenzen ignoriert (*epoché*/ Sextus Empiricus), die nicht als Erwartungen aus dem (Gesamt-)Rollenbild legitimiert sind. Die Stimmigkeit aller berechtigten Rollenerwartungen ist das Kriterium für eine richtige Entscheidung. Die Stimme der bedrohten Risikogruppe ist dabei zu Recht am lautesten.

Die zweite Frage, die an die erste geknüpft ist, betrifft das Wesen der Sache (Welterkenntnis): Was ist Gemeinschaft wirklich? Wesentlich ist für eine Gemeinschaft der bürgerliche *Gemeinsinn*, also der Wille zum Zusammenleben. Der *Weglasstest*, mit dem sich Substanz von Akzidenz unterscheiden lässt, zeigt an, dass ohne den Willen zum Zusammenleben keine Gemeinschaft freier Menschen möglich ist. Eine Gemeinschaft kann aber die vorübergehende Einschränkung der Bürgerrechte im Katastrophenfall überstehen und der Sozialstaat kann Bedürftige finanziell unterstützen. Insofern sind in diesem Fall zu diesem Zeitpunkt die Unversehrtheit der Freiheitsrechte und die wirtschaftliche Prosperität graduell akzidentiell (nebensächlich), während der Wille zum Zusammenleben substantiell (wesentlich) bleibt. In Krisenzeiten zeigt sich der Wille zum Zusammenleben *(Gemeinsinn)* darin, dass Bürger zum Verzicht auf individuelle Vorteile bereit sind und auf die basalen (Überlebens-)Interessen anderer Rücksicht nehmen. Es geht um den Zusammenhalt angesichts des gefährdeten Überlebens einer Minderheit. Mit der Wahl der Alternative B zeigt sich der öffentliche Wille zum Zusammenleben, der als *Gemeinsinn* dem Wesen einer Gemeinschaft in dieser Situation in stärkerem Maße entspricht als die Vermeidung der Folgekosten und das Insistieren auf persönlicher Entfaltung, die als Liberalität natürlich auch eine Merkmal der Gemeinschaft – in dieser Situation aber nachgeordnet – ist.

Sowohl das Wesentliche in subjektiver Hinsicht *(„worauf es mir eigentlich ankommt")* als auch in objektiver

Hinsicht *(„was etwas wirklich ist")* sprechen also für die Variante B.

Ein Politiker orientiert sich als Persönlichkeit (Selbstbezug) und in Hinblick auf die Gemeinschaft (Weltbezug) richtig, wenn er sich die Möglichkeiten zu Korrekturen offen hält (Agilität) und auf das Gespür für situative Stimmigkeit (Intuition) hört.

Auf die drei Orientierungsprinzipien Bezug nehmend können wir den Beispielfall wie folgt zusammenfassen:

Wenn sich ein Politiker in seiner Rolle als Politiker am Wesentlichen orientiert, empfängt er zunächst den Eindruck, dass er dazu aufgefordert ist, die Problematik als eine Angelegenheit der Gemeinschaft zu verstehen. Er erfasst die Situation angemessen, wenn er sich auf das bezieht, was Gemeinschaft in dieser Situation wirklich ist, nämlich der "Wille zur Gemeinschaft". Damit ist das Wesentliche der Situation erfasst (**Situation**). Die zweite Frage, die zu klären ist, betrifft das, worauf es ihm als Politiker eigentlich ankommt. Er wird erkennen, dass ein Gleichgewicht der berechtigten Erwartungen aller Bezugsgruppen herzustellen ist, um in dieser Situation authentisch zu handeln. Diese Entscheidung wird zum Ausdruck seines Selbst (**Selbst**). Indem er sich auf sein Gespür für Angemessenheit verlässt, findet er zu einer Entscheidung, in der die realen Bedingungen und sein Handlungswille in einer sinnvollen Einheit zusammenhängen: das Wesentliche der Situation und das Wesentliche seines Selbst konvergieren (**Sinn**). So kann in der unsicheren Situation der Corona-Krise eine vernünftige Entscheidung getroffen werden, in der die graduelle Berücksichtigung des Schutzes für die Risikogruppe den bürgerlichen Interessen der übrigen Bevölkerung (Freiheit und Wohlstand, aber auch Gemeinsinn) nicht im Wesen widerspricht. Die Rollenerwartungen beider Bezugsgruppen müssen im Selbstbild des Politikers nicht

13 Praxis: Strategien für den Umgang ...

einzeln erfüllt, sondern lediglich zu einem stimmigen Gesamtbild angemessen abgeschwächt werden. Zudem wird dem „gesunden Menschenverstand" *(koiné aisthesis)* des Menschen als „gemeinschaftsbildenden Wesen" *(zoon politikon)* mit der Ausrichtung auf den bürgerlichen Gemeinsinn *(sensus communis)* entsprochen. So kann der Politiker die Erwartungen aus den verschiedenen Rollen bis hin zu seiner Rolle als Vernunftwesen in den Balancezustand bringen. Dies entspricht dem Überlegungsgleichgewicht *(reflective equilibrium),* mit dem John Rawls (1921–2002) seine Gerechtigkeitstheorie begründet.

Mit der Entscheidung für Alternative B handelt der Politiker aus einem stimmigen Gesamtbild (Kohärenzgefühl) des *role-set*. Dabei erkennt er, *worauf es ihm eigentlich ankommt* (Selbsterkenntnis) und *was die Situation wirklich ausmacht* (Welterkenntnis).

Was hier für die theoretische Darstellung aus der 3. Person-Perspektive in der Begrifflichkeit von Information und Begründung einigermaßen kompliziert und dennoch verkürzt rekonstruiert wurde, fühlt sich aus der 1. Person-Perspektive des intuitiven Denkens (System 1) ganz anders an: Der Politiker betrachtet beide Alternativen (**Situation**), besinnt sich auf die Rolle, in der er angesprochen ist (**Selbst**), und entscheidet nach dem Gespür für die angemessene Lösung (**Sinn**). Für ihn bleibt die Intuition des Wesentlichen ein spontan auftretendes intuitives Erkennen, Erleben und Motiviertsein mit einem hohen Grad an Gewissheit und Authentizität. In seiner Rolle als Politiker (Selbst) findet er in der Situation der beginnenden Corona-Krise (Welt) mit der Feinfühligkeit und Leichtigkeit eines Mitspielers im gelingenden Werfen und Fangen des Balles zwischen Selbst und Welt (vgl. Rilke) zur richtigen Entscheidung, weil er sich auf das Wesentliche im Zwischenraum von Selbst und Welt ausrichtet.

Nach diesem Beispiel für Orientierung im Politischen, wenden wir uns nochmals der Kunst des Einzelnen zu, sein Leben sinnvoll und glücklich zu führen.

Werde wesentlich! – Vier Tipps

In vier Ratschlägen möchte ich die Kunst des Balancierens in der Mitte zwischen Selbst und Welt als praktische Umsetzung des agilen Denkens für den Einzelnen erläutern:

1. **Wechseln Sie von Kontrolle zur Kooperation!**
Wenn Sie sich in einer komplexen Situation befinden und die Strategie des Kontrolldenkens nicht mehr zu Ergebnissen führt, dann sollten Sie eine Haltung einnehmen, in der Sie sich den Veränderungen der Situation öffnen. Das Wesentliche liegt dann nicht mehr in Detailinformationen oder allgemeinen Zielvorgaben. Wer auf vorgefertigte Ziele festgelegt bleibt, ist für das Unerwartete nicht mehr agil genug. Wer aber bereit ist, die Kontrolle aufzugeben und sich stattdessen um das gelingende Spiel (Rilke) mit dem jeweiligen Gegenüber zu bemühen, hat bessere Erfolgsaussichten. Orientieren Sie sich lieber an der *situativen Stimmigkeit* (Kohärenzgefühl), entscheiden Sie in Einklang mit den sich ändernden Gegebenheiten. Agilität und Sensibilität für Intuition, aber auch *Gelassenheit* (Meister Eckhart) und Epikie (Aristoteles) bezeichnen eine Einstellung, die das Mitspielen erleichtert. Kooperation bedeutet, mit dem *Manageability*-Selbstvertrauen (3. Säule des „Sinn fürs Wesentliche") auf die Gegebenheiten einzugehen und einzuwirken. In komplexen Situationen ist diese Strategie klüger als der Anspruch, die Situation zu beherrschen. Eine kooperative Weltbeziehung

erleichtert das Erkennen des Wesentlichen. Kontrolle der Komplexität läuft in die Echo-Leere.

2. **Üben Sie den „unscharfen Blick"!**
In Teilen Chinas war es bis ins 7. Jahrhundert üblich, dass hohe Beamte und Herrscher einen Perlenhut aufsetzten (Abb. 13.1), wenn sie Entscheidungen treffen und Urteile fällen mussten. Diese „Mian Guan" genannte Kopfbedeckung war Symbol für den hohen Rang und die Entscheidungsgewalt des Trägers. Die Perlen hängen an der Vorderseite bis vor die Augen, so dass der Blick beeinträchtigt wird.

Wir können diesen Hut auch als eine Metapher für Klugheit und Gelassenheit verstehen. Der kluge Mensch beherrscht die Kunst des „unscharfen Blicks" und der Mystiker sucht nach der Erkenntnis in der nach Innen gerichteten Wesensschau (Meister Eckhart). Die Perlen vor den Augen verhindern den klaren

Abb. 13.1 Perlenschnurhut, CC BY-SA 3.0. Quelle: https://de.wikipedia.org/wiki/Mian_guan#/media/Datei:Chinese_Imperial_Mian,_Dingling.jpg. Datei: Perlenschnurhut.docx

Blick auf die Situation und die Sicht auf das Ganze bzw. in die Weite. Damit wird dem Klugheitsratschlag entsprochen, dass man sich nicht an Details in der Nähe (Echo-Leere) und weder an Zielvorstellungen in der Ferne (Narziss-Falle) noch am Überblick über die Gesamtsituation orientieren sollte. Klüger ist es, in der jeweiligen Situation auf die Stimmigkeit des Gegebenen mit sich selbst als Gegenüber zu achten (Kohärenzgefühl). Wer Einzelheiten übergeht, kann sich besser auf die Gesamtstimmung, die das betrachtende Subjekt einschließt, konzentrieren. Wie sich alles zu einer Einheit fügt, ist eine Frage der Interpretation des erkennenden Subjekts (Gadamer). Der kluge Mensch beachtet die Angemessenheit von Mittel und Zweck sowie von einzelnem Zweck und „Gesamtzweck" (*phronesis,* Aristoteles). Welches Ziel vorrangig ist und welche geeigneten Mittel dafür verfügbar sind, zeigt sich im Bezug des erkennenden Subjekts auf die Situation. Wir sollten also den Mut haben, Detailinformationen zurückzustellen. Der Perlenschnurhut lässt uns die Außenwelt nur unscharf wahrnehmen, verstärkt aber die Sinne, mit denen wir empfinden (emotive Funktion der Intuition). Die Perlenschnüre, die die Sicht verdecken, sind eine Aufforderung, Informationen über Einzelheiten zu übersehen. Darüber, was wesentlich ist, entscheiden wir nicht aus der vollständigen Datenkenntnis, sondern aus dem Bezug der Sache zu uns selbst. Insofern muss der Blick nur schemenhaft nach außen, aber vor allem auch nach innen gewendet werden. Man muss sich also selbst ins Spiel bringen.

3. **Stellen Sie keine Fragen! (Zurückhaltung).**
Haben Sie auch schon viele schlechte Interviews gehört bzw. gelesen? Man freut sich auf die Einschätzung eines

Experten, doch der Journalist enttäuscht mit nebensächlichen, redundanten und abseitigen Fragen oder hört sich lieber selbst reden, so dass der kompetente Gast nur noch einsilbig reagiert. So gerne würde man erfahren, wie der Fachmann Zusammenhängen darlegt und Konsequenzen ableitet, doch dafür bleibt kein Raum, weil der Fragende monologisiert, statt sich auf Impulse zu beschränken.

Solche Interviews sind traurig und auch ärgerlich, weil die Chance auf den Zugang zum Wesentlichen vertan wird. Wenn der Kenner in einem guten Interview „von sich aus" redet, ist es so, als ob die Sache zu uns spricht. Letzteres ist das Ziel der philosophischen Mystik, die auf Evidenzerfahrungen hofft (Meister Eckhart). Was eine Sache eigentlich ist, erfahren wir, wenn wir sensibel genug sind, auf die Stimme unseres Gegenübers zu hören und klug genug, uns zurückzunehmen, damit unsere Fragen nicht das verdecken, was das Gegenüber „von sich aus" zu sagen hat. Deshalb sollten wir den Dingen, Personen, Zuständen den Freiraum geben, ihre je eigene Wirkung auf uns zu entfalten (epistemische Funktion der Intuition). Wenn wir als Beobachter den ganzen Zwischenraum (Selbst – Welt) einnehmen, befinden wir uns in der Narziss-Falle. Einen guten Interviewer und einen intuitiven Denker erkennt man daran, dass sie ihr Gegenüber nahezu ohne Fragen dazu anregen, „von und aus sich selbst" zu reden. Was hier gefragt ist, ist Urteilsenthaltung (*epoché*/ Sextus Empiricus) bzw. die Tugend der Mäßigung und Besonnenheit (Platon). In einer Situation zu erkennen, dass es angemessen ist, sich zurückzuhalten, damit sich die authentische Stimme der Sache entfalten kann, zeugt von Taktgefühl und vom Sinn fürs Wesentliche. Wir müssen eine Weltbeziehung einnehmen, in der die Sache oder das Gegenüber genug Raum hat, sich zu zeigen.

4. Stellen Sie Fragen! (Selbstbeobachtung).

In der entsprechenden Situation kann aber auch genau das Gegenteil geboten sein. Wenn Sie etwas nicht verstehen, dann muss es nicht daran liegen, dass die Sache ihre Wirkung nicht entfalten kann, sondern auch daran, dass Ihre Frage zu unpräzise ist. Im *Information Retrieval* spricht man dann davon, dass die Informationen nicht die passende *Granularität* aufweisen, um *pertinent* zu sein. Gemeint ist damit, dass die Frage zu grob oder zu detailliert ist, als dass die Antwort für Sie einen Erkenntniswert darstellen könnte. Das liegt am fragenden Subjekt, das nicht darüber nachgedacht hat, was es genau wissen will. Die Aufforderung, kluge Fragen zu stellen, zielt in diesem Zusammenhang darauf ab, dass Sie sich an den eigenen Fragen, die Ihrem Vorwissen entspringen *(hermeneutischer Zirkel)*, Ihrer Vorannahmen (Gadamer) bewusst werden. Für das Herstellen der Stimmigkeit *(Äquilibration)* von Selbst und Welt im wechselseitigen Prozess von *Assimilation* und *Akkommodation* (Piaget) ist es wichtig, sich dessen bewusst zu sein, welche Wissenslücke durch die Antwort gefüllt werden soll. Verstehen ist also nur möglich, wenn eine Frage gestellt wird, die einen Kontext eröffnet, in dem das Gegenüber sich angesprochen fühlt. Der *hermeneutische Zirkel* kann nur wirksam sein, wenn wir unser Vorwissen bewusst einbringen, damit es gegebenenfalls auch korrigiert werden kann *(Akkommodation)*. Dazu ist es aber auch nötig, seine Fragen bewusst zu stellen, bzw. sich in seinen Fragen des eigenen Vorwissens und der Wissenslücke bewusst zu werden. In diesem Sinne ist das Fragestellen eine Form der Selbsterkenntnis *(gnothi seauton)*, ohne die keine Welterkenntnis möglich ist. In jeder Frage ist der Platz für die Antwort schon enthalten. Auf dem Cover dieses Buches sehen Sie den fragenden Shruggie vor einem unzusammenhängenden und uneindeutigen Hintergrund. Wenn die komplexe Welt nur noch fragmentiert erscheint, bleibt uns immer noch der Bezug auf uns selbst bzw. die Fragen, die wir intuitiv in uns finden. In unserer Suche nach Orientierung ist ein Fragen enthalten, das den festen Anfangspunkt für das Verstehen der Welt darstellt. „Wo aber Gefahr ist, wächst das Rettende auch", dichtete Friedrich Hölderlin (1770–1843) 1803 in der Hymne „Patmos". Wenn wir uns selbst als Fragende ins Spiel bringen, kann daraus die Lösung entstehen. Deshalb ist es sinnvoll, mitzuspielen, aber auch innezuhalten und sich seiner eigenen Fragen bewusst zu werden. Dies ist der vierte Tipp.

Abschließend sollen Probleme zur Sprache kommen, mit denen wir rechnen müssen, wenn wir den Perspektivwechsel von der Kontrolle mittels Information hin zum agilen Denken mittels Intuition vollziehen:

Grenzen der intuitiven Intelligenz

In der Literatur finden sich lange Listen offensichtlicher Fehlleistungen durch Intuition. Die Spannweite reicht von optischen Täuschungen über Wunschprojektionen bis zu logischen Fehlschlüssen. Außerdem entzieht sich das intuitive Denken mit dem Verweis auf den Evidenz-Charakter seiner Erkenntnisse jeder wissenschaftlichen Überprüfung. Intuitives Denken hält sich im Unterschied zur Wissenschaft auch nicht an den durchschnittlichen Regelfall, sondern vertraut dem Erleben einer einzelnen Person.

Sollten wir diesem Denken überhaupt trauen?

Den tieferen Sinnhintergrund für intuitives Denken habe ich in diesem Buch in Bezug auf das gelingende Leben dargelegt und damit *meaningfulness* als die 2. Säule des „Sinn fürs Wesentliche" vorgestellt. An dieser Stelle möchte ich nur noch auf drei kritische Fragen eingehen:

1. Wo ist Intuition sinnvoll?
2. Wessen Intuition ist vertrauenswürdig?
3. Welchen Wahrheitsanspruch kann Intuition einlösen?

An den Antworten auf diese Fragen lassen sich die Grenzen des intuitiven Denkens ablesen. Es kann in einzelnen Punkten aber auch sein, dass das intuitive Denken sich selbst begrenzt, so dass wir uns als Kontrolldenker gar nicht dafür zuständig fühlen müssen.

Wo ist Intuition sinnvoll?

Es gibt keinen Grund vom Kontrolldenken abzuweichen, wenn wir uns in einem klar abgesteckten Handlungsfeld befinden, in dem nur lineare Entwicklungen erkannt, allgemeine Leitprinzipien anerkannt und alle relevanten Daten bekannt sind (vgl. Flachland). Wo Kenntnis noch möglich ist, da ist Kontrolldenken erfolgreich. In Bereichen, in denen klare Regeln herrschen, und das Morgen wie das Heute und Gestern sein wird, kann das Kontrolldenken auch in Algorithmen und Muster übersetzt oder in Modellen durchgespielt werden. Künstliche Intelligenz kann das für uns übernehmen. Allerdings sehen wir bei genauerer Betrachtung, dass wir auch in diesen Fällen unser Gespür für Stimmigkeit und Angemessenheit anwenden. Wir verlassen uns auf unser Gefühl, wenn wir den Ergebnissen des rationalen Denkens trauen. Sich an wissenschaftlichen Ergebnissen zu orientieren, ist eine Entscheidung, die selbst nicht wissenschaftlich ist, sondern das Selbst intuitiv ins Spiel bringt. Dabei hält sich das intuitive Denken (System 1) als Gespür für Stimmigkeit und Angemessenheit aber unbemerkt im Hintergrund der Aufmerksamkeit fordernden Tätigkeit des rationalen Denkens (System 2).

Wessen Intuition ist vertrauenswürdig?

Wenn wir in einem Handlungsfeld noch keine Erfahrungen gesammelt haben, sollten wir uns nicht auf unser Empfinden verlassen. Wie beim Erwerb der Tugenden braucht es Zeit und Erfahrung, ein Gespür für die Sache, mit der man es zu tun hat, zu entwickeln. Klugheit und Besonnenheit entfalten sich nur langsam durch Übung – nicht durch Anleitung.

Wer sich als Laie in einem Handlungsfeld Entscheidungen nach dem Gespür für Stimmigkeit bzw. Angemessenheit zutraut, beweist damit nicht, dass man dem Sinn fürs Wesentliche nicht trauen sollte. Was er beweist, ist die Tatsache, dass er kein Gespür für das Wesentliche hat. Wer sich überschätzt, leidet an einem Defizit in der Selbsterkenntnis und gibt ein Beispiel für die Unfähigkeit, sich zurückzunehmen, um die Welt sprechen zu lassen (Narziss-Falle/*Schwebezustand*). Dass sich das Gefühl für die Sache erst dann einstellt, wenn man ausreichend Erfahrung gesammelt hat, weiß jeder, der die nötige Feinfühligkeit für Intuition aufbringt. Ohne Besonnenheit und Selbstkritik ist die Balance zwischen Welt und Selbst nicht zu erspüren.

Wir können das intuitive Denken nicht kontrollieren. Die Kontrolle der Intuition wäre auch ein Widerspruch in sich. Intuition setzt sich dadurch, dass sie nur den erfasst, der Erfahrung und Feinfühligkeit gegen sich aufbringt, selbst die Grenzen. Der Sinn fürs Wesentliche spricht nur dann zu uns, wenn er sich in einem stimmigen Selbst-Welt-Verhältnis entfalten kann, wenn wir also dank unserer Besonnenheit dazu bereit sind.

Welchen Wahrheitsanspruch kann Intuition einlösen?

Leider ist der hohe Anspruch an Vernünftigkeit, dem das intuitive Denken unterstellt ist, noch wenig erforscht und kaum bekannt. Andernfalls könnten die bemitleidenswerten Vertreter einer „Gegenaufklärung" von Coronaleugnern und Verschwörungstheoretikern, die sich aus purem Trotz jedem vernünftigen Gedankenaustausch entziehen und stichhaltige Argumentation als Beweis für angebliche Manipulation umdeuten, selbst nicht als „intuitiv orientiert" bezeichnen. Diese Vernunftverweigerung hat mit Intuition aber rein gar nichts zu tun. Das Gegenteil ist der Fall: Intuition ist noch vernünftiger als Rationalität!

Intuitives Erkennen liefert zwar keine allgemeingültige Wahrheit, sondern zeigt situative Richtigkeit für den jeweils Betroffenen an. Durch Intuition gewinnen wir kein allgemeines Wissen, das wir speichern könnten, um uns auch in anderen Situationen daran zu orientieren oder es anderen Menschen zur Verfügung zu stellen. In der intuitiven Erkenntnis werden wir von der Situation ergriffen – das schließt unsere Verfügungsgewalt aus. Insofern liefert der Sinn fürs Wesentliche keine dauerhafte und ortsunabhängige Orientierung.

Dieser Einwand ist treffend und er weist der Intuition des Wesentlichen die Grenzen auf.

Doch wir sollten bedenken, dass nicht der distanzierte Standpunkt auf dem Olymp, von dem aus man alles überblicken kann, sondern die konkrete Situation, in der wir uns befinden, Ausgangspunkt und eigentliche Herausforderung des vernünftigen Lebens ist.

Wenn wir auf den Unterschied zwischen Wahrheit und Wesentlichem achten, tritt der Praxisbezug des agilen Denkens noch deutlicher hervor: Das Wesentliche ist nicht die Wahrheit, sondern zugleich ein Erleben, Motiviertsein und Erkennen, das in diesen drei Funktionen (emotiv-affektiv, konativ-normativ und epistemisch-kognitiv) immer nur situativ eingebettet ist.

Der Wahrheitssuchende klettert mühsam auf den Berg, um von dort aus im Tal die bestehenden Lösungswege zu erblicken, deren Existenz er erhofft. Wer sich am Wesentlichen orientieren, setzt sich dem Gedränge des Lebens im Tal unmittelbar aus, um im direkten Kontakt mit den Gegebenheiten von deren Wirkung auf ihn selbst zu erfahren, worauf es für ihn ankommt und was die Situation wirklich ist. Am Boden bleibend bringt er sich selbst ins Spiel und vermeidet damit die Echo-Leere der 3. Person-Perspektive vom distanzierten Berggipfel.

Der Unterschied ist also, dass Wahrheit nach unserer gewöhnlichen Vorstellung im **Überblick über** die Welt zu erkennen ist, während das Wesentliche durch eine gelingenden **Beziehung zur** Welt entsteht.

Das bedeutet aber, dass das Wesentliche primär keine Theorie über die Welt liefert, sondern eine tiefergehende Beziehung zur Welt ermöglicht. „Leben" bedeutet, zur Welt in Beziehung zu treten. Wenn wir dabei das Wesentliche treffen, führen wir ein gelingendes Leben.

Vernunft ist mehr als nur Kontrolldenken. Sie lässt uns Wahrheit und Wesentliches erkennen. Als Vernunftwesen *(zoon logon)* fallen wir niemals aus dem Rahmen der Vernunft. Das agile Denken basiert auf der Vernunft des Gespürs für Angemessenheit bzw. Stimmigkeit. Wenn

Wahrheit, in einer unübersichtlichen Welt problematisch wird, bleibt uns immer noch die Vernunft als Intuition des Wesentlichen.

Nun kann man sich natürlich fragen, ob das Wesentliche nicht auch wahr sein muss, um wesentlich zu sein. Doch dies provoziert umgehend eine Gegenfrage[2], die hier am Ende des Buches nicht mehr erörtert werden kann, aber zum Weiterdenken anregen soll: Ist Wahrheit vielleicht deshalb so wichtig, weil sie für uns wesentlich ist?

---

[2]Diese Gegenfrage ist an Kants Lehre vom Primat der praktischen Vernunft angelehnt (vgl. Immanuel Kant, Kritik der praktischen Vernunft, 1788).

Literatur

1. Mendelssohn M (1974) Morgenstunden oder Vorlesungen über das Daseyn Gottes. In: Frommann-Holzboog (Hrsg.) Gesammelte Schriften. Stuttgart, Weinberg, Werner, S 3 (Erstveröffentlichung 1785)
2. Kant I (1977) Werke in zwölf Bänden. Herausgegeben von Wilhelm Weischedel. Suhrkamp, Frankfurt a. M., S 283
3. Kant I (1977) Werke in zwölf Bänden. Herausgegeben von Wilhelm Weischedel. Suhrkamp, Frankfurt a. M., S 269
4. Kant I (1977) Werke in zwölf Bänden. Herausgegeben von Wilhelm Weischedel. Suhrkamp, Frankfurt a. M., S 281
5. Hugo V, Shakespeare W, Paris (1864) Premiére Partie. Livre II, Les Génies. IV, S 120
6. Kuhn TS (1962) The structure of scientific revolutions. University of Chicago Press, Chicago
7. Simon HA (1992) What is an explanation of behavior? Psychol Sci 3:150–161
8. Staudinger UM, Greve W (1997) Das Selbst im Lebenslauf – Sozialpsychologische und entwicklungspsychologische Perspektiven. Z Sozialpsychologie 28:1–157

9. Mühlig-Versen A, Bowen CE, Staudinger UM (2012) Personality plasticity in later adulthood: Contextual and personal resources are needed to increase openness to new experiences. Psychol Aging 27(4):855–866
10. Rosa H (2019) Resonanz Eine Soziologie der Weltbeziehung. Suhrkamp, Berlin, S 218
11. Brentano F (1930) Wahrheit und Evidenz, postum. Meiner, Leipzig, S 62

Stichwortverzeichnis

1. Person-Perspektive 64, 65, 99, 172, 203, 226, 233, 273
    Empfinden 66, 68, 116, 145, 146
    Introspektion 61, 64, 117, 124, 131, 138
    Verstehen 67, 144, 146, 211
3 Säulen des Sinn fürs Wesentliche XIII, 103, 104, 106, 107, 209, 215, 218, 252, 257, 261
    1.Säule: comprehensibility 107, 165, 212, 231
    2.Säule: meaningfulness 107, 153
    2. Säule: meaningfulness 290
    3.Säule: manageability 107, 209
    3. Säule: manageability 284

A

Achtsamkeit 141, 197
Adaption 104, 246
    situative Angemessenheit 9, 12, 120
Agilität 6, 7, 9, 10, 95, 120, 126, 166, 167, 202, 205, 212, 215, 217, 222, 239, 241, 242

Stichwortverzeichnis

Akkommodation 247
Akzidenz 171, 281
Alexander der Große 129
Alkibiades 227
Allport, Gordon 182
alternative Fakten 91, 92
Ambiguität 80, 123, 125
Anerkennung
  gegenseitige 39
Angelus Silesius 187
Anthropologie 44
Antifragilität 41, 101, 102, 107
Antonovsky, Aaron 103
Aoristia (Unentschiedenheit) 125–127, 150
Aphasia (Entscheidungslosigkeit) 127, 151
Aporie 50
Appelles 129
archimedischer Punkt 125
Aristoteles 15, 44, 175, 219–221, 224, 231, 273
Assimilation 247
Ataraxia (Seelenruhe) 123–126, 220
Ausweglosigkeit (Aporie) 50
Authentizität 117, 225, 273
Autokratie 88
Autonomie 151, 152

B

Bedeutung 163
Befindlichkeit 236
Begreifen 143, 145, 146
Begriff 143
Behaviorismus 47, 113
Bentham, Jeremy 48
Besinnung XI, 44, 167, 196, 221, 291, 292
Bewusstseinsforschung 65
Big Data 30, 58, 59, 165, 167
Big Five (Persönlichkeit) 182, 183
Boring, Edwin 113
Brentano, Franz 234
Bullshit 92, 93
Buridan, Johannes 150
Burn-Out 9

C

Change
  agile Struktur 6, 96–98, 166, 208, 215, 242
  disruptiver Wandel 8, 37, 75, 76, 122, 207, 267, 275
chemtrail 86
Chinese Room Argument 211
Cicero, Marcus Tullius 176, 177, 179
Claudius Ptolemäus 21
cognitive bias 58, 83–85, 111, 289
Conway, Kellyanne 91
Corona-Krise IX, XI, 1, 2, 16, 42, 45, 85, 206, 249, 257, 266, 282
  Bürgerrechte 267
  Shutdown 46, 276

Coronaleugner 85
Covid-19 85, 275
Csíkszentmihályi, Mihály 228

D
Daimon 185
Daten-Information-Wissen 152, 163
Daten – Information – Wissen 165
Deep-Learning 28
delphisches Orakel (Gnothi seauton) 175
Denkhaltung 1, 271, 284, 291
  Schwebezustand und Loslassen 269
  System 1 – System 2 110, 112, 256, 283
Descartes, René 125
deskriptive Bedeutung 263
Determination 151
Dobelli, Rolf 93

E
Echo-Leere 163–166, 209, 216, 239, 245, 254
Eigentlichkeit 171, 237
Eindruck 195, 239
Einheit von Rationalität und Intuition 153, 154, 207, 255, 256, 258, 270, 290
Empathie 189
empirische Forschung 191

Entäußerung 135, 188
Entelechie 168, 175, 232
Entfremdung 25
Entscheidung 72, 73, 153
Entscheidungslosigkeit 127, 151
Entscheidungsparalyse (Aoristia) 150, 207
Entwicklungspsychologie 184, 246
Epikie 224, 284
Epikur 48
Epoché (Urteilsenthaltung) 125–127, 150, 196, 240
Ergon 175, 232, 273
Ergreifen 24, 145, 149, 157, 170, 191, 193, 228, 230, 236, 239, 241, 245, 253, 254, 272, 273
Ergriffenheit 24, 204, 213, 228
Erkenntnisgegenstand – Erkenntnisgrund 142
Erschlossenheit 236
Eudaimonia 44, 175, 231
Evidenz 115, 130, 141–143, 145, 170, 202, 214, 234, 262, 289
Evidenzerfahrung 143, 144, 214, 220

F
Falsifikation 89, 124
Feyerabend, Paul Karl 88

Fichte, Johann Gottlieb 145
Filterblase 162, 163
Foucault, Michel 225
Fragilität 38
Frankfurt, Harry 92
Freiheit 3, 37, 149, 151, 178, 208, 230, 232, 251, 260

G

Gadamer, Hans Georg 15, 238, 239, 242
gegenseitige Anerkennung 39
Gelassenheit 106, 107, 122, 129, 140, 149
Gemeinsinn (Sensus communis) 45–47, 281, 283
Gewissen 179
Gewissheit 214
Gigerenzer, Gerd 110–112, 114, 137
Gleichkräftigkeit 125
Glück 52, 153, 175, 179, 188, 228, 246
Gnothi seauton 24, 39, 146, 167, 175, 179, 187, 233, 254
Goethe, Johann Wolfgang 185
Gott 133
Gottesschau 136
Granularität 288
Grundgesetz 38, 276

H

Habermas, Jürgen 2
Hedonismus 48, 51
Heidegger, Martin 172, 232–234, 239, 245
Hermeneutik 30, 42, 67, 238, 242
hermeneutischer Zirkel 239, 243, 246, 271, 288
heteronome Festlegung 151
Heuristik 110
Hölderlin, Friedrich 289
Hugo, Victor 68
Husserl, Edmund 194, 200, 239
Hybris 139

I

Idealismus 145
Identität 135, 144, 167
Information Retrieval 30, 62, 69, 162, 165, 288
Infotainment 90
Inquisition 139
Intelligenz 113, 114, 213
intentionales Bewusstsein 198, 201
Intuition 14, 17, 32, 34, 61, 73–75, 114–116, 118, 128, 130, 137, 212, 234
Bauchgefühl 116, 219–221

des Wesentlichen XI, 116, 117, 135, 170, 214, 262, 294
emotive Funktion 16, 23, 61, 115, 146, 147, 170, 188, 213, 220, 231, 233, 259, 286
epistemische Funktion 16, 23, 61, 115, 121, 124, 147, 170, 188, 214, 220, 227, 233, 263, 287
konative Funktion 16, 23, 117, 147, 170, 188, 219, 227, 231, 233, 263
reine Intuition 138
Irrtum 124, 126
Isosthenie (Gleichkräftigkeit) 125, 126

J

James, William 225

K

Kahneman, Daniel 93, 110–112, 114, 137, 256, 258
Kant, Immanuel 15, 24, 34, 213, 224
Ketzerei 139
Klugheit 221
kognitive Entwicklung 246
Kohärenz 188, 273
Kohärenzgefühl 103, 175, 179, 188, 283

Koinzidenz 59, 278
Kommunikation 211
Komplexität 77, 80
Kontingenz 250
Kontrolldenken 13, 71–75, 77, 81–83, 93, 95, 114, 121, 223, 229
Kontrollverlust VII, 2, 5, 6, 36, 37, 77, 178, 205, 206, 245, 265, 267
Korrelation 59, 135, 143
von Selbst- bzw. Welterkenntnis 164
von Selbst- und Welterkenntnis 67, 117, 121, 128, 135, 146, 168–170, 197, 202, 203, 224, 227, 274, 277
kritischer Rationalismus 89, 124
Kunst 135
künstliche Intelligenz 28, 57, 189, 209

L

Lebenskunst 44, 54, 55, 70, 178, 229, 271
Lebenswelt 238, 241
Leitfragen 41, 42, 261
  1.Frage (Verzicht auf Überblick) 32, 99, 262
  2.Frage (Kriterien) 34, 217, 246, 262
  3.Frage (Ersatz von Wahrheit) 35, 36, 69, 204, 263

4.Frage (Leitlinien) 40, 99, 204, 217, 248, 264
Leopoldina-Akademie 280
Letztbegründung 51, 52, 94, 107, 175, 202, 214, 260, 269, 270
  Faktum der Vernunft 53
  performativer Selbstwiderspruch 53

M

Manipulation 3, 37, 207, 257
McLuhan, Marshall 90, 91
Medienrevolution 89–91
Medikamentenallokation 222
Medizinethik 221, 222
Meister Eckhart 132, 136, 139, 140
Mendelssohn, Moses 34
Mesotes-Lehre 221
Methodenzwang 192, 194, 225, 239
Mian Guan (Perlenschnurhut) 280, 285
Mindfulness 141
Mindset (Denkhaltung) 1, 103, 250, 272
Montaigne, Michel de 82, 123
Moral 179
Mystik 131, 132, 134, 136, 137, 139, 140, 142, 154, 155, 206, 230, 245

N

Narziss-Falle 160, 162, 189, 191, 193, 239, 245, 254

negative Theologie 154
Neuroplastizität 183
Nietzsche, Friedrich 187
Noema 200
Noesis 200
Nudging X

O

Objektivität 15, 35, 61, 69, 194, 200, 203
Odbert, Henry Sebastian 182
Oikeiosis 179
Olymp – Tal 292
Ontogenese 186
Orientierung 21

P

Panaitios von Rhodos 176, 231
Pandemie 274
Paradigma 114, 124, 191
Paradox
  der Definition 235
  der Erfüllung des Strebens durch Aufgeben 123, 124, 127, 129
  der Freiheit durch Festlegung 151, 152
  der Orientierung durch Informationsverzicht 156
  der Überprüfung von Information 43, 81, 93, 107
  der Veränderung des Bleibenden 185, 186

des Orientierungsverlusts durch Freiheitsgewinn 36
unbekannter Information 28, 29, 32
Pascal, Blaise 36
Persönlichkeitsbildung 176, 177, 179, 184
Persönlichkeitspsychologie 182
Persönlichkeitsveränderung 181, 186
Perspektivwechsel 37, 41, 43, 50, 70, 96, 99, 106, 119, 121, 124, 130, 134, 143, 145, 149, 156, 173, 193, 195, 233, 237, 240, 245, 267, 270
Phänomenologie 190, 195, 272
phänomenologische (eidetische) Reduktion 196–198, 203
Piaget, Jean 246
Pindar 187
Platon 15, 25, 219
Popper, Karl Raimund 89, 124
Postman, Neil 90
Pragmatismus 113
Prägung – Ausprägung 188
Push- und Pullprinzip 96, 260, 273
Pyrrhon von Elis 122

Q
Qualia 65
Qualität 65, 195, 210

R
Rationalismus
 kritischer 124
Rationalität 13, 17, 32, 34, 44, 50, 152, 153
Rawls, John 271, 283
reflective equilibrium (Überlegungsgleichgewicht) 256, 283
Relevanz 237
Resilienz 41, 95, 100–102, 106, 208
Resonanz 25, 229, 245
Rilke, Rainer Maria 244
Risiko IX
Risikogruppe 281
Robustheit (Antifragilität, Resilienz) 103
role-set 177
Rosa, Hartmut 229, 245

S
Salutogenese 103, 104, 107
Schema 246
Schönheit 213, 215
schwarzer Schwan 2, 3, 72, 247, 274
Scrum 97, 98
Searle, John 211

Seelenteile 218
Seinsvergessenheit 233, 238
Selbstentfaltung 187
Selbstevidenz 141, 142, 202, 214, 234
Selbstkonzept 226
   deskriptive Bedeutung 226
   normative Bedeutung 226
Selbstoptimierung 180, 184
Selbstverwirklichung 135
Selbstwiderspruch 53
Selbstzweck 52, 175, 214
Sextus Empiricus 122, 129, 242
Shruggie 127, 128, 134, 164, 197, 205, 242, 289
Simon, Herbert A. 114, 118
Sinn 50, 52–54, 153, 155, 175, 241, 246
Skepsis 122, 123, 125, 127, 129, 148, 206, 230, 242, 245
Skinner, Burrhus Frederic 47
social Bot 91
Social-Distancing 45, 207, 216, 275
Sokrates 25, 50
Spielen 130, 147
Staudinger, Ursula Maria 184
Stimmigkeit 12, 16, 204, 228
   als Angemessenheit (sophrosyne) 11, 15, 209, 220, 221, 224, 243
   als Authentizität 225, 227
   als Flow-Zustand 130, 228
   als Gleichgewichtszustand (Äquilibration) 120, 157, 160, 168, 246
   als Holismus (Teil-Ganzes) 231, 273
   als Horizontverschmelzung (Verstehen) 15, 247
   als Klugheit (phronesis) 15, 221, 222
   als Kohärenz 222, 282
   als Oikeiosis 179
   als Tugendhaftigkeit 219
   als Überlegungsgleichgewicht (reflective equilibrium) 256
Äquilibration 61
des role-set 176, 178, 203, 231
Stimmung 236
Stoa 176, 179, 231
Stress 9, 100, 101, 107, 212, 260, 267
Substanz 171, 281
Suchmaschine 62–64, 162

T

Taiichi, Ono 96
Taleb, Nassem Nicholas 93
telos (Ziel/Zweck) 232
Thurstone, Louis 182
Timon von Phleius 125
Trial & Error-Verfahren 26
Trump, Donald 91
Tugend (areté) 42, 218, 291

dianoetische 219
ethische 219
Tversky, Amos 93

U

unendlicher Regress 214
Unentschiedenheit 125–127, 150
Unio mystica 132, 135, 149, 155
Unsicherheit 11, 17, 75, 79, 85, 257
Urteilsenthaltung 125–127, 150, 196, 240
Urteilskraft 15, 24, 45, 47, 207, 213, 222–224, 231, 271
Utilitarismus 48, 113, 278

V

Verfassungskern 38, 40
Verifikation 124
Vernunft 24
Verschwörungstheorie 85, 88, 89
Verstand 24
Verstehen 155
Vier-Personae-Lehre 176, 231
Vita
　activa 150
　contemplativa 150, 151
Volatilität 78

W

Wahrhaftigkeit 93
Wahrheit 69, 70, 112, 124, 200, 202, 236, 259, 263
　Fürwahrhalten 35, 69
Wahrscheinlichkeitsdenken 59
　Modellierung 59, 207, 278
　Probabilismus 59, 66, 109, 110, 189, 207
Wallerstein, Immanuel VII
Weglasstest 171, 281
Weltbeziehung 179, 229, 230, 287, 293
Werner-Jacobsen, Emmy E. 101
Werte 1, 46, 249, 278
Wesen 20
Wesensschau 67, 68, 132, 140, 145, 149
Wirklichkeit 61, 62, 117, 194, 236
Wittgenstein, Ludwig 172
Würde 3, 6, 37, 149, 151, 208

Z

zoon logon politikon 44, 293
Zufall 178
Zufriedenheit 34, 124, 126

CPSIA information can be obtained
at www.ICGtesting.com
Printed in the USA
LVHW082207241120
672633LV00012B/674